安徽省中等职业学校
对口招生考试总复习·数学

主编　王家林

北京师范大学出版集团
BEIJING NORMAL UNIVERSITY PUBLISHING GROUP
安徽大学出版社

图书在版编目(CIP)数据

安徽省中等职业学校对口招生考试总复习. 数学/王家林主编. —合肥 : 安徽大学出版社，2014.8

ISBN 978-7-5664-0798-6

Ⅰ. ①安… Ⅱ. ①王… Ⅲ. ①数学课—中等专业学校—升学参考资料 Ⅳ. ①G634

中国版本图书馆 CIP 数据核字(2014)第 160739 号

安徽省中等职业学校对口招生考试总复习·数学 **王家林 主编**

出版发行： 北京师范大学出版集团
安 徽 大 学 出 版 社
(安徽省合肥市肥西路 3 号 邮编 230039)
www.bnupg.com.cn
www.ahupress.com.cn

经　　销： 全国新华书店
印　　刷： 合肥现代印务有限公司
开　　本： 184mm×260mm
印　　张： 16.75
字　　数： 487 千字
版　　次： 2014 年 8 月第 1 版
印　　次： 2014 年 8 月第 1 次印刷
定　　价： 36.00 元
ISBN 978-7-5664-0798-6

策划编辑： 朱丽琴　李　君
责任编辑： 张明举
责任校对： 程中业
装帧设计： 张同龙　李　军
美术编辑： 李　军
责任印制： 陈　如

《安徽省中等职业学校对口招生考试总复习》

编委会

《安徽省中等职业学校对口招生考试总复习·数学》

编写组

主　　编　王家林

编写人员（以姓氏笔画为序）

王家林　刘　海　刘传富　孙成龙

李红华　陈水根　胡腊宝　黄国丽

程　峰

编写说明

改革开放已经三十多年，我国经济的发展日新月异。随着科技的不断进步，各行业对具有较高专业技能的人才的需求量会越来越大。大中专职业院校是培养专业技能人才的主阵地，我省已经确立了“建设职教大省，服务安徽崛起”的宏伟目标。为了实现这一伟大的目标，不仅要培养一大批具有职业技能的初级人才，还要把在中等职业学校里具有学习潜力的一部分学生选拔到高等院校里进一步深造，通过培养使之成为各行业的技术骨干。为了圆广大中职生的大学梦，我们邀请了奋斗在中等职业学校教育一线的一些具有丰富教育教学经验的优秀教师编写了《数学辅导练习册》一书。以此书帮助那些想升入高校的一部分中等职业学校的学生全面、系统、高效地复习备考。

本书的编写紧扣《安徽省对口升学数学考试纲要》，结合对口升学考试指定的教材，并在认真研究安徽省历年来的对口升学考试数学试卷的基础上进行精心的编写。设置了【名师导读】、【配套练习】、【答案全析】三个大的板块，其中在【名师导读】板块涵盖了【考试要点归纳】、【典型题型解析】、【规律方法探究】三部分，全面梳理各章节的知识要点、考点，选取常见的考试题型作为经典例题，并对各考试题型的解题方法思路及数学规律做了归纳，以便于学生掌握。【配套练习】里的每一道题都从题型、目标、难度上进行严格把控，使之都符合安徽省对口升学考试要求。【答案全析】不仅给出了每一道题的正确答案，而且对一些经典的问题做了深入的分析，以便于学生查阅和理解。可以说这本书的编写倾注了参编人员大量的心血和汗水，构思巧妙，匠心独具。本书是广大参加对口升学的考生的不二选择。

本书由王家林担任主编，参编人员有陈水根、刘传富、李红华、刘海、孙成龙、黄国丽、胡腊宝、程峰。由于编写时间短促、水平有限，书中难免有不妥之处，欢迎广大师生提出宝贵意见，以便我们进一步修改和完善。

编　者

2014 年 2 月

目　录

第1章　集合

名师导读

集合是高中数学的基础知识，为历年必考内容之一，主要考查学生对集合基本概念的认识和理解，掌握集合的两种表示法和集合之间的关系，能熟练掌握集合的交、并、补集运算，并能对充分条件、必要条件及充要条件作出准确判断.

知识要点归纳

1. 集合的概念

(1)由某些确定的对象组成的整体叫作集合，简称“集”. 组成集合的对象叫作集合的元素. 集合可以用大写的英文字母 $A,B,C,\cdots$ 表示，元素可以用小写的英文字母 $a,b,c,\cdots$ 表示.

(2)集合中元素的特性：①确定性；②互异性；③无序性.

(3)元素和集合之间的关系：①元素 a 属于集合 A，记作 $a\in A$；②元素 a 不属于集合 A，记作 $a\notin A$.

(4)集合的分类：按照集合中元素的个数可分为三类：①有限集；②无限集；③空集，记作 $\varnothing$.

(5)常用的数集：①自然数集，记作 $\mathbf{N}$；②正整数集，记作 $\mathbf{N}^*$；③整数集，记作 $\mathbf{Z}$；④有理数集，记作 $\mathbf{Q}$；⑤实数集，记作 $\mathbf{R}$.

2. 集合的表示法

(1)列举法：将给定的集合中的元素不重不漏、不计次序地在花括号中一一列举出来，并用逗号隔开，如集合 $\{-1,2,4,5,6\}$.

(2)描述法：利用元素的特征性质来表示集合的方法. 表示的形式为 $\{x|p\}$，竖线前面的 x 是此集合的代表元素，竖线后面的 p 指出元素 x 所具有的特征性质，如集合 $\{x|x^2-2x=0\}$.

3. 集合之间的关系

(1)子集：如果集合 B 的元素都属于集合 A，那么把集合 B 叫作集合 A 的子集，记作 $B\subseteq A$(或 $A\supseteq B$)，读作“B 包含于 A”(或“A 包含 B”). 子集具有的性质：①$A\subseteq A$；②如果 $A\subseteq B$，$B\subseteq C$，那么 $A\subseteq C$；③规定空集是任何集合的子集，即 $\varnothing\subseteq A$.

(2)真子集：如果 $A\subseteq B$，且 B 中至少有一个元素不属于 A，那么集合 A 叫作集合 B

的真子集，记作 $A\subsetneqq B$(或 $B\supsetneqq A$). 真子集的性质：①如果 $A\subsetneqq B$，$B\subsetneqq C$，那么 $A\subsetneqq C$；②规定空集是任何非空集合的真子集，即 $\varnothing\subsetneqq A(A\neq\varnothing)$；③关于有限集的子集个数有如下一般结论：若有限集 A 中有 n 个元素，则 A 的子集共有 2^n 个，非空子集有 2^n-1 个，非空真子集有 2^n-2 个.

(3)集合相等：若两个集合 A 和 B 的元素完全相同，则集合 A 和 B 相等，记作 $A=B$，即若 $A\subseteq B$ 且 $B\subseteq A$，则 $A=B$.

4. 集合的运算

(1)交集：由集合 A 和集合 B 的所有公共元素组成的集合叫作集合 A 和 B 的交集，记作 $A\cap B$，即 $A\cap B=\{x\mid x\in A$ 且 $x\in B\}$.

交集的性质：①$A\cap B=B\cap A$；②$A\cap A=A$，$A\cap\varnothing=\varnothing$；③$(A\cap B)\subseteq A$，$(A\cap B)\subseteq B$；④若 $A\cap B=A$，则 $A\subseteq B$，若 $A\cap B=B$，则 $B\subseteq A$.

(2)并集：由集合 A 或集合 B 的所有元素组成的集合叫作集合 A 和 B 的并集，记作 $A\cup B$，即 $A\cup B=\{x\mid x\in A$ 或 $x\in B\}$.

并集的性质：①$A\cup B=B\cup A$；②$A\cup A=A$，$A\cup\varnothing=A$；③$A\subseteq(A\cup B)$，$B\subseteq(A\cup B)$；④若 $A\cup B=B$，则 $A\subseteq B$，若 $A\cup B=A$，则 $B\subseteq A$.

(3)补集：设集合 A 是全集 U 的子集，把属于全集 U，但不属于集合 A 的所有元素组成的集合叫作 A 在 U 中的补集，记作 $\complement_U A$，即 $\complement_U A=\{x\mid x\in U$ 且 $x\notin A\}$. 补集的性质：①$\complement_U U=\varnothing$，$\complement_U\varnothing=U$；②$A\cup(\complement_U A)=U$，$A\cap(\complement_U A)=\varnothing$；③$\complement_U(\complement_U A)=A$.

5. 充要条件

如果命题“若 p，则 q”为真命题，则可记作“$p\Rightarrow q$”或“$q\Leftarrow p$”，这时称 p 是 q 的充分条件，q 是 p 的必要条件. 如果 $p\Rightarrow q$，且 $q\Rightarrow p$，那么称 p 是 q 的充分且必要条件，简称“充要条件”，记作 $q\Leftrightarrow p$.

典型题型解析

【例 1】下列对象能构成集合的是(　　).

A. 某班成绩优异的同学　　B. 中国的小河流

C. 绝对值很大的数　　D. 中国的四大发明

【解析】判断某组对象能否构成集合，关键是判断该组的对象是否具有确定性，若具有确定性则可构成集合，否则不能构成集合. 答案：D.

【例 2】下列命题：①$\varnothing\in\{0\}$；②$\mathbf{N}\subsetneqq\mathbf{Z}$；③$\{x\mid x^2-2x-3=0\}=\{-1,3\}$；④$2\sqrt{3}\notin\{x\mid x>\sqrt{13}\}$. 其中正确的命题的个数是(　　).

A. 1　　B. 2　　C. 3　　D. 4

【解析】该题旨在考察元素与集合及集合与集合的关系，要求在理解各集合的前提下，正确使用元素与集合及集合与集合的关系的符号. ①是错误的命题，$\varnothing$ 与集合 $\{0\}$ 的关系是集合与集合之间的关系，正确的关系是 $\varnothing\subsetneqq\{0\}$，②③④是正确的命题. 答案：C.

【例 3】设集合 $U=\{0,1,2,3,4,5,6,7\}$，$A=\{1,3,5,7\}$，$B=\{0,1,2\}$，则 $A\cap(\complement_U B)=$(　　).

A. $\{3,5,7\}$　　B. $\{1,3,5,7\}$　　C. $\{5,7\}$　　D. $\{3,4,5,6,7\}$

【解析】集合的运算是高考重点考察的内容之一,关键是要正确理解集合的三种运算法则及运算顺序,$\complement_U B=\{3,4,5,6,7\}$,故 $A\cap(\complement_U B)=\{3,5,7\}$. 此题考察的是用列举法表示的集合的运算,用描述法表示的集合的运算,也应当高度重视. 答案:A.

【例 4】填空:(1)已知集合 $A=\{x\mid -2\leqslant x\leqslant 4\}$,集合 $B=\{x\mid -5<x<0\}$,则 $A\cap B=$__________;(2)已知 $\{-1,0\}\subseteq A\subsetneqq\{-1,0,1,2,3\}$,则满足条件的集合 A 的个数为__________.

【解析】(1)研究不等式的解集问题,最好借助数轴观察,将集合 A,B 的解集在数轴上表示如下:

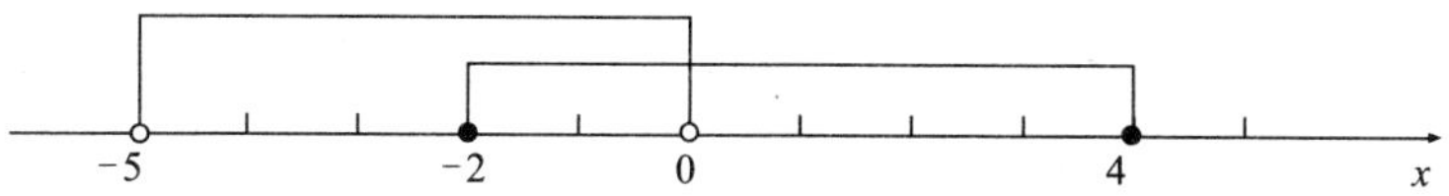

由图可知 $A\cap B=\{x\mid -2\leqslant x<0\}$;

(2)根据题中集合的关系可知满足条件的集合 A 最少有 2 个元素,最多有 4 个元素,按照 A 元素的个数分析,集合 A 可能为 $\{-1,0\}$,$\{-1,0,1\}$,$\{-1,0,2\}$,$\{-1,0,3\}$,$\{-1,0,1,2\}$,$\{-1,0,1,3\}$,$\{-1,0,2,3\}$,故符合条件的集合 A 共有 7 个.

【例 5】已知集合 $A=\{-2,a^2-11\}$,$B=\{1,a+1,-1-a^2\}$,且 $A\cap B=\{-2\}$,求 $A\cup B$.

【解析】$\because A\cap B=\{-2\}$,$\therefore -2\in B$,$\therefore a+1=-2$ 或 $-1-a^2=-2$,当 $a+1=-2$ 时,$a=-3$,此时 $a^2-11=-2$,不满足元素的互异性,应舍去;当 $-1-a^2=-2$ 时,$a=\pm1$,若 $a=1$,则 $A=\{-2,-10\}$,$B=\{1,2,-2\}$,此时 $A\cup B=\{-10,-2,1,2\}$,若 $a=-1$,则 $A=\{-2,-10\}$,$B=\{1,0,-2\}$,此时 $A\cup B=\{-10,-2,0,1\}$.

【方法点拨】这道题的关键是抓住 $-2\in B$,然后分类讨论求出参数 a 的值,然后求出集合 A,B,从而求出 $A\cup B$. 求出的参数的值要注意用元素的互异性检验.

【例 6】已知集合 $A=\{x\mid -mx^2-2x+2=0\}$,且 A 至多含有 1 个元素,求 m 的取值范围.

【解析】当 $m=0$ 时,$A=\{x\mid -2x+2=0\}=\{1\}$,符合题意;当 $m\neq0$ 时,根据题意得 $\Delta\leqslant0$,即 $(-2)^2-4\cdot(-m)\cdot2\leqslant0$,解得 $m\leqslant-\dfrac{1}{2}$. 综上所述 m 的取值范围为 $\left\{m\,\middle|\, m\leqslant-\dfrac{1}{2}\text{,或 } m=0\right\}$.

【方法点拨】此题是研究方程的解的个数问题,由于二次项的系数含有参数 m,故应注意对二次项的系数是否为 0 进行分类讨论. 对于一元二次方程的解的个数问题也是常见的考题,要注意掌握.

【例 7】已知 $A=\left\{m,\dfrac{n}{m},1\right\}$,$B=\{m^2,m+n,0\}$,且 $A=B$,求 $m^{2014}+n^{2014}$ 的值.

【解析】$\because A=B$,$\therefore \begin{cases}\dfrac{n}{m}=0,\\ m=m+n,\\ m^2=1\end{cases}$ 或 $\begin{cases}\dfrac{n}{m}=0,\\ m+n=1,\\ m^2=m,\end{cases}$ 解得 $\begin{cases}m=1,\\ n=0\end{cases}$ 或 $\begin{cases}m=-1,\\ n=0.\end{cases}$

经检验当$\begin{cases}m=1,\\n=0\end{cases}$时不满足元素的互异性，应舍去，故$\begin{cases}m=-1,\\n=0.\end{cases}$

$\therefore m^{2014}+n^{2014}=(-1)^{2014}+0^{2014}=1$.

【方法点拨】此题是根据两个集合相等求参数的值，关键是抓住相等集合的元素完全相同，即两个集合的元素一一对应，列出方程组，从而求出参数的值. 解决这种问题要注意分类讨论，并且对求出的值要加以检验.

【例 8】已知集合$A=\{x|(x+2)(x-5)=0\}$，$B=\{x|mx-1=0\}$，且$A\cap B=B$，求m的值组成的集合.

【解析】$A=\{x|(x+2)(x-5)=0\}=\{-2,5\}$，$\because A\cap B=B$，$\therefore B\subseteq A$，$\therefore B=\varnothing$或$B=\{-2\}$或$B=\{5\}$，当$B=\varnothing$时，$m=0$；当$B=\{-2\}$时，$-2m-1=0$，$m=-\dfrac{1}{2}$；当$B=\{5\}$时，$5m-1=0$，$m=\dfrac{1}{5}$. $\therefore m$的值组成的集合为$\left\{0,-\dfrac{1}{2},\dfrac{1}{5}\right\}$.

【方法点拨】此题是根据两个方程的解集之间的关系求参数的值的问题，解题时先求出集合A，再根据集合A，B之间的关系对集合B的情况进行分类讨论，然后再根据每种情况分析参数m的值.

【例 9】已知集合$A=\{x|-2<x<3\}$，$B=\{x|x>m\}$，且$A\cup B=B$，求m的取值范围.

【解析】因为$A\cup B=B$，所以$A\subseteq B$，故A，B的关系如下图所示：

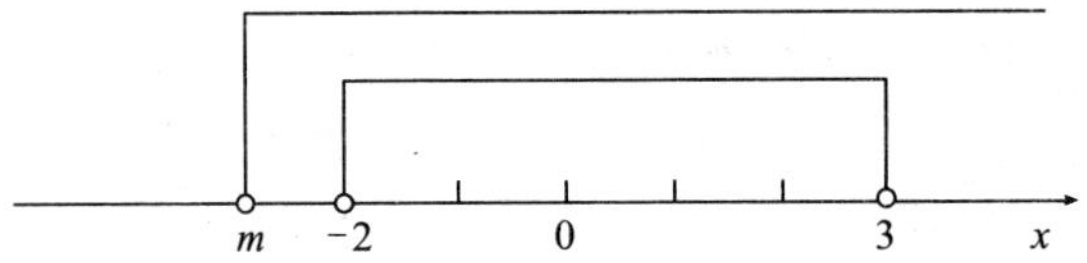

由图可知m的取值范围为$\{m|m\leqslant -2\}$.

【方法点拨】此题是根据两个不等式的解集之间的关系，求参数m的取值范围，解题的关键是先把两个集合的关系在数轴上表示出来，然后根据图形得出参数的取值范围，另外参数的值是否能与区间端点的值相等，也要注意分析.

【例 10】用充分条件、必要条件、充要条件填空：

(1)“a是自然数”是“a是正整数”的________________；

(2)“$x>2$”是“$x>-1$”的________________；

(3)“$a>b$”是“$ac^2>bc^2$”的________________；

(4)“$a+b>0$”是“$ab>0$”的________________；

(5)“$(x+2)(x-6)=0$”是“$x=-2$或$x=6$”的________________.

【解析】(1)因为a是自然数$\nRightarrow a$是正整数且a是正整数$\Rightarrow a$是自然数，所以“a是自然数”是“a是正整数”的必要条件；(2)因为$x>2\Rightarrow x>-1$且$x>-1\nRightarrow x>2$，所以“$x>2$”是“$x>-1$”的充分条件；(3)因为$a>b\nRightarrow ac^2>bc^2$且$ac^2>bc^2\Rightarrow a>b$，所以“$a>b$”是“$ac^2>bc^2$”的必要条件；(4)因为$a+b>0\nRightarrow ab>0$且$ab>0\nRightarrow a+b>0$，所以$a+b>0$是$ab>0$的既不充分也不必要条件；(5)因为$(x+2)(x-6)=0\Rightarrow x=-2$或$x=6$且$x=-2$或$x=6\Rightarrow(x+2)(x-6)=0$，所以“$(x+2)(x-6)=0$”是“$x=-2$或$x=6$”的充要条件.

【方法点拨】判断 p 是 q 的什么条件，要从 p 能否推出 q 和 q 能否推出 p 两个方面进行判断.

规律方法探究

1. 分类讨论. 集合这一章中的很多问题，都需要进行分类讨论，如对方程的解的情况进行讨论，对集合的类型进行讨论，等等. 在进行分类讨论时，要做到不重不漏，而且对于集合中讨论得出的参数的值，还要注意检验.

2. 数形结合. 在分析有关集合的问题时，要经常借助数轴、韦恩图等图形进行分析，将数和形相结合，使问题变得更加形象直观，从而便于解题.

配套练习

基础知识巩固

一、选择题

1. 下列各组对象：①所有能被 3 整除的数；②方程 $x^2+2x-8=0$ 的解；③某校校园里的大树；④直线 $y=2x-3$ 上的所有的点. 其中能构成集合的个数是(　　).

A. 1　　B. 2　　C. 3　　D. 4

2. 下列关系中：①$\varnothing=\{0\}$；②$0\in\varnothing$；③$\varnothing\subsetneqq m\{a\}$；④$0\notin N$. 其中正确的个数是(　　).

A. 1　　B. 2　　C. 3　　D. 4

3. 设集合 $A=\{x\mid x<\sqrt{6}\}$，$m=2$，则下列关系正确的是(　　).

A. $m\subseteq A$　　B. $m\notin A$　　C. $\{m\}\in A$　　D. $\{m\}\subsetneqq A$

4. 集合 $\{1,2,3\}$ 的真子集的个数是(　　).

A. 5　　B. 6　　C. 7　　D. 8

5. 集合 $A=\{(-1,2),(3,7)\}$ 中的元素个数是(　　).

A. 1　　B. 2　　C. 3　　D. 4

6. 已知集合 $A=\{-1,0,1,2,3,4,5\}$，$B=\{0,2,4,6,8\}$，则 $A\cap B=$(　　).

A. $\{0,2,4,6\}$　　B. $\{-1,0,2,4\}$　　C. $\{0,2,4\}$　　D. $\{2,4\}$

7. 已知 $U=\{0,1,2,3,4\}$，$A=\{0,1,2,3\}$，$B=\{2,3,4\}$，则 $(\complement_U A)\cup(\complement_U B)=$(　　).

A. $\{0\}$　　B. $\{0,1\}$　　C. $\{0,1,4\}$　　D. $\{0,1,2,3,4\}$

8. 已知集合 $\{x\mid ax^2+2x+1=0\}$ 只含一个元素，则 a 的值为(　　).

A. 0　　B. 1　　C. 0 或 1　　D. 无法确定

9. 已知集合 $A=\{x\mid -3<x<5\}$，$B=\{x\mid 0\leqslant x<7\}$，则 $A\cap B=$(　　).

A. $\{x\mid 0<x<5\}$　　B. $\{x\mid 0\leqslant x<5\}$

C. $\{x\mid -3<x\leqslant 0\}$　　D. $\{x\mid -3<x<7\}$

10. 集合$\left\{(x,y)\left|\begin{cases}x+y=2\\x-y=4\end{cases}\right.\right\}$改成列举法为(　　).

A. $\{x=3,y=1\}$　　B. $\{(3,1)\}$

C. $\{x=3,y=-1\}$　　D. $\{(3,-1)\}$

11. $x^2+2x-15=0$ 的一个充分不必要条件是(　　).

A. $x=-5$ 或 $x=3$　　B. $x=-15$　　C. $x=1$　　D. $x=3$

二、填空题

12. 已知集合 $A=\{1,2,3\}$,$B=\{2,4,5\}$,则 $A\cup B=$______________.

13. 已知集合 $A=\{0,1,x\}$,$B=\{0,x^2\}$,且 $B\subsetneqq A$,则 x 的取值的集合为____________.

14. 已知集合$\{3,x^2-2x\}$,则 x 应满足的条件是______________.

15. 已知集合 $A=\{m,2\}B=\{0,4\}$,且 $A\cap B=\{0\}$,则 $A\cup B=$______.

16. 已知集合 $A=\{x\mid -3\leqslant x\leqslant 5\}$,$B=\{x\mid x\leqslant m\}$,且 $A\subseteq B$,则 m 应满足的条件是______________.

17. 已知集合 $A=\{x\mid x=2k,k\in\mathbf{Z}\}$,$B=\{x\mid x=4k,k\in\mathbf{Z}\}$,则 A 与 B 的关系用符号表示为______________.

三、解答题

18. 已知$-3\in\{a-3,2a-1,a^2-4\}$,求 a 的值.

19. 已知全集 $U=\{x\in\mathbf{N}\mid x<8\}$,$A=\{1,2,3,4,5\}$,$B=\{0,2,3,4,7\}$,求 $A\cap B$,$A\cup B$,$(\complement_U A)\cup(\complement_U B)$.

20. 已知全集 $U=\mathbf{R}$，集合 $A=\{x\mid x>1\}$，$B=\{x\mid -2\leqslant x\leqslant 4\}$，求 $A\cap B$，$(\complement_U A)\cap B$.

21. 已知集合 $M=\{0,1,x\}$，$N=\left\{x,\dfrac{y}{x},x-1\right\}$，且 $M=N$，求 x 和 y 的值.

22. 已知集合已知集合 $A=\{x\mid -1\leqslant x\leqslant m-2\}$，$B=\{x\mid 3\leqslant x\leqslant 6\}$，且 $A\cap B=B$，求 m 的取值范围.

能力强化提高

一、选择题

1. 已知全集 $U=\{1,2,3,4,5,6,7,8\}$，$A=\{3,4,5\}$，$B=\{1,3,6\}$，则 $\{2,7,8\}=$(　　).

A. $A\cap B$　　B. $A\cup B$　　C. $(\complement_U A)\cup(\complement_U B)$　　D. $(\complement_U A)\cap(\complement_U B)$.

2. 已知集合 $A=\{1,2,a^2-3a-1\}$，$B=\{3,1\}$，且 $A\supseteq B$，则 $a=$(　　).

A. -4 或 1　　B. 4 或 -1　　C. -1　　D. 4

3. 满足条件 $\{a,b\}\subsetneqq M\subsetneqq\{a,b,d,e,f\}$ 的集合 M 的个数是(　　).

A. 6　　B. 7　　C. 8　　D. 9

4. 已知集合 $\{x\mid x^2+ax+b<0\}=\{x\mid -2<x<5\}$，则 $a+b=$(　　).

A. 3　　B. -3　　C. -13　　D. 13

5. 第一或第三象限内所有的点组成的集合可以表示为(　　).

A. $\{(x,y)\mid x>0,y>0\}$　　B. $\{(x,y)\mid xy>0\}$

C. $\{(x,y)\mid xy<0\}$　　D. $\{(x,y)\mid x>0,y<0\}$

6. 已知集合 $A=\{x\in \mathbf{Z} \mid |x|\leqslant 2\}$，$B=\{x\in \mathbf{N} \mid x<5\}$，则 $A\cup B=$（　　）.

A. $\{2,3,4,5\}$　　B. $\{1,2,3,4\}$

C. $\{0,1,2,3,4\}$　　D. $\{-2,-1,0,1,2,3,4\}$

7. 已知集合 $A=\{x \mid |x|=2\}$，$B=\{x \mid ax=2\}$，且 $B\subseteq A$，则 a 的值为（　　）.

A. 1　　B. -1

C. 1 或 -1　　D. 1 或 -1 或 0

8. 已知集合 $A=\{x \mid -2\leqslant x\leqslant 3\}$，$B=\{x \mid x<-1$ 或 $x>4\}$，则 $A\cap(\complement_U B)=$（　　）.

A. $\{x \mid -2\leqslant x<4\}$　　B. $\{x \mid x\leqslant 3$ 或 $x\geqslant 4\}$

C. $\{x \mid -2\leqslant x<-1\}$　　D. $\{x \mid -1\leqslant x\leqslant 3\}$

9. 已知集合 $A=\left\{x\in \mathbf{Z} \,\middle|\, \frac{6}{3-x}\in \mathbf{N}\right\}$，则 $A=$（　　）.

A. $\{0,1,2\}$　　B. $\{0,1,2,5\}$

C. $\{-3,0,1,2\}$　　D. $\{-3,0,1\}$

10. 已知如图的阴影部分的集合可以表示为（　　）.

A. $A\cap(\complement_U B)$　　B. $B\cap(\complement_U A)$

C. $(\complement_U A)\cup(\complement_U B)$.　　D. $(\complement_U A)\cap(\complement_U B)$

11. 下列命题正确的是（　　）.

A. $x^2>y^2$ 是 $x>y$ 的充分条件　　B. $|x|>|y|$ 是 $x>y$ 的充要条件

C. $a>b$ 是 $ac>bc$ 的必要条件　　D. $x\in A\cap B$ 是 $x\in A\cup B$ 的充分条件

二、填空题

12. 设全集 $U=\{2,4,a^2-a+1\}$，$A=\{2,|a+1|\}$，且 $\complement_U A=\{7\}$，则 $a=$________.

13. 已知集合 $A=\{-2,-1,0,1\}$，$B=\{y \mid y=|x|, x\in A\}$，则 $B=$________.

14. 已知集合 $A=\{y \mid y=x^2-2x-3\}$，$B=\{y \mid y=-x^2+6x-7\}$，则 $A\cap B=$______________.

15. 定义集合运算 $A*B=\{z \mid z=xy, x\in A, y\in B\}$，设 $A=\{1,2\}$，$B=\{0,2\}$，则 $A*B=$______________.

16. 如果 p 是 q 的充要条件，q 是 r 的充分条件，则 p 是 r 的__________条件.

三、解答题

17. 设集合 $M=\{x \mid x^2-5x+6=0\}$，$N=\{x \mid ax-3=0\}$，且 $M\supsetneqq N$，求 a 的值.

18. 已知集合 $A=\{a^2,a+1,2\}$，$B=\{a-3,a-1,a^2+1\}$，且 $A\cap B=\{2\}$，求 a 的值.

19. 某班共有学生 60 人，其中百米测试合格的 35 人，跳远测试合格的有 26 人，两项都不合格的有 5 人，求两项都合格的人数.

20. 已知集合 $A=\{x\mid x^2+2x-3=0\}$，$B=\{x\mid x^2-mx+m-1=0\}$，且 $B\subseteq A$，求 m 的取值范围.

考试真题体验

1. (安徽 2010 年对口高考)已知集合 $A=\{x\mid x<1\}$，$B=\{x\mid x>-1\}$，则 $A\cap B=$ (　　).
   A. $[-1,1]$　　B. $(-1,1)$　　C. $\varnothing$　　D. $\mathbf{R}$
2. (安徽 2011 年对口高考)已知全集 $U=\{1,2,3,4,5,6\}$，集合 $A=\{2,4,6\}$，则集合 A 的补集 $\complement_U A$ 为(　　).
   A. $\{1,3,5\}$　　B. $\{2,4,6\}$　　C. U　　D. $\varnothing$
3. (安徽 2012 年对口高考)已知集合 $A=\{1,2,4\}$，$B=\{1,2,3,4\}$，则集合 $A\cap B$ 为(　　).
   A. $\{1,2,3,4\}$　　B. $\{1,2,4\}$　　C. $\{3\}$　　D. $\varnothing$
4. (安徽 2013 年对口高考)已知集合 $A=\{1,2,3\}$，$B=\{1,2,4\}$，则 $A\cup B=$(　　).
   A. $\{1,2\}$　　B. $\{1,2,3,4\}$　　C. $\{3,4\}$　　D. $\varnothing$

5.(安徽 2012 年对口高考)已知向量 $\vec{a}=(1,2)$,$\vec{b}=(x,4)$,则“$x=2$”是“$\vec{a}/\!/\vec{b}$”的(　　).

A. 充分不必要条件　　B. 必要不充分条件

C. 充要条件　　D. 既不充分也不必要条件

6.(安徽 2013 年对口高考)“$x=1$”是“$x^2-1=0$”的(　　).

A. 充分不必要条件　　B. 必要不充分条件

C. 充要条件　　D. 既不充分也不必要条件

第2章　不等式

第1节　不等式的性质

名师导读

不等式的性质在对口高考中占有一定的比重．通过学习，要求学生理解和掌握不等式的基本性质，会用作差法比较两个实数的大小；理解区间的概念，会用区间表示不等式的解集．

知识要点归纳

1. 实数大小的比较

设 a、b 为任意两个实数，则

(1) $a-b>0 \Leftrightarrow a>b$.

(2) $a-b=0 \Leftrightarrow a=b$.

(3) $a-b<0 \Leftrightarrow a<b$.

2. 不等式的基本性质

(1)如果 $a>b$，且 $b>c$，那么 $a>c$.

(2)如果 $a>b$，那么 $a+c>b+c$.

(3)如果 $a>b,c>0$，那么 $ac>bc$；如果 $a>b,c<0$，那么 $ac<bc$.

(4)如果 $a>b,c>d$，那么 $a+c>b+d$.

(5)如果 $a>b>0,c>d>0$，那么 $ac>bd$.

3. 常用基本不等式

(1)如果 a、$b\in\mathbf{R}$，那么 $(a-b)^2\geqslant 0$，当且仅当 $a=b$ 时等号成立.

(2)如果 a、$b\in\mathbf{R}$，那么 $a^2+b^2\geqslant 0$，当且仅当 $a=b=0$ 时等号成立.

(3)如果 a、$b\in\mathbf{R}$，那么 $a^2+b^2\geqslant 2ab$，当且仅当 $a=b$ 时等号成立.

4. 一元一次不等式与一元一次不等式组

(1)只含有一个未知数，未知数的次数是1，并且含未知数项的系数不等于0的不等式叫作一元一次不等式．使不等式成立的未知数的值的取值范围叫作不等式的解集.

(2)含有相同未知数的几个一元一次不等式所组成的不等式组叫作一元一次不等式

组. 不等式组中各不等式的解集的公共部分,叫作这个不等式组的解集.

5. 不等式解集的表示法

(1)最简不等式法

(2)数轴法

(3)集合的性质描述法

(4)区间法

注:学过集合和区间以后,不等式(组)的解集要求用集合或区间表示.

6. 区间

(1)区间的概念

①定义:数轴上两点间的所有实数组成的集合叫作区间,其中,这两个点叫作区间的端点.

②开区间和闭区间

不含端点的区间叫作开区间;含有两端点的区间叫作闭区间;只含一个端点的区间叫作半开半闭区间.

③有限区间和无限区间

形如(a,b),$(a,b]$,$[a,b)$,$[a,b]$称为有限区间;形如$(-\infty,b]$,$(-\infty,b]$,$(a,+\infty)$,$[a,+\infty)$,$(-\infty,+\infty)$称为无限区间.

(2)区间、集合及区间的数轴表示

设a、b为任意实数,且$a<b$,那么区间、集合及数轴表示如下:

集合	区间	数轴表示
$\{x\|a<x<b\}$	(a,b)	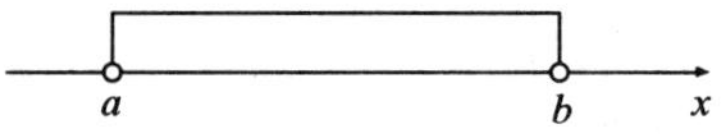
$\{x\|a\leqslant x\leqslant b\}$	$[a,b]$	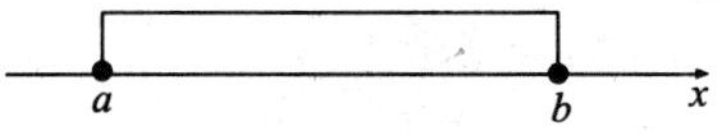
$\{x\|a<x\leqslant b\}$	$(a,b]$	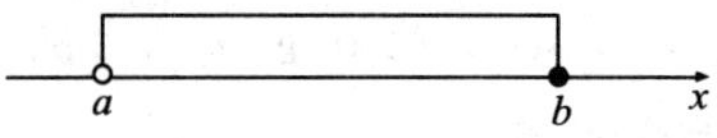
$\{x\|a\leqslant x<b\}$	$[a,b)$	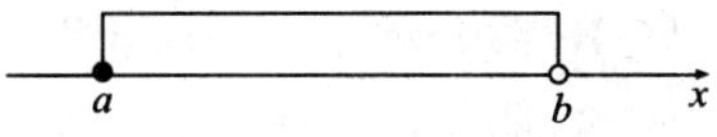

续表

集合	区间	数轴表示
$\{x\mid x<b\}$	$(-\infty,b)$	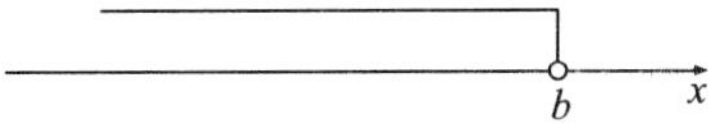
$\{x\mid x\leqslant b\}$	$(-\infty,b]$	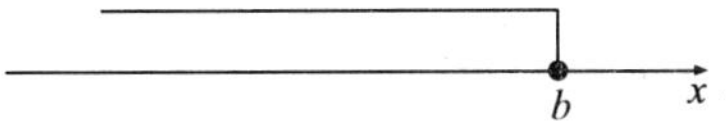
$\{x\mid x>a\}$	$(a,+\infty)$	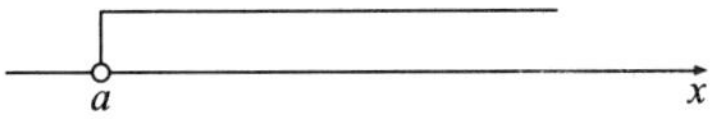
$\{x\mid x\geqslant a\}$	$[a,+\infty)$	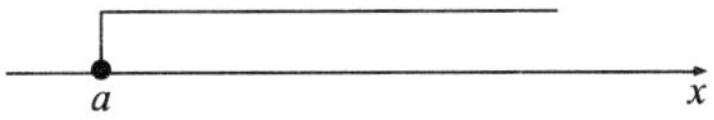

典型题型解析

【例 1】 比较大小：

(1)若 $a<0$，比较 $-2a$ 与 $-3a$ 的大小；

(2)若 $x\in\mathbf{R}$，比较 x^2+3 与 $2x-7$ 的大小.

【解析】(1)$\because a<0$　　$\therefore -2a-(-3a)=a<0$　　$\therefore -2a<-3a$

(2)$\because x\in\mathbf{R}$

$\therefore x^2+3-(2x-7)=x^2+3-2x+7=x^2-2x+10=(x-1)^2+9>0$

$\therefore x^2+3>2x-7$

【例 2】用“$>$”或“$<$”填空：

(1)如果 $a>b$，则 $2a-3$ ______ $2b-3$；

(2)如果 $x<y$，则 $-2x+1$ ______ $-2y-1$；

(3)$a>b>0$，$c<d<0$，则 ac ______ bd.

【解析】(1)填“$>$”，运用不等式的乘法性质和加法性质.

(2)不等式的乘法性质和传递性的综合运用. 由 $x<y$ 得 $-2x>-2y$，所以 $-2x+1>-2y+1>-2y-1$，故填“$>$”.

(3)因为 $c<d<0$，所以 $-c>-d>0$，因为 $a>b>0$，所以 $-ac>-bd$，即 $ac<bd$.

【例 3】下列命题正确的是(　　).

A. 如果 $a>b$，则 $a^2>b^2$；　　B. 如果 $a>b$，则 $ac^2>bc^2$；

C. 如果 $a>b$，$c>d$，则 $a-c>b-d$；　　D. 如果 $a>b$，$c>d$，则 $a+c>b+d$.

【解析】由不等式的同向可加性知正确答案是D,其他均错误.

【例 4】证明:当a、$b\in\mathbf{R}$,且$ab>0$时,$\frac{b}{a}+\frac{a}{b}\geqslant 2$.

【证明】$(\frac{b}{a}+\frac{a}{b})-2=\frac{a^2-2ab+b^2}{ab}=\frac{(a-b)^2}{ab}$

$\because (a-b)^2\geqslant 0,ab>0$　$\therefore \frac{(a-b)^2}{ab}\geqslant 0$　即$(\frac{b}{a}+\frac{a}{b})-2\geqslant 0$　$\therefore \frac{b}{a}+\frac{a}{b}\geqslant 2$

【例 5】当x为何值时,代数式$\frac{x-7}{4}$的值与代数式$\frac{2x-5}{3}$的值的差小于1?

【解析】由题意得

$$\frac{x-7}{4}-\frac{2x-5}{3}<1$$

解这个不等式得$x>-\frac{13}{5}$.

故当$x>-\frac{13}{5}$时,代数式$\frac{x-7}{4}$的值与代数式$\frac{2x-5}{3}$的值的差小于1.

【方法点拨】根据题意,得到不等式,然后运用不等式的基本性质解出不等式即可.

【例 6】若$a>0,b<0$,且$a+b>0$,试判断a、b、$-a$、$-b$的大小.

【解析】$\because a>0,b<0$　$\therefore -a<0,-b>0$　$\therefore -a<-b$　$\because a+b>0$

$\therefore a-(-b)=a+b>0$　$\therefore a>-b$　又$\because b-(-a)=a+b>0$　$\therefore b>-a$

$\therefore -a<b<-b<a$

【方法点拨】本题是作差比较法及不等式基本性质的综合运用,目的在于考查学生综合运用知识的能力.

【例 7】解不等式$\frac{x+2}{4}>3-x$.

【解析】根据乘法性质,两边同乘以4,得$x+2>4(3-x)$,去括号,移项整理得$x>2$,所以不等式的解集为$(2,+\infty)$.

【例 8】解不等式组$\begin{cases}\frac{x-1}{2}<x+2,\\ 5x-2\leqslant 3(x+2).\end{cases}$

【解析】由不等式$\frac{x-1}{2}<x+2$得$x>-5$,由不等式$5x-2\leqslant 3(x+2)$得$x\leqslant 4$,所以原不等式组的解集为$(-5,4]$.

规律方法探究

1. 作差比较法:作差比较法既是实数大小的比较方法,也是有关不等式证明的方法之一,它的基本步骤是:作差—变形—判断结果的符号,此法的关键是变形.

2. 数形结合:在写不等式的解集时,往往要借助数轴进行分析,将数与形相结合,使问题变得直观形象,便于求解.

配套练习

基础知识巩固

一、选择题

1. 如果 $a>b$,那么下列不等式中不成立的是(　　).

A. $a-1>b-2$　　B. $-2a>-2b$　　C. $3a>3b$　　D. $-a<-b$

2. 已知 $a=\frac{5}{7}$,$b=\frac{7}{11}$,$c=\frac{11}{13}$,则 a、b、c 的大小顺序是(　　).

A. $a<b<c$　　B. $b<a<c$　　C. $c<a<b$　　D. $c<b<a$

3. 若$\frac{m-1}{2}>\frac{m+2}{3}+1$,则实数 m 的取值范围为(　　).

A. $(-\infty,7)$　　B. $(7,+\infty)$

C. $(-\infty,13)$　　D. $(13,+\infty)$

4. 与不等式$(x^2+1)(x-1)>0$ 等价的不等式为(　　).

A. $x^2+1>0$　　B. $x-1>0$

C. $-1<x<1$　　D. $x<-1$ 或 $x>1$

5. 若 $ac>bc$,则(　　).

A. $a>b$　　B. $a<b$　　C. $a=b$　　D. 不能确定

6. 若 $a>b$,且 $k\in R$,则(　　).

A. $ka>kb$　　B. $k^2a>k^2b$

C. $-ka>-kb$　　D. $k^2a\geqslant k^2b$

7. 如果 $1<x<3$,$2<y<5$,则 $x-y$ 的范围为(　　).

A. $(-2,-1)$　　B. $(1,2)$　　C. $(-4,1)$　　D. $(-1,4)$

8. 若 $a>0$,$b<0$,且 $a+b<0$,则 a,$-a$,b,$-b$ 的大小关系为(　　).

A. $-a<b<a<-b$　　B. $b<-a<a<-b$

C. $b<-a<-b<a$　　D. $-a<b<-b<a$

9. 不等式 $2x-1\leqslant 3x+2$ 的解集用区间表示为(　　).

A. $(-\infty,-3]$　　B. $(-3,+\infty)$

C. $(-\infty,-3)$　　D. $[-3,+\infty)$

10. 已知全集为 $\mathbf{R}$,集合 $A=(0,3]$,则 $\complement_U A=$(　　).

A. $(-\infty,0)\cup(3,+\infty)$　　B. $(-\infty,0]\cup(3,+\infty)$

C. $(-\infty,0]\cup[3,+\infty)$　　D. $(-\infty,0)\cup[3,+\infty)$

11. 已知 a,b 为实数,则“$a>b>0$”是“$a^2>b^2$”的(　　).

A. 充分但不必要条件　　B. 必要但不充分条件

C. 充要条件　　D. 既不充分也不必要条件

12. 若 $a<b<0$,则(　　).

A. $a^2>b^2$　　B. $\frac{a}{b}<1$

C. $\frac{b}{a}>1$　　D. $\frac{1}{a}<\frac{1}{b}$

二、填空题

13. 若 $a>0$,$b<0$,且 $|a|<|b|$,则 $a+b$ ______ 0(填“$>$”或“$<$”号).

14. 若 $-1<a<b<1$,则 $a-b$ 的范围是________.

15. 若 $a>b>0$,则 a^2b ______ ab^2(填“$>$”或“$<$”号).

16. $a>0$ 且 $b<0$ 是 $ab<0$ 的________条件.

三、解答题

17. 比较代数式 a^2+b^2+3 与 $2a-2b$ 的大小.

18. 设 $a=\sqrt{13}-\sqrt{11}$,$b=\sqrt{7}-\sqrt{5}$,试比较 a、b 的大小.

19. 当 $a>0$,$b>0$ 时,比较 $a+b$ 与 $\sqrt{ab}$的大小.

20. 已知△ABC 的两条边分别为 4 和 9,求第三边的取值范围.

21. 证明：当 $a\neq b$ 时，$a^2>2ab-b^2$.

22. 证明：对任意实数 x，都有 $x^2+2x+2>0$.

能力强化提高

一、选择题

1. 下列不等式正确的是（　　）.

A. $4a>3a$　　B. $4+a>3+a$

C. $4+a>4-a$　　D. $\frac{3}{a}<\frac{4}{a}$

2. 已知 $a<b<0$，那么（　　）.

A. $\frac{a}{b}<\frac{b}{a}$　　B. $0<\frac{b}{a}<1$

C. $a^2<ab$　　D. $\frac{1}{a}<\frac{1}{b}$

3. 已知 $a=\sqrt{2}$，$b=\sqrt{7}-\sqrt{3}$，$c=\sqrt{6}-\sqrt{2}$，那么（　　）.

A. $a<b<c$　　B. $b<a<c$

C. $a<c<b$　　D. $b<c<a$

4. 已知 $a<b$，$c>d$，则（　　）.

A. $a-c<b-d$　　B. $a+c<b+d$

C. $ac<bd$　　D. $\frac{a}{c}<\frac{b}{d}$

5. “$ab>0$”是“$a>0$ 且 $b>0$”的（　　）.

A. 充分但不必要条件　　B. 必要但不充分条件

C. 充要条件　　D. 既不充分也不必要条件

6. 若 $a<0$，$-1<b<0$，则 a、ab、ab^2 之间的关系为（　　）.

A. $ab^2>ab>a$　　B. $a>ab>ab^2$

C. $ab>a>ab^2$　　　　D. $ab>ab^2>a$

7. 不等式组$\begin{cases}\dfrac{x+1}{2}>\dfrac{x-1}{3}+2,\\ 3x-1<4x+3\end{cases}$的解集是(　　).

A. $\varnothing$　　　　B. $(-4,7)$

C. $(-4,+\infty)$　　　　D. $(7,+\infty)$

8. 若 $a>b>0,c>0$,则下列不等式不成立的是(　　).

A. $ac>bc$　　　　B. $|ac|>|bc|$

C. $ac^2>bc^2$　　　　D. $b(a-b)>c(a-b)$

9. 若 $0<a<1$,则 $a,a^2,\dfrac{1}{a}$ 的关系为(　　).

A. $a<a^2<\dfrac{1}{a}$　　　　B. $a<\dfrac{1}{a}<a^2$

C. $a^2<a<\dfrac{1}{a}$　　　　D. $a^2<\dfrac{1}{a}<a$

10. 不等式 $2\leqslant 3x-1<8$ 的解集是(　　).

A. $(1,3)$　　B. $[1,+\infty)$　　C. $(-\infty,3)$　　D. $[1,3)$

二、填空题

11. 已知 $a>b>0$,则$\dfrac{a}{b}$______$\dfrac{a+1}{b+1}$.

12. 已知 $a<0,ab<0$,则 b ______ 0.

13. 当 x ______ 时,$3x-5$ 的值大于 $4x+3$ 的值.

14. 若关于 x 的不等式组$\begin{cases}x>a,\\ 2x<16\end{cases}$的解集为空集,则 a 的取值范围是________.

三、解答题

15. 若 a,b 为任意实数,比较 a^2+b^2 与 $\dfrac{5}{3}ab$ 的大小.

16. 证明:对任意实数 x,有 $2x^2-3x+5>0$.

17. 对任意实数 x,y,试比较 x^2-xy+y^2 与 $xy-1$ 的大小.

18. 设 $x>5$, $M=\sqrt{x-4}-\sqrt{x-5}$, $N=\sqrt{x-2}-\sqrt{x-3}$,试比较 M 与 N 的大小.

19. 若 $0<a<b$,且 $a+b=1$,试比较 b 与 a^2+b^2 的大小.

20. 若 $x>0,y>0$,证明:$\frac{x}{y^2}+\frac{y}{x^2}\geqslant\frac{1}{x}+\frac{1}{y}$.

考试真题体验

1.（安徽 2006 年对口高考）当 $x\in\mathbf{R}$ 时，试比较 x^2+x-1 与 $3(x-1)$ 的大小.

2.（安徽 2012 年对口高考）已知 $b>a\geqslant 0$，且 $m>0$，比较 $\dfrac{a+m}{b+m}$ 与 $\dfrac{a}{b}$ 的大小，并说明理由.

3.（安徽 2003 年对口高考）已知 $x<y<0$，则下列各式中，恒成立的是（　　）.

A. $0<x^2<xy$　　B. $y^2<xy<x^2$

C. $xy<y^2<x^2$　　D. $0<x^2<y^2$

4.（安徽 2007 年对口高考）“$m<0$”是“$m^2>0$”的（　　）.

A. 充分但不必要条件　　B. 必要但不充分条件

C. 充要条件　　D. 既不充分也不必要条件

第 2 节　不等式的解法

名师导读

不等式的解法是对口高考的重点内容之一，它体现出多种数学思想，如数形结合思想，分类讨论思想、化归转化思想，等等. 通过对本节的学习，要求熟练掌握一元二次不等式和绝对值不等式的解法，了解上述思想的运用.

知识要点归纳

1. 一元二次不等式及其解法

(1)一元二次不等式的概念

含有一个未知数，并且未知数的最高次数是二的不等式叫作一元二次不等式. 它的一般形式为 $ax^2+bx+c>0(\geqslant 0)$ 或 $ax^2+bx+c<0(\leqslant 0)(a\neq 0)$.

(2)一元二次不等式的解法

一元二次不等式的解法有多种，如因式分解法，区间分析法，图像法等. 下面就图像法进行说明.（只讨论二次项系数大于零的情况，若二次项系数小于零，可不等式两边都乘以-1，变为大于零的情形）

设一元二次方程$ax^2+bx+c=0(a>0)$的判别式$\Delta=b^2-4ac$，那么：

①当$\Delta>0$时，方程$ax^2+bx+c=0$有两个不相等的实数解x_1和$x_2(x_1<x_2)$，一元二次函数$y=ax^2+bx+c$的图像与x轴有两个交点$(x_1,0)$，$(x_2,0)$，此时，不等式$ax^2+bx+c>0$的解集为$(-\infty,x_1)\cup(x_2,+\infty)$，不等式$ax^2+bx+c<0$的解集为$(x_1,x_2)$.

②当$\Delta=0$时，方程$ax^2+bx+c=0$有两个相等的实数根x_0，一元二次函数$y=ax^2+bx+c$的图像与x轴只有一个交点$(x_0,0)$. 此时不等式$ax^2+bx+c>0$的解集为$(-\infty,x_0)\cup(x_0,+\infty)$，不等式$ax^2+bx+c<0$的解集为$\varnothing$.

③当$\Delta<0$时，方程$ax^2+bx+c=0$没有实数解，一元二次函数$y=ax^2+bx+c$的图像与x轴没有交点. 此时，不等式$ax^2+bx+c>0$的解集是$\mathbf{R}$，不等式$ax^2+bx+c<0$的解集是$\varnothing$.

综上所述，当$a>0$时，一元二次不等式的解集如下表：

方程或不等式	解集		
	$\Delta>0$	$\Delta=0$	$\Delta<0$
$ax^2+bx+c=0$	$\{x_1,x_2\}$	$\{x_0\}$	$\varnothing$
$ax^2+bx+c>0$	$(-\infty,x_1)\cup(x_2,+\infty)$	$(-\infty,x_0)\cup(x_0,+\infty)$	$\mathbf{R}$
$ax^2+bx+c\geqslant0$	$(-\infty,x_1]\cup[x_2,+\infty)$	$\mathbf{R}$	$\mathbf{R}$
$ax^2+bx+c<0$	(x_1,x_2)	$\varnothing$	$\varnothing$
$ax^2+bx+c\leqslant0$	$[x_1,x_2]$	$\{x_0\}$	$\varnothing$

2. 含有绝对值的不等式

(1)$|x|$的理解

①$|x|$的几何意义：数轴上表示实数x的点到原点的距离.

②由$|x|$的几何意义可得：$|x|=\begin{cases}x,x>0,\\0,x=0,\\-x,x<0.\end{cases}$

(2)绝对值不等式的概念

绝对值符号内含有未知数的不等式，叫作绝对值不等式.

(3)绝对值不等式的解法

①$|x|<a$ 或 $|x|>a(a>0)$

由 $|x|<a$ 得 $-a<x<a$，即不等式 $|x|<a$ 的解集为 $(-a,a)$；

由 $|x|>a$ 得 $x<-a$ 或 $x>a$，即 $|x|>a$ 的解集为 $(-\infty,-a)\cup(a,+\infty)$.

取解集口诀：大于零取两边，小于零取中间.

②$|ax+b|<c$ 或 $|ax+b|>c(c>0)$

此种形式的不等式可通过变量替换的方法来解，实际运算中，可以省略变量替换的过程.

典型题型解析

【例 1】不等式 $(x+1)(1-x)>0$ 的解集是(　　).

A. $(-\infty,-1)\cup(1,+\infty)$　　B. $(-1,1)$

C. $\mathbf{R}$　　D. $\varnothing$

【解析】此不等式的二次项系数实际为负数，对应的二次函数图像开口向下，根据图像开口方向和与 x 轴交点情况，可得该不等式的解集为 B. 也可将不等式的两边同乘以 -1，将原不等式变为 $(x+1)(x-1)<0$，从而得出其解集.

【例 2】不等式 $(x^2-2x+1)(x^2+1)<0$ 的解集为________.

【解析】由于对任意实数 x，$x^2+1>0$，故原不等式等价于 $x^2-2x+1<0$，此不等式的解集为 $\varnothing$，所以原不等式的解集为 $\varnothing$.

【例 3】解下列一元二次不等式：

(1) $x^2+2x-3<0$；　　(2) $4x-x^2+5<0$；

(3) $2x^2-x+3\leqslant 0$；　　(4) $(x-1)(3-x)<2$.

【解析】(1) ∵二次项系数为 $1>0$，且方程 $x^2+2x-3=0$ 的两根为 $x_1=-3$，$x_2=1$，

∴不等式 $x^2+2x-3<0$ 的解集为 $(-3,1)$.

(2) 由原不等式得 $x^2-4x-5>0$，因为二次方程 $x^2-4x-5=0$ 的两根为 $x_1=-1$，$x_2=5$，故不等式 $x^2-4x-5>0$ 的解集为 $(-\infty,-1)\cup(5,+\infty)$，所以原不等式的解集为 $(-\infty,-1)\cup(5,+\infty)$.

(3) ∵$\Delta=(-1)^2-4\times2\times3=-23<0$，∴二次方程 $2x^2-x+3=0$ 无解，

即二次函数 $y=2x^2-x+3$ 的图像与 x 轴无交点.

又∵$a=2>0$，∴二次函数 $y=2x^2-x+3$ 的图像开口向上，

∴不等式 $2x^2-x+3\leqslant 0$ 的解集为 $\varnothing$.

(4) 将原不等式化成 $x^2-4x+5>0$，

∵$\Delta=(-4)^2-4\times1\times5=16-20=-4<0$，∴二次方程 $x^2-4x+5=0$ 无实数解，∴二次函数 $y=x^2-4x+5$ 的图像与 x 轴无交点.

又∵二次函数 $y=x^2-4x+5$ 的图像开口向上，∴不等式 $x^2-4x+5>0$ 的解集为 $\mathbf{R}$，即原不等式的解集为 $\mathbf{R}$.

【方法点拨】用"图像法"解一元二次不等式，一定要搞清楚一元二次不等式与一元二

次方程及一元二次函数之间的联系.其解题步骤可简要归纳如下:①观察一元二次不等式是否是一般形式,若不是,将其化为一般形式,且二次项系数为正(便于求解);②判断对应的一元二次方程有没有实数解,若有,求出其解.若没有,直接根据对应的二次函数图像判断不等式的解集;③画出对应的一元二次函数图像的草图;④观察图像,得出所求不等式的解集;⑤取解集口诀:大于零取两边,小于零取中间.

【例 4】当 x 取什么实数时,$\sqrt{x-x^2+6}$有意义?

【解析】由题意得 $x-x^2+6\geqslant 0$,

整理得 $x^2-x-6\leqslant 0$.

解方程 $x^2-x-6=0$ 得 $x_1=-2,x_2=3$.

因为二次项系数为 $1>0$,所以不等式 $x^2-x-6\leqslant 0$ 的解集为$[-2,3]$,即不等式 $x-x^2+6\geqslant 0$ 的解集为$[-2,3]$.所以,当 $x\in[-2,3]$时,$\sqrt{x-x^2+6}$有意义.

【例 5】解下列绝对值不等式:

(1)$2|x|-1\geqslant 3$ (2)$7-2|x|>1$ (3)$|2x-1|\leqslant 7$ (4)$|3-x|<2$

【解析】(1)由 $2|x|-1\geqslant 3$ 得$|x|\geqslant 2$,从而得 $x\leqslant -2$ 或 $x\geqslant 2$,

所以原不等式的解集为$(-\infty,-2]\cup[2,+\infty)$.

(2)由 $7-2|x|>1$ 得$|x|<3$,从而得$-3<x<3$,所以原不等式的解集为$(-3,3)$.

(3)由原不等式得$-7\leqslant 2x-1\leqslant 7$,整理得$-3\leqslant x\leqslant 4$,所以原不等式的解集为$[-3,4]$.

(4)由$|3-x|<2$ 得$|x-3|<2$,于是$-2<x-3<2$,整理得 $1<x<5$,所以原不等式的解集为$(1,5)$.

【方法点拨】解绝对值不等式关键是去绝对值,去绝对值的方法是根据绝对值的几何意义进行等价变形,即$|x|<a\Leftrightarrow -a<x<a(a>0)$;$|x|>a\Leftrightarrow x<-a$ 或 $x>a(a>0)$.

【例 6】解不等式组$\begin{cases}x^2-5x+6\geqslant 0,\\|2x-1|<3.\end{cases}$

【解析】解不等式 $x^2-5x+6\geqslant 0$ 得 $x\leqslant 2$ 或 $x\geqslant 3$,由不等式$|2x-1|<3$ 得$-3<2x-1<3$,从而得$-1<x<2$,所以原不等式组的解集为$(-1,2)$.

【例 7】解不等式 $1\leqslant|2x-3|\leqslant 5$.

【解析】原不等式等价于$\begin{cases}|2x-5|\leqslant 5,\\|2x-3|\geqslant 1.\end{cases}$

由$|2x-3|\leqslant 5$ 得$-5\leqslant 2x-3\leqslant 5$,从而得$-1\leqslant x\leqslant 4$;由$|2x-3|\geqslant 1$ 得 $2x-3\leqslant -1$ 或 $2x-3\geqslant 1$,整理得,$x\leqslant 1$ 或 $x\geqslant 2$.所以原不等式的解集为$[-1,1]\cup[2,4]$.

【例 8】解下列不等式:

(1)$|x-1|+2<0$;　　　　(2)$2|x|+6>4$.

【解析】(1)由$|x-1|+2<0$ 得$|x-1|<-2$.因为对任意实数 x,$|x-1|\geqslant 0$,所以原不等式的解集为$\varnothing$.

(2)由 $2|x|+6>4$ 得$|x|>-1$.因为对任意实数 x,$|x|\geqslant 0$,所以原不等式的解集为 $\mathbf{R}$.

【例 9】已知不等式$|x-a|<b$的解集是$(-7,3)$，求a、b的值.

【解析】由$|x-a|<b$得$-b<x-a<b$，整理得$a-b<x<a+b$.

由题意可得$\begin{cases}a-b=-7,\\a+b=3,\end{cases}$解得$a=-2,b=5$.

【例 10】若不等式$ax^2+bx-2>0$的解集为$(\frac{2}{3},1)$，求$a+b$的值.

【解析】由题意知，方程$ax^2+bx-2=0$的两根为$x_1=\frac{2}{3}$，$x_2=1$. 将两根的值代入方程，得$\begin{cases}\frac{4}{9}a+\frac{2}{3}b-2=0,\\a+b-2=0,\end{cases}$解得$\begin{cases}a=-3,\\b=5.\end{cases}$

所以$a+b=-3+5=2$.

规律方法探究

1. 不等式组的解集：求出组成该不等式组的每一个不等式的解集，然后结合数轴，找出各不等式解集的公共区域，从而得到不等式组的解集；

2. 解一元二次不等式的方法有多种，如图像法、化为一元一次不等式组法、区间分析法等，其中图像法直观、形象，务必牢固掌握；

3. 解绝对值不等式关键是去绝对值，应通过不同题型的练习，熟练掌握解题技巧.

配套练习

基础知识巩固

一、选择题

1. 不等式$x^2+x<0$的解集是(　　).

A. $(-1,0)$　　B. $(-\infty,-1)\cup(0,+\infty)$

C. $(-\infty,-1)$　　D. $(0,+\infty)$

2. 不等式$x^2-4x+4\leqslant 0$的解集是(　　).

A. $(-\infty,2)\cup(2,+\infty)$　　B. $\mathbf{R}$

C. $\varnothing$　　D. $\{2\}$

3. 不等式$x^2\geqslant 9$的解集是(　　).

A. $[3,+\infty)$　　B. $(-\infty,-3]$

C. $(-\infty,-3]\cup[3,+\infty)$　　D. $[-3,3]$

4. 不等式$x^2+2x+2>0$的解集是(　　).

A. $(-\infty,-2)\cup(0,+\infty)$　　B. $(-2,0)$

C. $\mathbf{R}$　　D. $\varnothing$

5. $-x^2+3x+4<0$ 的解集是(　　).

A. $(-1,4)$　　B. $(-\infty,-1)\cup(4,+\infty)$

C. $(-4,1)$　　D. $(-\infty,-4)\cup(1,+\infty)$

6. 若$\sqrt{(x+1)(2-x)}$有意义,则 x 的取值范围是(　　).

A. $x\leqslant-1$ 或 $x\geqslant2$　　B. $x<-1$ 或 $x>2$

C. $-1\leqslant x\leqslant2$　　D. $-1<x<2$

7. 不等式$|x|-1\leqslant3$ 的解集是(　　).

A. $[-4,4]$　　B. $(-\infty,-4]\cup[4,+\infty)$

C. $(-4,4)$　　D. $(-\infty,-4)\cup(4,+\infty)$

8. $|x-2|<3$ 解集是(　　).

A. $(-\infty,-1)\cup(3,+\infty)$　　B. $(-1,5)$

C. $(-3,5)$　　D. $(-1,3)$

9. $|1-3x|>2$ 的解集为(　　).

A. $(-\frac{1}{3},1)$　　B. $(-\infty,-\frac{1}{3})\cup(1,+\infty)$

C. $(-\infty,-1)\cup(\frac{1}{3},+\infty)$　　D. $(-1,\frac{1}{3})$

10. $|2x-1|+1>0$ 的解集是(　　).

A. $(-\infty,0)\cup(1,+\infty)$　　B. $(0,1)$

C. $\mathbf{R}$　　D. $\varnothing$

11. $|x+1|+2<0$ 的解集是(　　).

A. $(-3,1)$　　B. $(-\infty,3)\cup(1,+\infty)$

C. $\mathbf{R}$　　D. $\varnothing$

12. 不等式$(x^2-x+2)(x^2-1)<0$ 的解集是(　　).

A. $(-\infty,-1)\cup(1,+\infty)$　　B. $(-1,1)$

C. $\mathbf{R}$　　D. $\varnothing$

二、填空题

13. 不等式$|2x|-2>0$ 的解集是______.

14. 不等式$(1-x)(2+x)>0$ 的解集是______.

15. $x^2-2x-1\leqslant0$ 的解集是______.

16. 若 $2a+3$ 大于 $a-1$,则实数 a 的取值范围是______.

三、解答题

17. 解不等式组$\begin{cases}x^2+2x-3\leqslant0,\\|3-4x|>1.\end{cases}$

18. 求不等式 $|3-2x|<5$ 的整数解.

19. 已知集合 $A=\{x|x^2-x-2\leqslant 0, x\in\mathbf{R}\}$，$B=\{x|a<x<1+a\}$，且 $A\cap B=\varnothing$，求 a 的取值范围.

20. 已知一元二次方程 $x^2-ax+(a+3)=0$ 有实数根，求 a 的取值范围.

21. 若不等式 $x^2+bx+c>0$ 的解集为 $\{x|x<1$ 或 $x>2\}$，求 b、c 的值.

22. 若关于 x 的不等式 $x^2+kx+2\geqslant 0$ 的解集为 $\mathbf{R}$，求 k 的取值范围.

能力强化提高

一、选择题

1. 不等式 $x^2+4x+4>0$ 的解集是(　　).

A. $(-2,2)$　　B. $(-\infty,-2)\cup(-2,+\infty)$

C. $\mathbf{R}$　　D. $\varnothing$

2. 不等式 $x-x^2>0$ 的解集是(　　).

A. $(-1,0)$　　B. $(0,1)$

C. $(-\infty,0)\cup(1,+\infty)$　　D. $(-\infty,1)$

3. 不等式 $|x-3|<0$ 的解集是(　　).

A. $(-\infty,3)\cup(3,+\infty)$　　B. $\{3\}$

C. $\mathbf{R}$　　D. $\varnothing$

4. 不等式 $\left|\frac{1}{2}x-1\right|>0$ 的解集是(　　).

A. $(-\infty,2)\cup(2,+\infty)$　　B. $\varnothing$

C. $\mathbf{R}$　　D. $\{2\}$

5. 不等式 $(x^2-2x-3)(x^2+1)>0$ 的解集是(　　).

A. $(-1,3)$　　B. $(-\infty,-1)\cup(3,+\infty)$

C. $\mathbf{R}$　　D. $\varnothing$

6. 若 $x^2-2x+3a-2<0$ 的解集为 $\varnothing$，则 a 的取值范围是(　　).

A. $a=1$　　B. $a>1$　　C. $a\geqslant 1$　　D. $a<1$

7. 若不等式 $ax^2+bx+6<0$ 的解集为 $(1,3)$，则 $a+b$ 的值为(　　).

A. 6　　B. -6　　C. 10　　D. -10

8. 已知集合 $A=\{x\mid |x-1|<2\}$，$B=\{x\mid x^2+3x+4>0\}$，则 $A\cap B=$(　　).

A. $(-1,3)$　　B. $(-\infty,-1)\cup(3,+\infty)$

C. $(-\infty,-4)\cup(1,+\infty)$　　D. $\mathbf{R}$

9. 若 $A=\{x\mid |4-3x|\geqslant 1\}$，$a=\sqrt{3}$，则下列结论正确的是(　　).

A. $a\in A$　　B. $a\notin A$　　C. $a\subseteq A$　　D. $a\subsetneqq A$

10. 不等式 $(x-1)^2x\leqslant 0$ 的解集是(　　).

A. $\{x|x\leqslant 0\}$ B. $\{x|x\geqslant 0\}$ C. $\{x|x\leqslant 0$ 或 $x=1\}$ D. $\{x|x\geqslant 0$ 或 $x=1\}$

二、填空题

11. 若不等式 $x^2-ax<0$ 的解集是 $\{x|0<x<1\}$，则 $a=$______.

12. 当 $x\in$______时，$\sqrt{2-|2x-2|}$ 有意义.

13. $|3x-5|<-1$ 的解集为______.

14. 不等式 $(2x+1)^2>0$ 的解集为______.

三、解答题

15. 解不等式：

(1) $|x^2-3x|>4$. (2) $|3x-2|>2x+1$.

16. 若方程 $x^2+(m-1)x+2=0$ 有实数解，求 m 的取值范围.

17. 若不等式 $x^2-mx+6<0$ 的解集是 $(2,3)$，求不等式 $2x^2+mx+3>0$ 的解集.

18. 不等式 $(a^2-1)x^2-(a-1)x-1<0$ 的解集为 $\mathbf{R}$，求实数 a 的取值范围.

19. 已知$|x-a|<b$的解集是$\{x|-5<x<2\}$，求a、b的值.

20. 已知集合$A=\{x|x^2-5x-6<0\}$，$B=\{x||1-2x|>1\}$，求$A\cap B$.

考试真题体验

1. (安徽 2010 年对口高考)不等式$x^2-x<0$的解集是(　　).

A. $\{x|x<0$ 或 $x>1\}$　　B. $\{x|x\leqslant 0$ 或 $x\geqslant 1\}$

C. $\{x|0<x<1\}$　　D. $\{x|0\leqslant x\leqslant 1\}$

2. (安徽 2011 年对口高考)不等式$|x-1|\leqslant 1$的解集是(　　).

A. $[0,2]$　　B. $[-2,0]$

C. $[0,1]$　　D. $[-1,0]$

3. (安徽 2012 年对口高考)不等式$|x+2|>3$的解集是(　　).

A. $\{x|x<-5\}$　　B. $\{x|x>1\}$

C. $\{x|-5<x<1\}$　　D. $\{x|x<-5$ 或 $x>1\}$

4. (安徽 2005 年对口高考)解不等式组$\begin{cases}x^2-5x-6<0,\\1+2x>3(x-1).\end{cases}$

第 3 章　函数

第 1 节　函数的概念及其性质

名师导读

函数是贯穿整个中职数学课程的主线之一，它蕴含多种数学思想与方法，是现代数学的基础. 它也是对口高考所考查的重点与焦点内容之一. 主要考查的内容有函数的概念、函数三要素、函数表示法、函数的单调性与奇偶性.

知识要点归纳

1. 函数的概念及表示法

(1)函数的定义：在某一个变化过程中有两个变量 x 和 y，设变量 x 的取值范围为数集 D，如果对于 D 内的每一个 x 值，按照某种对应法则 f，y 都有唯一确定的值与它对应，那么把 x 叫作自变量，把 y 叫作 x 的函数，记作 $y=f(x)$，数集 D 叫作函数的定义域.

(2)函数值和值域：当 $x=x_0$ 时，函数 $y=f(x)$ 对应的值 y_0 叫作函数在点 x_0 处的函数值，记作 $y_0=f(x_0)$，所有的函数值组成的集合叫作函数的值域.

(3)函数的三要素：①定义域；②对应法则；③值域. 定义域和对应法则都相同的函数为同一个函数，与表示函数所选的字母是否相同无关.

(4)函数的表示法：主要有三种，分别是解析法、列表法和图像法.

(5)"描点法"作函数图像的具体步骤：①确定函数定义域；②选取自变量 x 的若干值，计算出它们对应的函数值 y，列出表格；③描点；④根据定义域是否将描出的点联结成光滑的曲线.

2. 函数的性质

(1)函数的单调性：函数值随着自变量的增大而增大(或减小)的性质叫作函数的单调性.

①增函数与增区间：设函数 $y=f(x)$ 在区间 (a,b) 内有意义，如果对任意的 $x_1,x_2\in(a,b)$，当 $x_1<x_2$ 时都有 $f(x_1)<f(x_2)$ 成立，那么函数 $f(x)$ 叫作区间 (a,b) 内的增函数，区间 (a,b) 叫作函数 $f(x)$ 的增区间.

②减函数与减区间：设函数 $y=f(x)$ 在区间 (a,b) 内有意义，如果对任意的 $x_1,x_2\in$

(a,b)，当 $x_1<x_2$ 时都有 $f(x_1)>f(x_2)$ 成立，那么函数 $f(x)$ 叫作区间 (a,b) 内的减函数，区间 (a,b) 叫作函数 $f(x)$ 的减区间.

③函数单调性的判断方法：（Ⅰ）图像法：如果函数 $y=f(x)$ 在区间 (a,b) 上的图像自左至右呈上升趋势时，函数 $y=f(x)$ 在区间 (a,b) 上是增函数；如果图像自左至右呈下降趋势时，函数 $y=f(x)$ 在区间 (a,b) 上是减函数.（Ⅱ）定义法.

(2)函数的奇偶性

①函数的奇偶性的定义：设函数 $f(x)$ 的定义域为数集 D，如果对于任意 $x\in D$，都有 $-x\in D$，且 $f(-x)=-f(x)$，则函数 $f(x)$ 叫作奇函数；设函数 $f(x)$ 的定义域为数集 D，如果对于任意 $x\in D$，都有 $-x\in D$，且 $f(-x)=f(x)$，则函数 $f(x)$ 叫作偶函数.

②奇、偶函数图像性质：奇函数的图像关于原点对称，并且在对称的两个区间上单调性是相同的；偶函数的图像关于 y 轴对称，并且在对称的两个区间上单调性是相反的.

③奇、偶函数的定义域特点：奇函数和偶函数的定义域 D 都是关于坐标原点左右对称的区间. 在奇函数中，若 $0\in D$，则有 $f(0)=0$. 如果函数 $f(x)$ 既是奇函数又是偶函数，则有 $f(x)=0$.

④函数奇偶性的判定方法：（Ⅰ）图像观察法：图像关于坐标原点对称的函数是奇函数；图像关于 y 轴对称的函数是偶函数.（Ⅱ）运用定义法.

3. 对称点的坐标特征：点 $P(a,b)$ 关于 x 轴对称点的坐标为 $P_1(a,-b)$；点 $P(a,b)$ 关于 y 轴对称点的坐标为 $P_2(-a,b)$；点 $P(a,b)$ 关于坐标原点对称点的坐标为 $P_3(-a,-b)$.

典型题型解析

【例 1】下列各组函数中，表示同一函数的是（　　）.

A. $y=x$ 与 $y=(\sqrt{x})^2$　　　　B. $y=|x|$ 与 $y=\sqrt{x^2}$

C. $y=x$ 与 $y=\frac{x^2}{x}$　　　　D. $y=1$ 与 $y=x^0$

【解析】A 中两函数的定义域不同，前者 $x\in\mathbf{R}$，后者 $x\in[0,+\infty)$；B 中两函数的定义域和对应法则都相同；C 中两函数的定义域不同，前者 $x\in\mathbf{R}$，后者 $x\in(-\infty,0)\cup(0,+\infty)$；D 中两函数的定义域不同，前者 $x\in\mathbf{R}$，后者 $x\in(-\infty,0)\cup(0,+\infty)$，答案：B.

【方法点拨】判断两个函数是否为同一函数，只要看它们的定义域和对应法则. 如果函数的定义域和对应法则确定了，那么函数的值域也就确定了. 只有定义域和对应法则完全相同时，两个函数才是同一函数.

【例 2】(1)函数 $y=\frac{\sqrt{2x+1}}{x-1}$ 的定义域为______.

(2)函数 $y=\sqrt{\log_3(x^2-4)}$ 的定义域为______.

【解析】(1)要使函数解析式有意义，必须满足 $\begin{cases}2x+1\geqslant 0,\\ x-1\neq 0,\end{cases}$ 即 $\begin{cases}x\geqslant -\frac{1}{2},\\ x\neq 1,\end{cases}$

所以函数的定义域为$\left[-\frac{1}{2},1\right)\cup(1,+\infty]$;

(2)要使函数解析式有意义,必须满足:$\begin{cases}\log_3(x^2-4)\geqslant 0,\\ x^2-4>0,\end{cases}$即$\begin{cases}(x^2-4)\geqslant 1,\\ x^2-4>0,\end{cases}$

得 $x^2-4\geqslant 1$,所以函数定义域为$(-\infty,-\sqrt{5}]\cup[\sqrt{5}+\infty)$.

【方法点拨】求函数定义域时要注意以下几点:(1)函数解析式含分式时,分母不等于零;(2)函数解析式含偶次根式时,被开方数大于等于零;(3)函数解析式含对数式时,真数大于零,底数大于零且不等于1;(4)函数解析式含零指数式时,底数不等于零;(5)函数解析式含正切型函数时,如 $y=\tan x$,则 $x\neq\frac{\pi}{2}+k\pi,(k\in\mathbf{Z})$;(6)函数解析式涉及实际问题时,受实际条件限制.

【例 3】若函数 $f(2x-1)=x+3$,则 $f(1)=$______.

【解析】解法一:设 $2x-1=t,(t\in\mathbf{R})$,则 $x=\frac{t+1}{2}$,所以 $f(t)=\frac{t+1}{2}+3=\frac{t+7}{2}$,故 $f(x)=\frac{x+7}{2}$,则 $f(1)=\frac{1+7}{2}=4$;

解法二:令 $2x-1=1$,则 $x=1$,所以 $f(1)=1+3=4$.

【方法点拨】本题应先求 $f(x)$的解析式. 已知 $f[g(x)]$,求 $f(x)$的解析式,一般可采用换元法,具体为:令 $t=g(x)$,再求出 $f(t)$,可得 $f(x)$的解析式. 注意:换元后,要确定辅助未知数 t 的取值范围.

【例 4】判断函数 $f(x)=x^2+2x$ 在区间$(-\infty,-1)$上的单调性.

【解析】首先在区间$(-\infty,-1)$上任取 x_1,x_2,且 $x_1<x_2$,则 $f(x_1)-f(x_2)=x_1{}^2+2x_1-(x_2{}^2+2x_2)=(x_1{}^2-x_2{}^2)+2(x_1-x_2)=(x_1-x_2)(x_1+x_2+2)$,因为 $x_1,x_2\in(-\infty,-1)$且,所以 $x_1+x_2+2<0$,又因为 $x_1<x_2$,所以 $x_1-x_2<0$,故$(x_1-x_2)(x_1+x_2+2)>0$,即 $f(x_1)-f(x_2)>0$,所以 $f(x_1)>f(x_2)$,函数 $f(x)=x^2+2x$ 在$(-\infty,-1)$上是减函数.

【方法点拨】判断(或证明)函数的单调性一般运用"作差"比较法. 其一般步骤为:(1)取值:在函数 $f(x)$给定的区间内任取两个自变量值 x_1,x_2,且 $x_1<x_2$;(2)作差:$f(x_1)-f(x_2)$;(3)变形:运用因式分解和配方进行变形;(4)定号:判断 $f(x_1)-f(x_2)$的正负;(5)下结论:确定函数 $f(x)$的单调性.

【例 5】判断下列函数的奇偶性.

(1)$f(x)=2x+\frac{1}{x}$　(2)$f(x)=x^4-|x|$　(3)$f(x)=\frac{1}{x-2}$

【解析】(1)$\because f(x)$的定义域为$(-\infty,0)\cup(0,+\infty)$,关于坐标原点对称,又 $f(-x)=2(-x)+\frac{1}{-x}=-(2x+\frac{1}{x})=-f(x)$,$\therefore$函数 $f(x)=2x+\frac{1}{x}$是奇函数.

(2)$\because f(x)$的定义域为 $\mathbf{R}$,关于坐标原点对称,

又 $f(-x)=(-x)^4-|-x|=x^4-|x|=f(x)$，∴函数 $f(x)=x^4-|x|$ 是偶函数.

(3)∵$f(x)$的定义域为$(-\infty,2)\cup(2,+\infty)$，不关于坐标原点对称，∴函数 $f(x)=\frac{1}{x-2}$ 是非奇非偶函数.

【方法点拨】判断函数的奇偶性，首先确定函数的定义域，判断它是否关于坐标原点对称. 若定义域不关于坐标原点对称，那么这个函数是非奇非偶函数；如果定义域关于坐标原点对称，若满足 $f(-x)=-f(x)$，则函数 $f(x)$是奇函数；若满足 $f(-x)=f(x)$，则函数 $f(x)$是偶函数；若同时满足 $f(-x)=-f(x)$，$f(-x)=f(x)$，则函数 $f(x)$既是奇函数，又是偶函数. 当然还可以利用图像来判断函数的奇偶性.

【例 6】已知函数 $f(x)$是偶函数，且 $x\leqslant 0$，$f(x)=x^2+2x$，求当 $x>0$，函数 $f(x)$的解析式.

【解析】设 $x>0$，则 $-x<0$，根据偶函数的性质 $f(-x)=f(x)$，∵$f(-x)=(-x)^2+2(-x)=x^2-2x$，∴$f(x)=x^2-2x$，即当 $x>0$，函数 $f(x)$的解析式是：$f(x)=x^2-2x$.

【方法点拨】对于已知奇函数或偶函数对称一侧函数的解析式，求对称另一侧的函数解析式，根据所求函数自变量 x 的取值范围，得到 $-x$ 的取值范围，将 $-x$ 代入已知函数解析式，求出 $f(-x)$，再根据函数的奇偶性，即 $f(-x)=f(x)$或 $f(-x)=f(x)$，最后得出 $f(x)$的解析式.

【例 7】偶函数 $f(x)$在$(0,+\infty)$上是增函数，比较 $f(a^2-2a+\frac{5}{4})$与 $f(-\frac{1}{8})$的大小.

【解析】∵$f(x)$是偶函数，∴$f(-\frac{1}{8})=f(\frac{1}{8})$，又因为 $f(x)$在$(0,+\infty)$上是增函数，

且 $a^2-2a+\frac{5}{4}=(a-1)^2+\frac{1}{4}\geqslant\frac{1}{4}>\frac{1}{8}$，所以 $f(a^2-2a+\frac{5}{4})>f(-\frac{1}{8})$.

【方法点拨】已知函数的奇偶性和单调性比较函数值的大小，根据函数的奇偶性将所比较的两个函数值的自变量转化到同一单调区间，再根据函数的单调性进行比较.

【例 8】已知函数 $f(x)=a-\frac{1}{2^x+1}$，若 $f(x)$为奇函数，则 $a=$______.

【解析】：解法一：因为 $f(x)$为奇函数，所以 $f(-x)=-f(x)$，可知：$a-\frac{1}{2^{-x}+1}=-(a-\frac{1}{2^x+1})$，可得 $a=\frac{1}{2}$

解法二：因为 $f(x)$的定义域为 $\mathbf{R}$，且是奇函数，所以 $f(0)=-f(0)$，可得 $f(0)=0$，于是有 $a-\frac{1}{2^0+1}=0$　∴$a=\frac{1}{2}$.

【方法点拨】已知函数的奇偶性，求函数的有关参数，一般根据函数的奇偶性：$f(-x)=-f(x)$或 $f(-x)=f(x)$，列出等量关系式，从而求出参数.

【例 9】定义域在$[-1,1]$上的函数 $y=f(x)$是减函数，且是奇函数，若 $f(a+1)+f(4a+5)>0$，求实数 a 的范围.

【解析】：因为 $f(x)$的定义域为$[-1,1]$，所以有$\begin{cases}-1\leqslant a+1\leqslant 1,\\-1\leqslant 4a+5\leqslant 1,\end{cases}$ 解得$-\frac{3}{2}\leqslant a\leqslant -11$，

又 $f(x)$ 为奇函数，在 $[-1,1]$ 上递减，$f(a+1)>-f(4a+5)=f(-4a-5)$

所以 $a+1<-4a-5$　即 $a<-\frac{6}{5}$. 由以上可知 $-\frac{3}{2}\leqslant a<-\frac{6}{5}$.

【方法点拨】由 $f(x)$ 在 $[-1,1]$ 上是减函数又是奇函数，这样可以确定 $f(a+1)$ 与 $f(4a+5)$ 的大小得 a 的不等式，从而求出 a 的取值范围.

规律方法探究

1. 在已知条件中出现含有两个不同变量的函数关系式时，常常采用“消元法”消去其中一个变量.（比如后面的《基础知识巩固》第 22 题）

2. 已知解析式求定义域的问题，应根据解析式中各部分的要求，首先列出自变量应满足的不等式或不等式组，然后解这个不等式或不等式组，解答过程要注意考虑全面，最后定义域必须写成集合或区间的形式.

3. 根据定义证明函数单调性的一般步骤：设值（在 $f(x)$ 定义域内某个区间 D 上任取 x_1,x_2 且 $x_1<x_2$）→作差（$f(x_1)-f(x_2)$）→变形→定号→结论.

4. 函数奇偶性的判定方法的一般步骤：(1) 考查函数定义域是否关于原点对称. 若不对称，直接作出判断，若对称进行第二步；(2) 在定义域内任取 x，化简 $f(-x)$，然后判断 $f(x)$ 与 $f(-x)$ 的关系；(3) 作出判断.

配套练习

基础知识巩固

一、选择题

1. 下列各组函数中，表示同一函数的一组是（　　）.

A. $y=x$ 与 $y=x-1$　　B. $y=|x-1|$ 与 $y=|1-x|$

C. $y=\sqrt{x^2}$ 与 $y=(\sqrt{x})^2$　　D. $y=x$ 与 $y=\sqrt{x^2}$

2. 函数 $y=\sqrt{2x+4}$ 的定义域用区间表示为（　　）.

A. $(-\infty,+\infty)$　　B. $(0,2)$　　C. $(-2,+\infty)$　　D. $[-2,+\infty)$

3. 下列函数中定义域为 $(-\infty,+\infty)$ 的是（　　）.

A. $y=\frac{1}{x}$　　B. $y=\sqrt{x-2}$　　C. $y=\sqrt[3]{x}$　　D. $y=\sqrt{x^2-1}$

4. 若 $f(x)=\sqrt{x+3}$ 则 $f(1)=$（　　）.

A. -2　　B. 2　　C. ± 2　　D. $\sqrt{3}$

5. 下列图像中，不能作为某个函数的图像的是（　　）.

A. 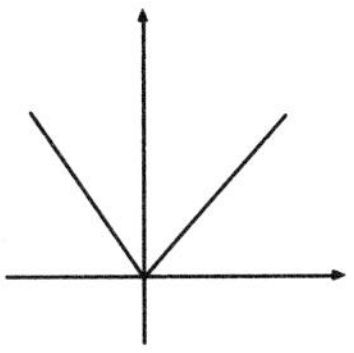　B. 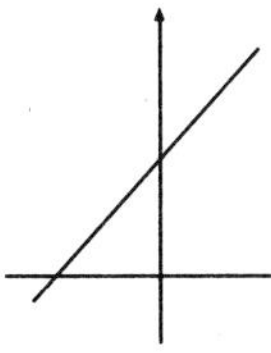　C. 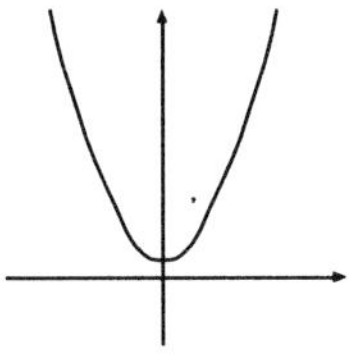　D. 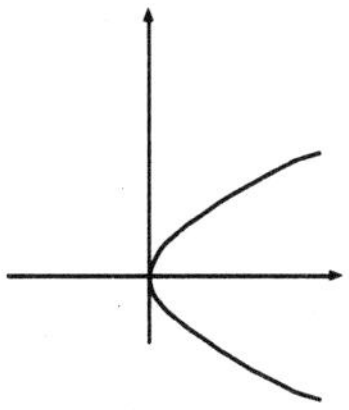

6. 若函数 $f(x)$ 在定义域 $\mathbf{R}$ 上是减函数，则 $f(-3)$ 与 $f(-\pi)$ 的大小关系为(　　).

A. $f(-3)<f(-\pi)$　　B. $f(-3)=f(-\pi)$

C. $f(-3)>f(-\pi)$　　D. 不能确定

7. 下列函数中是奇函数的是(　　).

A. $y=x^2-1$　　B. $y=\sqrt{x}$

C. $y=x+\dfrac{1}{x}$　　D. $y=x^2+x$

8. 下列函数中，既是偶函数，又在区间 $(0,+\infty)$ 上是减函数的是(　　).

A. $y=-x^2$　　B. $y=x^3$

C. $y=|x|$　　D. $y=x^2+2x$

9. 已知 $f(x)=x^2+m$，若 $f(0)=1$，则 m 的取值等于(　　).

A. 1　　B. -1　　C. 2　　D. -2

10. 若点 $p(-2,3)$ 在奇函数 $y=f(x)$ 的图像上，则下列各点中，一定是奇函数 $y=f(x)$ 的图像上的点是(　　).

A. $(-2,-3)$　　B. $(2,3)$

C. $(2,-3)$　　D. $(-2,3)$

11. 下列图像关于 y 轴对称的是(　　).

A. $y=\dfrac{1}{x}$　　B. $y=x^4+x^2$

C. $y=1-x$　　D. $y=|x|-x$

12. 若 $f(x-1)=x+1$，则 $f(3)=$(　　).

A. 3　　B. 4　　C. 5　　D. 6

二、填空题

13. 函数 $y=\dfrac{1}{x+5}$ 的定义域为______.

14. 若函数 $y=x^2+(b+5)x$ 是偶函数，则常数 $b=$______.

15. 已知函数 $f(x)$ 在 $\mathbf{R}$ 上是奇函数，则 $f(0)=$______.

16. 试写出一个在 $(0,+\infty)$ 内单调递减的偶函数：______.

三、解答题

17. 求下列函数的定义域.

(1) $y=\dfrac{\sqrt{2-x}}{x-1}$；　　(2) $y=\log_2(x^2-1)$.

18. 已知函数 $f(x)=\dfrac{2x^2-4}{x-1}$,求 $f(2)$,$f(f(0))$.

19. 若 $f(x)=ax^3+bx+1$,且 $f(-2)=8$,求 $f(2)$的值.

20. 判断函数 $f(x)=\dfrac{1}{x}+3$ 在$(0,+\infty)$上是增函数还是减函数.

21. 证明:函数 $f(x)=x^2+2$ 是偶函数.

22. 已知 $f(x)$ 是偶函数，$g(x)$ 是奇函数，且 $f(x)+g(x)=\dfrac{2}{x-2}$，求 $f(x)$ 与 $g(x)$ 的解析式.

能力强化提高

一、选择题

1. 函数 $f(x)=\dfrac{\sqrt{3x+2}}{x+1}$ 的定义域是(　　).

A. $\left\{x \middle| x>-\dfrac{2}{3}\text{ 且 } x\neq -1\right\}$　　B. $\left\{x \middle| x\geqslant -\dfrac{2}{3}\right\}$

C. $\{x \mid x\neq -1\}$　　D. $\left\{x \middle| x\geqslant -\dfrac{2}{3}\text{ 且 } x\neq -1\right\}$

2. 下列函数中，为非奇非偶函数的是(　　).

A. $y=2x$　　B. $y=3x^2$　　C. $y=\dfrac{2}{x}$　　D. $y=x^2+2x$

3. 下列函数中，既是奇函数，又在区间 $(0,+\infty)$ 上是单调递减的是(　　).

A. $f(x)=\sqrt{x}$　　B. $f(x)=x^3$　　C. $f(x)=\dfrac{1}{x}$　　D. $f(x)=-x^2$

4. 下列各组中表示同一函数的是(　　).

A. $f(x)=2x-1(x\in \mathbf{R})$，$g(x)=2x-1(x\in \mathbf{Z})$

B. $f(x)=\sqrt{x^2}$，$g(x)=\sqrt[3]{x^3}$

C. $y=\dfrac{\sqrt{x^2}}{|x|}$ 与 $y=1$

D. $f(x)=|x-2|$，$g(t)=|2-t|$

5. 如果点 $P(-3,m)$ 与点 $Q(n,7)$ 关于 x 轴对称，则 m,n 的值分别为(　　).

A. $m=-7,n=-3$　　B. $m=7,n=-3$

C. $m=-7,n=3$　　D. $m=7,n=3$

6. 奇函数 $y=f(x)(x\in \mathbf{R})$ 的图像必经过的点是(　　).

A. $(a,-f(a))$　　B. $(-a,f(a))$

C. $(-a,-f(a))$　　D. $\left(a,\dfrac{1}{f(a)}\right)$

7. 设函数 $f(x)=\sqrt{x^2-5x+6}$的定义域是 M, $g(x)=\sqrt{x-2}+\sqrt{x-3}$的定义域为 N,则 M 和 N 的关系是(　　).

A. $M\supseteq N$　　B. $M\subseteq N$　　C. $M=N$　　D. $M\cap N=\varnothing$

8. 已知 $f(x)=x^5+bx^3+cx-8$,且 $f(-2)=10$,那么 $f(2)$的值为(　　).

A. 26　　B. -26　　C. 10　　D. -10

9. 若函数 $f(x)=x^2+mx+3$ 是偶函数,则 $f(x)$的单调递减区间是(　　).

A. $[0,+\infty)$　　B. $(-\infty,0]$　　C. $(-\infty,+\infty)$　　D. $(-m,0)$

10. 函数 $f(x)=\dfrac{2^x-2^{-x}}{2^x+2^{-x}}$,则 (　　).

A. $\dfrac{1}{f(x)}$　　B. $-\dfrac{1}{f(x)}$　　C. $f(x)$　　D. $-f(x)$

二、填空题

11. 函数 $f(x)=\sqrt{x^2+2x-3}$的单调递减区间是______.

12. 已知 $f(x)$是定义域为 $\mathbf{R}$ 的偶函数,且在$(-\infty,0)$上是单调递减的,则 $f(2)$, $f(3)$, $f(-\pi)$的大小关系为______.

13. 已知 $f(x)=2x^2+3$,则 $f[f(1)]=$______.

14. 函数 $y=\sqrt{2-|3-x|}$的定义域为______.

15. 设 $f(x)$定义域在 $\mathbf{R}$ 上的奇函数,若 $x\geqslant 0$ 时, $f(x)=\log_3(x+1)$,则 $f(-2)$的值是______.

16. 已知 $f(x+\dfrac{1}{x})=x^2+\dfrac{1}{x^2}$,则 $f(x)=$______.

三、解答题

17. 已知函数 $f(x)=\dfrac{2^x-a}{2^x+1}$是奇函数,求实数 a.

18. 求函数 $f(x)=\dfrac{\log_2(x^2-1)}{x-3}+\sqrt{x-2}$的定义域.

19. 讨论函数 $f(x)=1-\frac{1}{x}$ 在 $(-\infty,0)$ 上的单调性.

20. 奇函数 $y=f(x)$ 在定义域 $[-1,1]$ 上是减函数，若 $f(1-m)+f(m^2-1)<0$，求实数 m 的范围.

考试真题体验

一、选择题

1. (安徽 2005 年对口高考)函数 $y=\frac{1}{\sqrt{2+x}}$ 的定义域是(　　).

A. $[-2,+\infty)$　　B. $[-2,0)$　　C. $(-2,+\infty)$　　D. $(-2,0)$

2. (安徽 2007 年对口高考)函数 $f(x)=\frac{1}{\sqrt{4-x^2}}$ 的定义域是(　　).

A. $[-2,2]$　　B. $(-2,2)$

C. $(-\infty,2]\cup[2,+\infty)$　　D. $(-\infty,2)\cup(2,+\infty)$

3. (安徽 2007 年对口高考)已知函数 $y=f(x)$ 是定义域为 $\mathbf{R}$ 的奇函数，当 $x\geqslant 0$ 时，$f(x)=4^x-1$，则 $f(-2)=$(　　).

A. 15　　B. $-\frac{15}{16}$　　C. $\frac{15}{16}$　　D. -15

4. (安徽 2009 年对口高考)函数 $f(x)=\sqrt{4-x^2}$ 的定义域为(　　).

A. $[-2,2]$　　B. $[0,8)$　　C. $(-\infty,2)$　　D. $(0,2)$

5. (安徽 2010 年对口高考)函数 $f(x)=2x^3$ 是(　　).

A. 奇函数　　B. 偶函数

C. 既是奇函数又是偶函数　　D. 既不是奇函数又不是偶函数

6. (安徽 2011 年对口高考)下列函数中既为偶函数，又在 $(0,+\infty)$ 内单调递减的函数是(　　).

A. $y=x^2$　　B. $y=\left(\frac{1}{2}\right)^x$　　C. $y=|x|$　　D. $y=\frac{1}{x^2}$

7.（安徽 2012 年安徽省对口高考）下列函数是奇函数的是（　　）.

A. $y=x^3-x$　　B. $y=\lg x$　　C. $y=2^x+1$　　D. $y=\cos x$

8.（安徽 2013 年对口高考）函数 $y=\sqrt{2-|x|}$ 的定义域为（　　）.

A. $(-\infty,2]$　　B. $[2,+\infty)$　　C. $[-2,2]$　　D. $(-2,2)$

9.（安徽 2013 年对口高考）已知函数 $f(x)$ 的图像如下，其中既不是奇函数也不是偶函数的是（　　）.

A. 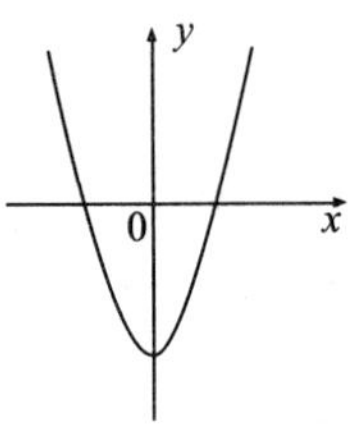

B. 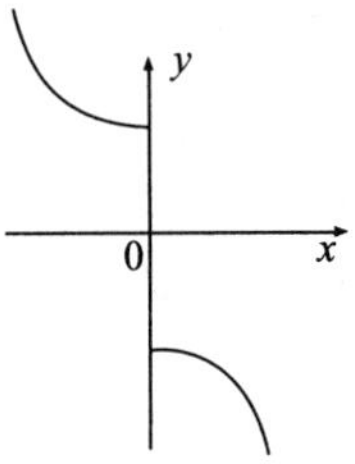

C. 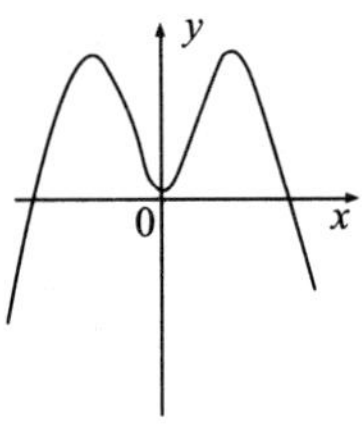

D. 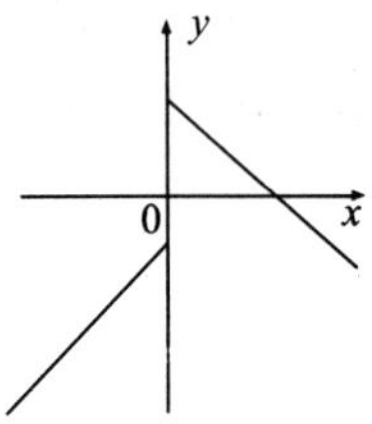

二、解答题

10.（安徽 2002 年对口高考）已知函数 $y=f(x)$ 在 R 上是奇函数，且当 $x\geqslant0$ 时，$f(x)=2x-x^2$，求当 $x\leqslant0$ 时，$f(x)$ 的解析式.

第 2 节　函数的实际应用

名师导读

函数的实际应用是每年对口高考的重点内容之一. 主要考查二次函数及其应用和分段函数及其应用. 有时也涉及一次函数的有关应用.

知识要点归纳

1. 一次函数的概念性质及图像

(1)形如 $y=kx+b$(k,b 为常数,且 $k\neq0$)的函数叫作一次函数,其定义域为 **R**. 当 $b=0$时,函数 $y=kx$($k\neq0$)叫作正比例函数.

(2)图像是过$(0,b)$、$\left(-\frac{b}{k},0\right)$两点的一条直线.

(3)当 $k>0$ 时,函数为增函数,当 $k<0$ 时,函数为减函数.

(4)当 $k>0$,$b>0$,图像经过一、二、三象限;当 $k>0$,$b<0$,图像经过一、三、四象限;当 $k<0$,$b>0$,图像经过一、二、四象限;当 $k<0$,$b<0$,图像经过二、三、四象限.

2. 二次函数图像及其性质

(1)二次函数 $y=ax^2+bx+c$($a\neq0$)的图像是抛物线,其顶点坐标为$\left(-\frac{b}{2a},\frac{4ac-b^2}{4a}\right)$,对称轴为直线 $x=-\frac{b}{2a}$.

(2)对于二次函数 $y=ax^2+bx+c$($a\neq0$),①当 $a>0$ 时,抛物线开口方向向上;当 $x=-\frac{b}{2a}$时,函数有最小值 $\frac{4ac-b^2}{4a}$;当 $x\in\left(-\infty,-\frac{b}{2a}\right)$时,函数是减函数;当 $x\in\left(-\frac{b}{2a},+\infty\right)$时,函数是增函数. ②当 $a<0$ 时,抛物线开口向下;当 $x=-\frac{b}{2a}$是,函数有最大值$\frac{4ac-b^2}{4a}$;当 $x\in\left(-\infty,-\frac{b}{2a}\right)$时,函数是增函数;当 $x\in\left(-\frac{b}{2a},+\infty\right)$时,函数是减小函数.

(3)如果二次函数 $y=ax^2+bx+c$($a\neq0$)是偶函数,则 $b=0$,反之成立.

3. 二次函数的解析表达式

(1)一般形式:$y=ax^2+bx+c(a\neq0)$.

(2)顶点形式:$y=a(x-h)^2+k(a\neq0)$,顶点坐标为(h,k),最大或最小值为 k.

(3)双解形式:$y=a(x-x_1)(x-x_2)$,$(a\neq0)$,其中 x_1,x_2为抛物线与 x 轴的两个交点的横坐标,即方程 $ax^2+bx+c=0(a\neq0)$的两个根.

4. 分段函数的概念及图像

(1)函数在自变量的不同取值范围内,需要用不同的解析式来表示,我们把这种函数叫作分段函数.

(2)分段函数的定义域是自变量的各个不同取值范围的并集.

(3)求函数值 $f(x_0)$ 时,首先应判断 x_0 所属的取值范围,然后把 x_0 代入相应的解析式中进行计算.

(4)作分段函数的图像时,要在同一坐标系中,分别在自变量的各个不同取值范围内,根据相应的解析式作出相应部分图像.

典型题型解析

【例 1】若一次函数图像经过点(-2,5)与(1,-1),求它的解析式.

【解析】设一次函数解析式为 $y=kx+b$,将点(-2,5)与(1,-1)代入解析式,列出方程组 $\begin{cases}-2k+b=5,\\k+b=-1,\end{cases}$ 解此方程组可得 $k=-2,b=1$,故所求函数解析式为 $y=-2x+1$.

【例 2】求直线 $y=-3x-2$ 与直线 $y=4x+5$ 的交点坐标.

【解析】求此两条直线的交点坐标,只要将两条直线的解析式联立成方程组. $\begin{cases}y=-3x-2,\\y=4x+5,\end{cases}$ 解此方程组得 $\begin{cases}x=-1,\\y=1,\end{cases}$ 可得交点坐标为(-1,1).

【方法点拨】求函数图像的交点时,只要把两个函数的解析式联立成方程组,求出方程组的解,即可得交点坐标.

【例 3】已知二次函数的图像顶点坐标为(1,-4),并且在 y 轴上的截距为-2,求此二次函数解析式.

【解析】因为二次函数图像顶点坐标为(1,-4),所以可设二次函数的解析式为 $y=a(x-1)^2-4(a\neq0)$,又知图像经过点(0,-2),所以 $-2=a(0-1)^2-4$,解得 $a=2$,故所求的二次函数解析式为 $y=2(x-1)^2-4$,即 $y=2x^2-4x-2$.

【方法点拨】二次函数解析式有三种形式. 选择哪一种形式的解析式要看具体情况. 如果已知抛物线上任意三点,通常设一般形式的解析式;如果已知抛物线的顶点坐标,可设顶点形式的解析式;如果已知抛物线与 x 轴交点坐标,通常设双解形式的解析式.

【例 4】若二次函数 $f(x)=x^2+2(m+1)x+m^2$ 的图像全部在 x 轴上方,求 m 的取值范围.

【解析】因为二次函数 $f(x)$ 的二次项系数 $a=1>0$,所以抛物线开口方向向上,又因为抛物线全部在 x 轴上方,即对于任意 x,都有 $y>0$,所以抛物线与 x 轴没有交点,则 $\Delta=[2(m+1)]^2-4m^2<0$;从而可求得 $m<-\frac{1}{2}$.

【方法点拨】若二次函数 $f(x)=ax^2+bx+c(a\neq0)$ 图像与 x 轴有两个交点时,则 $\Delta=b^2-4ac>0$;若与 x 轴有一个交点,$\Delta=b^2-4ac=0$;若与 x 轴没有交点,则 $\Delta=b^2-4ac<0$. 根据这一性质,可求有关参数问题.

【例 5】已知二次函数 $f(x)=ax^2+(3a+1)x+1$ 在 $[-1,+\infty]$ 上是增函数,求实数 a 的

取值范围.

【解析】当 $a=0$ 时,$f(x)=x+1$ 在 $[-1,+\infty)$ 上是增函数;当 $a\neq0$ 时,函数 $f(x)=ax^2+(3a+1)x+1$ 是一元二次函数,抛物线一般对称轴为直线 $x=-\dfrac{3a+1}{2a}$,若 $a>0$ 时由 $\begin{cases}a>0,\\-\dfrac{3a+1}{2a}\leqslant-1,\end{cases}$ 得 $a>0$;若 $a<0$ 时,函数 $f(x)$ 在对称轴的右边为减函数,所以无解. 故实数 a 的取值范围是 $[0,+\infty)$.

【方法点拨】求有关参数 a 的问题时,若参数 a 是二次项系数,通常分两种情况讨论,即 $a=0$ 和 $a\neq0$,当 $a\neq0$ 时,又分两种情况:即 $a>0$ 和 $a<0$ 进行讨论. 本类题目的解题关键是根据条件确定对称轴与所给区间的位置关系.

【例 6】若函数 $f(x)=\dfrac{1}{2}(x-1)^2+a$ 的定义域和值域都是 $[1,b](b>1)$,则 $a=$______,$b=$______.

【解析】因为函数 $f(x)$ 的图像的开口方向向上,对称轴为直线 $x=1$,又因为定义域为 $[1,b]$,$f(x)$ 在 $[1,b]$ 上单调递增,所以函数最小值为 $f(1)=a$,最大值为 $f(b)$,又因为值域也是 $[1,b]$,由此可建立方程组 $\begin{cases}f(1)=1,\\f(b)=b,\end{cases}$ 可得 $\begin{cases}a=1,\\\dfrac{1}{2}(b-1)^2+a=b.\end{cases}$

解得 $\begin{cases}a=1,\\b=2+\sqrt{3}\text{或 }b=2-\sqrt{3}(\text{舍}).\end{cases}$

【例 7】已知函数 $f(x)=\begin{cases}x+2,0\leqslant x\leqslant2,\\x^2,x>2,\end{cases}$

(1)求 $f(x)$ 的定义域;

(2)求 $f(1)$,$f(3)$,$f(\sqrt{3})$,$f\left[f\left(\dfrac{3}{2}\right)\right]$.

【解析】(1)求分段函数 $f(x)$ 的定义域,就是求每段函数定义域的并集. 所以 $f(x)$ 的定义域即为 $[0,2]\cup(2,+\infty)$,故 $f(x)$ 的定义域为 $[0,+\infty]$;

(2)求分段函数的函数值,要注意所求函数值的自变量在哪个定义域. 就把自变量的值代入哪个解析式,所以 $f(1)=1+2=3$, $f(3)=3^2=9$,$f(\sqrt{3})=\sqrt{3}+2$,$f\left[f(\dfrac{3}{2})\right]=f(\dfrac{3}{2}+2)=f(\dfrac{7}{2})=(\dfrac{7}{2})^2=\dfrac{49}{4}$.

【方法点拨】(1)求分段函数 $f(x)$ 的定义域,就是求每段函数定义域的并集. (2)求分段函数的函数值,要注意所求函数值的自变量在哪个定义域. 就把自变量的值代入哪个解析式.

【例 8】已知函数解析式 $f(x)=\begin{cases}3x+5,x\leqslant0,\\x+5,0<x\leqslant1,\\-2x+8,x>1.\end{cases}$

(1)求函数 $f(x)$ 的最大值；

(2)求函数 $f(x)$ 的单调区间.

【解析】(1)当 $x \leqslant 0$ 时，$f(x)$ 的最大值为 $f(x)=3\times 0+5=5$；当 $0<x\leqslant 1$ 时 $f(x)$ 的最大值为 $f(x)=1+5=6$；当 $x>1$ 时 $f(x)$ 的最大值 $f(x)<-2\times 1+8=6$，所以 $f(x)$ 的最大值为 6；

(2)从 x 的系数可知 $f(x)$ 的单调增区间为 $(-\infty,1]$，单调减区间为 $(1,+\infty)$.

【方法点拨】(1)要求分段函数的最大值或最小值，要把每段函数的最大值或最小值都求出来，再取它们最大值或最小值.

(2)求分段函数和单调区间，要知道每段函数的增减性，再把相同的单调区间并起来就可以了.

【例 9】某书店销售儿童书刊，一天可销售 20 套，每套盈利 40 元. 为了扩大销售，增加盈利，尽快减少库存. 书店决定采取降价措施. 若每套书每降价 4 元，平均每天可多销售 5 套. 当每套书降价多少时，书店可获得最大利润？最大利润是多少？

【解析】可设降价了 x 个 4 元，即降价了 $4x$ 元. 由题知：利润 $y=(40-4x)(20+5x)=-20x^2+120x+800$，通过配方可得：$y=-20(x-3)^2+980$，所以当 $x=3$ 时，即降价了 12 元时，书店可获得最大利润，最大利润为 980 元.

【方法点拨】生活中的最大利润问题，往往是求函数的最值问题，求最值时需要利用函数的单调性或函数的值域. 求二次函数的最大值或最小值一般采用的是配方法，要掌握配方法的技巧.

【例 10】某移动公司采用分段计费的方法来计算话费，月通话时间 x(分钟)与相应话费 y(元)之间的函数图像如下图所示：

(1)月通话为 100 分钟时，应交话费多少元？

(2)求 y 与 x 之间的函数关系式；

(3)月通话为 80 和 300 分钟时，应分别交话费多少元？

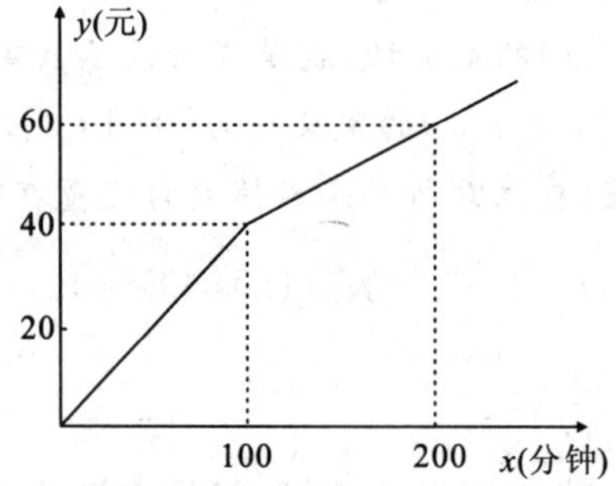

【解析】(1)通过图像可知，月通话 100 分钟，应交话费 40 元；

(2)从图像上来看，本题是一个有关分段函数的题目，要求 y 与 x 之间关系式必须分段来求. 当 $0\leqslant x\leqslant 100$ 时，函数是正比例函数，可求得 $y=\frac{2}{5}x$；当 $x>100$ 时，函数是一次函数,可求得 $y=\frac{1}{5}x+20$,所以 y 与 x 之间函数关系式为 $y=\begin{cases}\frac{2}{5}x, 0\leqslant x\leqslant 100,\\ \frac{1}{5}x+20, x>100.\end{cases}$

(3)分别求 $x=80$ 与 $x=300$ 时,y 的值. 当 $x=80$ 时,$y=\frac{2}{5}\times 80=32$(元);当 $x=300$ 时,$y=\frac{1}{5}\times 300+20=80$(元).

【方法点拨】本题为分段函数型.根据解答分段函数"对号入座"的解题原则,分别利用两段函数表达式求解.

规律方法探究

1.求函数解析式一般采用待定系数法,待定系数法的关键是设出某种类型的函数,列出方程(组)求出待定系数.求函数解析式的常用方法还用:(1)配凑法;(2)换元法;(3)消元法.

2.对于分段函数,一定要明确自变量所属范围,以便于选择与之相应的对应关系;分段函数体现了数学的分类思想,相应的问题处理应分段解决.

3.二次函数求最值问题:设 $f(x)=ax^2+bx+c(a\neq 0)$,求 $f(x)$ 在 $x\in[m,n]$上的最大值与最小值.

当 $a>0$ 时,它的图像是开口向上的抛物线,数形结合可得在$[m,n]$上 $f(x)$的最值:①当$-\frac{b}{2a}\in[m,n]$时,$f(x)$的最小值是 $f\left(-\frac{b}{2a}\right)=\frac{4ac-b^2}{4a}$,$f(x)$的最大值是 $f(m)$、$f(n)$中的较大者.②当$-\frac{b}{2a}\notin[m,n]$时,若$-\frac{b}{2a}<m$,由 $f(x)$在$[m,n]$上是增函数,则 $f(x)$的最小值是 $f(m)$,最大值是 $f(n)$;若 $n<-\frac{b}{2a}$,由 $f(x)$在$[m,n]$上是减函数,则 $f(x)$的最大值是 $f(m)$,最小值是 $f(n)$.

(2)当 $a<0$ 时,它的图像是开口向下的抛物线,数形结合可得在$[m,n]$上 $f(x)$的最值:①当$-\frac{b}{2a}\in[m,n]$时,$f(x)$的最大值是 $f\left(-\frac{b}{2a}\right)=\frac{4ac-b^2}{4a}$,$f(x)$的最小值是 $f(m)$、$f(n)$中的较小者.②当$-\frac{b}{2a}\notin[m,n]$时,若$-\frac{b}{2a}<m$,由 $f(x)$在$[m,n]$上是减函数则 $f(x)$的最大值是 $f(m)$,最小值是 $f(n)$;若 $n<-\frac{b}{2a}$,由 $f(x)$在$[m,n]$上是增函数,则 $f(x)$的最小值是 $f(m)$,最大值是 $f(n)$.

配套练习

基础知识巩固

一、选择题

1. 若函数 $y=kx+b$ 的图像经过(2,1)与点(3,2);则该函数图像不经过(　　).

A. 第一象限　　B. 第二象限　　C. 第三象限　　D. 第四象限

2 . 函数 $y=12-5x, x\in(-1,2)$ 的值域为(　　).

A. (2,17)　　B. [2,17)　　C. (12,17]　　D. [12,17]

3. 已知 $f(x)=x^2+bx, f(1)=2$, 则 $f(-1)=$(　　).

A. 0　　B. 2　　C. 4　　D. 6

4. 已知 $f(x)=(3m+2)x+n$ 是 **R** 上的增函数,则有(　　).

A. $m<-\frac{2}{3}$　　B. $m>-\frac{2}{3}$　　C. $m\leqslant-\frac{2}{3}$　　D. $m\geqslant-\frac{2}{3}$

5. 若 $y=ax^2-2(2a+1)x+2$ 的对称轴为直线 $x=3$, 则当 $x=2$ 时, y 的函数值为(　　).

A. -4　　B. -6　　C. 0　　D. 2

6. 函数 $f(x)=x^2+4x-5$ 是(　　).

A. 在区间 $(-\infty,-2)$ 内是增函数　　B. 在区间 $(-\infty,2)$ 内是减函数

C. 在区间 $(-2,+\infty)$ 内是增函数　　D. 在区间 $(-4,+\infty)$ 内是增函数

7. 直线 $y=-2x+3$ 与 x 轴, y 轴交点坐标分别为(　　).

A. $(\frac{3}{2},0),(0,3)$　　B. $(\frac{3}{2},0),(3,0)$

C. $(-\frac{3}{2},0),(0,-3)$　　D. $(-\frac{3}{2},0),(-3,0)$

8. 二次函数 $y=-3x^2+9x+1$ 的顶点所在的象限是(　　).

A. 第一象限　　B. 第二象限　　C. 第三象限　　D. 第四象限

9. 二次函数 $y=\frac{1}{3}x^2-2x+4$ 的图像开口方向,对称轴分别是(　　).

A. 向上,直线 x=3　　B. 向上,直线 x=−3

C. 向下,直线 x=3　　D. 向下,直线 x=−3

10. 若二次函数 $y=x^2+4x+m$ 的最小值为 2, 则 m 的值是(　　).

A. 4　　B. 5　　C. 6　　D. 7

11. 已知函数 $f(x)=\begin{cases}2x+1, x\geqslant0,\\ x^2, -3<x<0,\end{cases}$ 则函数 $f(x)$ 的定义域是(　　).

A. $(-3,0]$　　B. $[0,+\infty)$　　C. $(-3,+\infty)$　　D. $(-\infty,-3)$

12. 已知等腰三角形的周长是40，底边长 y 是腰长 x 的函数，则解析式为(　　).

A. $y=40-2x(x\leqslant 20)$　　B. $y=40-2x(x<20)$

C. $y=40-2x(10\leqslant x\leqslant 20)$　　D. $y=40-2x(10<x<20)$

二、填空题

13. 若函数 $y=(a+2)x-1$ 的图像经过点(1,1)，则 $a=$______.

14. 设函数 $f(x)=\begin{cases}-x^2+3, x\leqslant 0,\\ 2x+1, 0<x\leqslant 3,\end{cases}$ 则 $f(-2)=$______.

15. 一件工艺品进价为100元，标价135元售出，每天可售出100件. 根据销售统计，一件工艺品每降价1元出售，则每天可多售出4件，要使每天获得的利润最大，每件需降价______元.

16. 请你写出一个开口方向向下，顶点坐标为(2,4)的二次函数解析式：______.

三、解答题

17. 已知二次函数 $y=-2x^2+4x+3$：

(1)指出函数图像的开口方向，对称轴方程和顶点坐标；

(2)求出函数的最大值或最小值；

(3)求出函数的单调增区间与减区间.

18. 已知函数 $f(x)=\begin{cases}-2x+3, x\geqslant 1,\\ x^2-1, x<1.\end{cases}$

(1)写出函数的定义域；

(2)求出 $f(1)$，$f(0)$，$f(-1)$的值；

(3)画出函数图像.

19. 已知函数 $y=x^2+(2a+1)x+3$ 在区间 $(-\infty,-2]$ 是单调递减的，求 a 的取值范围.

20. 某地区因电力紧缺，电力公司鼓励市民节约用电，采取按月用电量分段收费办法. 若某户居民每月应交电费 y(元)与用电量 x(度)的函数图像是一条折线(如下图所示)，根据图像解下列问题：

(1)分别写出当 $0\leqslant x\leqslant 100$ 和 $x\geqslant 100$ 时，y 与 x 的函数关系式；

(2)若该用户某月用电 62 度，则应缴费多少元？

(3)若该用户某月缴费 105 元时，则该用户该月用了多少度电？

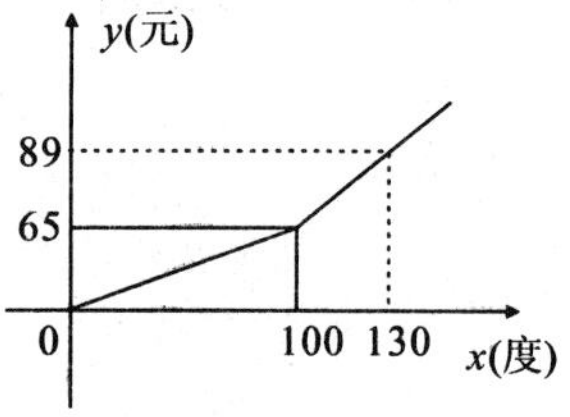

21. 已知二次函数的最大值是 3，经过点 $(3,-1)$，对称轴为直线 $x=1$，求此二次函数解析式.

22. 一家报刊推销员从报社买进报纸的价格是每份 0.20 元，卖出的价格是每份 0.30 元，卖不完的还可以以每份 0.08 元的价格退回报社. 在一个月(以 30 天计算)内有 20 天每天可卖出 400 份，其余 10 天只能卖 250 份，但每天从报社买进报纸的份数都相同，问应该每天从报社买多少份报纸才能使每月所获得的利润最大？并计算每月最多能赚多少钱？

能力强化提高

一、选择题

1. 已知函数 $f(x)=x^2+(m+3)x+1$ 是偶函数，则 $f(-2)=$( ).

A. 1　　B. -1　　C. 5　　D. -5

2. 关于 x 的函数 $y=(|k|-1)x-3$ 在上是增函数，则 k 的取值范围是( ).

A. $-1<k<1$　　B. $-1\leqslant k\leqslant 1$

C. $k\leqslant -1$ 或 $k\geqslant 1$　　D. $k<-1$ 或 $k>1$

3. 已知函数 $y=x^2+(m-1)x-4$ 在区间 $(-\infty,1]$ 上是减函数，在区间 $[1,+\infty)$ 上是增函数，则 $m=$( ).

A. $-\dfrac{1}{2}$　　B. $\dfrac{1}{2}$　　C. 1　　D. -1

4. 二次函数 $y=x^2+2x-3$ 的单调减区间为( ).

A. $[-1,+\infty)$　　B. $(-\infty,-1]$　　C. $(-\infty,-2]$　　D. $[-2,+\infty)$

5. 已知函数 $f(x)=x^2+bx+c$ 对于任意实数 t，都有 $f(1+t)=f(1-t)$，那么( ).

A. $f(1)<f(0)<f(3)$　　B. $f(0)<f(1)<f(3)$

C. $f(1)<f(3)<f(0)$　　D. $f(3)<f(1)<f(0)$

6. 已知函数 $f(x)=-x^2-2(a-1)x$ 在区间 $[2,+\infty)$ 上是减函数，则实数 a 的取值范围是( ).

A. $a\geqslant -1$　　B. $a\leqslant -1$　　C. $a\geqslant -3$　　D. $a\leqslant 3$

7. 已知二次函数 $f(x)=x^2+bx+c$ 的图像与 x 轴交于 $(-2,0)$ 与 $(4,0)$ 两点，则 b,c 的值分别为( ).

A. $b=2,c=-8$　　B. $b=-2,c=-8$

C. $b=2,c=8$　　D. $b=-2,c=8$

8. 已知 $f(x)=(m+1)x^{m^2-2m-1}$ 是二次函数，则 m 的值是(　　).

A. -1　　　　B. 1　　　　C. 2　　　　D. 3

9. 当 $b<0$ 是一次函数 $y=ax+b$ 与二次函数 $y=ax^2+bx+c$ 在同一坐标系内的图像可能是(　　).

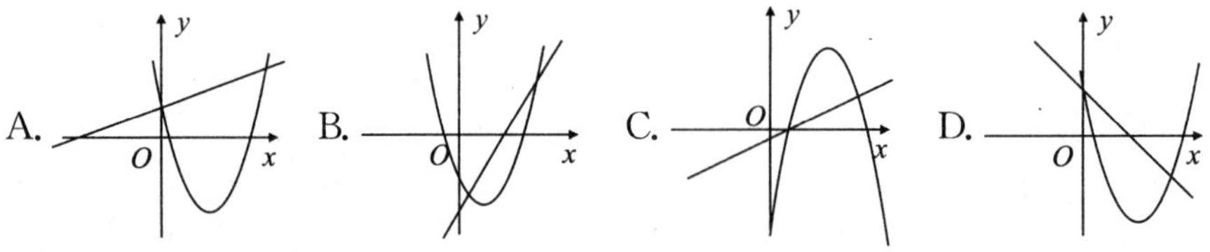

10. 对于函数 $y=3(x-2)^2-1$ 的图像，下列叙述正确的是(　　).

A. 顶点坐标为 $(-2,-1)$

B. 对称轴为 $y=2$

C. 在区间 $[2,+\infty)$ 上是增函数

D. 最小值为 -1，且单调递减区间为 $(-\infty,-2]$

二、填空题

11. 设函数 $f(x)=\begin{cases} x-3(x\leqslant 0) \\ x^2-3(x>0) \end{cases}$，则 $f[f(1)]=$______.

12. 直线 $y=-2x-3$ 与直线 $y=4x-6$ 的交点位于第______象限.

13. 已知函数 $f(x-1)=x^2-2x$，则 $f(x)=$______.

14. 二次函数 $y=x^2+2x-3$ 与 x 轴交点的坐标为______.

15. 函数 $f(x)=mx+(m^2-3)$ 是奇函数，则实数 $m=$______.

16. 若二次函数 $f(x)=x^2+kx+1$ 与 x 轴最多有一个交点，则 k 的取值范围是______.

三、解答题

17. 一个二次函数图像经过 A,B,C 三点，点 A 坐标为 $(-2,0)$，B 点坐标为 $(3,0)$，点 C 在 y 轴正半轴上，且 $|AB|=|OC|$，求：

(1)求点 C 的坐标；

(2)求二次函数解析式，并求出函数的最大值.

18. 已知二次函数 $f(x)=2x^2+2bx+c$，当 $x=-1$ 时，$f(x)$ 有最小值 -8.

(1)求 b,c 的值；

(2)解不等式：$f(x)>0$.

19. 某商店规定，某种商品一次性购买 10 千克以下按零售价格 50 元/千克销售；若一次性购买量满 10 千克，可打 9 折；若一次性购买量满 20 千克，可按更优惠价格 40 元/千克供货.

(1)试写出支付金额 y(元)与购买量 x(千克)之间的函数关系式；

(2)分别求出购买 15 千克和 25 千克应支付的金额.

20. 有 20 米长的篱笆材料，如果利用已有的一面墙（设长度够用）作一边，围成一矩形菜地，问矩形的长和宽分别等于多少时，这块菜地的面积最大？并求出最大面积.

考试真题体验

一、选择题

1. (安徽 2008 年对口高考)函数 $f(x)=x^2+2x$ 的单调增区间为(　　).

A. $[-1,+\infty)$　　B. $[1,+\infty)$　　C. $(-\infty,-1]$　　D. $(-\infty,1]$

2. (安徽 2009 年对口高考)函数 $f(x)=x^2-4x$ 的单调递减区间为(　　).

A. $(-\infty,2]$　　B. $[4,+\infty)$　　C. $(-\infty,4]$　　D. $[2,+\infty)$

二、解答题

3. (安徽 2006 年对口高考)已知函数 $f(x)$是定义在 $\mathbf{R}$ 上的偶函数，当 $x\in[0,1]$时，$f(x)=-x^2+1$；当 $x\in(1,+\infty)$时 $f(x)=x-1$.

(1)求函数 $f(x)$的表达式；

(2)对任意 $x\in\mathbf{R}$ 时，$f(x)\geqslant mx-1$ 恒成立，求 m 的取值范围.

4.(安徽 2007 年对口高考)已知函数 $y=x^2+mx-2(x\in\mathbf{R})$ 的最小值是 -3.

(1)求实数 m 的值；

(2)求函数的单调递增区间.

5.(安徽 2009 年对口高考)某工厂生产一种产品的总利润 L(元)与产量 x(件)的函数关系式为

$$L=-x^2+bx+c(0<x<200),$$

且生产 10 件产品时总利润为 1800 元,生产 20 件产品时总利润为 3500 元.

(1)求 L 的解析式；

(2)产量是多少时,总利润最大？最大利润是多少？

6.(安徽 2010 年对口高考)已知二次函数 $f(x)=mx^2-2x+3$ 的图像的对称轴是 $x=1$.

(1)求 m 的值及函数 $f(x)$ 的单调递增区间；

(2)求函数 $f(x)$ 在 $[0,3]$ 上的最大值.

7.(安徽2011年对口高考)已知二次函数 $f(x)=a(x-1)^2-4$ 的图像经过点(0,−3).

(1)求 $f(x)$ 的解析式;(2)若 $f(x)\leqslant 0$,求 x 的取值范围.

8.(安徽2012年对口高考)已知函数 $y=ax^2+2x+c$ 的图像经过(0,1)和(1,2)两点.

(1)求 a,c 的值;

(2)求当 $y>-2$ 时,x 的取值范围.

9.(安徽2013年对口高考)用长为8米的铁丝围成一块矩形场地(如图),场地有两边靠墙,此矩形长为 x 米,面积为 S.

(1)求面积 S 关于 x 的函数关系;

(2)求面积 S 的最大值.

第 4 章　指数函数与对数函数

第 1 节　指数幂与指数函数

名师导读

指数幂与指数函数是高中数学的基础知识，高考中经常出现，但对学生要求很低. 主要考察指数函数的图像与性质，题型多为选择题，因此要求学生熟练地掌握指数函数的图像与性质.

知识要点归纳

1. 实数指数幂

(1)根式

一般地，如果 $x^n=a(n\in\mathbf{N}^*$ 且 $n>1)$，那么 x 叫作 a 的 n 次方根. ①当 n 为偶数时，正数 a 的 n 次方根有两个，分别用$\sqrt[n]{a}$与$-\sqrt[n]{a}$表示，其中$\sqrt[n]{a}$叫作 a 的 n 次算术根；负数的偶次方根没有意义；②当 n 为奇数时，实数 a 的 n 次方根只有一个，记作$\sqrt[n]{a}$.

两个重要公式：①$(\sqrt[n]{a})^n=a$；②n 为奇数时 $\sqrt[n]{a^n}=a$，n 为偶数时 $\sqrt[n]{a^n}=|a|$.

(2)分数指数幂

①正分数指数幂 $a^{\frac{m}{n}}=\sqrt[n]{a^m}$，其中 $m,n\in\mathbf{N}^*$ 且 $n>1$，m,n 互质，当 n 为奇数 $a\in\mathbf{R}$，当 n 为偶数时 $a\geqslant0$.

②负分数指数幂 $a^{-\frac{m}{n}}=\dfrac{1}{\sqrt[n]{a^m}}$，其中 $m,n\in\mathbf{N}^*$ 且 $n>1$，m,n 互质，当 n 为奇数，$a\neq0$，当 n 为偶数时 $a>0$.

(3)实数指数幂及其运算法则$(a>0,p,q\in\mathbf{R})$

①$a^pa^q=a^{p+q}$；②$(a^p)^q=a^{pq}$；③$(ab)^p=a^pb^p$

注意：①$\dfrac{a^p}{a^q}=a^{p-q}$；②$a^{-p}=\dfrac{1}{a^p}$；③$a^0=1(a\neq0)$.

(4)幂函数

一般的，形如 $y=x^\alpha(\alpha\in\mathbf{R})$的函数叫作幂函数.

幂函数的性质：①当 $\alpha>0$ 时，$y=x^\alpha$ 在$(0,+\infty)$上为增函数，且过$(0,0)$，$(1,1)$，如

果 $\alpha>1$，图像下凸，如果 $0<\alpha<1$，图像上凸；②当 $\alpha<0$ 时，$y=x^{\alpha}$ 在 $(0,+\infty)$ 上为减函数，且过 $(1,1)$，其中 x、y 轴为其渐近线.

2. 指数函数

(1)指数函数定义

一般的，形如 $y=a^x(a>0$ 且 $a\neq1)$ 的函数叫作指数函数.

(2)指数函数 $y=a^x$ 的图像与性质

	$a>1$	$0<a<1$
图像	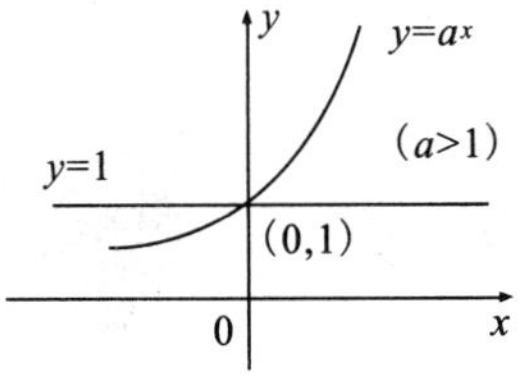	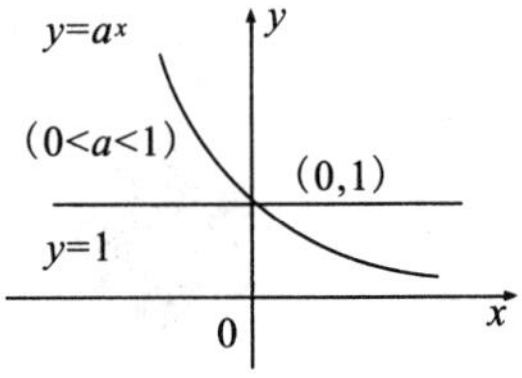
性质	(1)定义域：**R**	
	(2)值域：$(0,+\infty)$	
	(3)过点 $(0,1)$ 即 $x=0$ 时，$y=1$	
	(4)在 **R** 上是增函数	(5)在 **R** 上是减函数

典型题型解析

【例 1】计算下列各式：

(1) $\sqrt[5]{(-2)^5}$；　(2) $\sqrt[4]{(-2)^4}$；　(3) $\sqrt{(x-y)^2}$；　(4) $\sqrt[7]{(x+y)^7}$.

【解析】利用根式的运算及性质：n 为奇数时 $\sqrt[n]{a^n}=a$，n 为偶数时 $\sqrt[n]{a^n}=|a|$ 来进行求解.

(1) $\sqrt[5]{(-2)^5}=-2$　　(2) $\sqrt[4]{(-2)^4}=2$

(3) $\sqrt{(x-y)^2}=|x-y|$　　(4) $\sqrt[7]{(x+y)^7}=x+y$

【例 2】计算下列各式的值：

(1) $\sqrt{a}\cdot\sqrt[3]{a}\cdot\sqrt[4]{a}$；　(2) $(a^{\frac{2}{3}}\cdot b^{\frac{1}{2}})^3\cdot(2a^{-\frac{1}{2}}\cdot b^{\frac{5}{8}})^4\div(a^{-\frac{1}{2}}b^{\frac{3}{2}})^2$；

(3) $16^{-1}\times64^{\frac{3}{4}}\times32^{\frac{1}{2}}$.

【解析】若有根式则把根式转化为分数指数幂，再根据指数幂的运算法则进行计算，若底数不同，看能否把底数转化相同再计算.

(1) $\sqrt{a}\cdot\sqrt[3]{a}\cdot\sqrt[4]{a}=a^{\frac{1}{2}}\cdot a^{\frac{1}{3}}\cdot a^{\frac{1}{4}}=a^{\frac{1}{2}+\frac{1}{3}+\frac{1}{4}}=a^{\frac{13}{12}}$

(2) $(a^{\frac{2}{3}}\cdot b^{\frac{1}{2}})^3\cdot(2a^{-\frac{1}{2}}\cdot b^{\frac{5}{8}})^4\div(a^{-\frac{1}{2}}b^{\frac{3}{2}})^2$

$$=a^2\cdot b^{\frac{3}{2}}\cdot16a^{-2}\cdot b^{\frac{5}{2}}\div(a^{-1}\cdot b^3)=\frac{16a^{2-2}b^{\frac{3}{2}+\frac{5}{2}}}{a^{-1}\cdot b^3}=16a^{0-(-1)}\cdot b^{4-3}$$

$=16ab$

(3)$16^{-1}\times64^{\frac{3}{4}}\times32^{\frac{1}{2}}=(2^4)^{-1}\times(2^6)^{\frac{3}{4}}\times(2^5)^{\frac{1}{2}}$

$=2^{-4}\times2^{\frac{9}{2}}\times2^{\frac{5}{2}}=2^{-4+\frac{9}{2}+\frac{5}{2}}=2^3=8$

【例 3】比较下列各题中的数的大小：

(1)已知 $a=3^{\frac{1}{3}}$，$b=2^{\frac{1}{3}}$，$c=3^{\frac{1}{2}}$，试比较 a,b,c 的大小；

(2)比较$1.1^{0.9}$与$0.9^{1.1}$的大小.

【解析】

$\because\frac{1}{3}<\frac{1}{2}$，又$\because y=3^x$ 在 $\mathbf{R}$ 上单调递增，$\therefore3^{\frac{1}{3}}<3^{\frac{1}{2}}$，$\therefore a<c$，又$\because y=x^{\frac{1}{3}}$ 在$(0,+\infty)$递增，$\therefore2^{\frac{1}{3}}<3^{\frac{1}{3}}$，$\therefore b<a$，$\therefore b<a<c$.

(2)$\because1.1^{0.9}>1$，$0.9^{1.1}<1$，$\therefore1.1^{0.9}>0.9^{1.1}$.

【方法点拨】在比较数的大小时，若底数相同，根据指数函数单调性比较大小；若指数相同，根据幂函数的单调性比较大小；若底数与指数都不同，一般用中间值进行比较.

【例 4】函数 $f(x)=\sqrt{4-2^{2x-1}}$的定义域为______.

【解析】要使 $f(x)=\sqrt{4-2^{2x-1}}$有意义，

则 $4-2^{2x-1}\geqslant0$，$2^{2x-1}\leqslant4$，$2^{2x-1}\leqslant2^2$，$\because2x-1\leqslant2$，$2x\leqslant3$，$x\leqslant\frac{3}{2}$，$\therefore f(x)=\sqrt{4-2^{2x-1}}$的定义域为$(-\infty,\frac{3}{2}]$.

【方法点拨】在解指数不等式时，要把底数转化相同，再根据指数函数单调性进行计算.

【例 5】已知指数函数 $y=(a-1)^x$ 在$(-\infty,+\infty)$上单调递减，求 a 的取值范围.

【解析】$\because y=(a-1)^x$ 在$(-\infty,+\infty)$上单调递减，$\therefore0<a-1<1$，$\therefore1<a<2$.

【方法点拨】指数函数 $y=a^x$，当 $a>1$ 时，在$(-\infty,+\infty)$上单调递增；当 $0<a<1$ 时，在$(-\infty,+\infty)$上单调递减.

【例 6】函数 $y=a^{x-1}+2(a>0$ 且 $a\neq1)$，则此函数图像一定过定点______.

【解析】令 $x-1=0$ 即 $x=1$，$y=a^0+2=3$，

$\therefore$此函数图像一定过(1,3)点.

【例 7】已知 $a+a^{-1}=3$，求 a^3+a^{-3}.

【解析】$\because a+a^{-1}=3$，$\therefore(a+a^{-1})^2=9$，$a^2+a^{-2}=7$，

$\because a^3+a^{-3}=(a+a^{-1})\cdot(a^2+a^{-2}-1)=3\times(7-1)=18$

【例 8】解不等式 $4^x-3\times2^x+2\leqslant0$.

【解析】令 $2^x=t$，$\because4^x-3\times2^x+2\leqslant0$，$\therefore t^2-3t+2\leqslant0$，

$\therefore(t-1)(t-2)\leqslant0$，$1\leqslant t\leqslant2$，即 $1\leqslant2^x\leqslant2$，$\therefore0\leqslant x\leqslant1$，

$\therefore$原不等式的解集为$[0,1]$.

【方法点拨】$4^x=(2^x)^2$，$9^x=(3^x)^2$，利用换元把不等式转换为熟悉的一元二次不等式求解.

规律方法探究

在学习指数运算时，要把根式化指数，不同底化同底，再根据指数运算法则进行计算、化简.指数函数的图像与性质在高考中非常重要，学习时要抓住“底数 a”的变化所对应的图像的变化，学会数形结合，从图像上来总结它们的性质.在比较两个数的大小时，若同底则构造指数函数，若同指则构造幂函数，若都不同，则一般插入中间介量“1”.

配套练习

基础知识巩固

一、选择题

1. $2^{\frac{2}{3}}\times\left(\frac{1}{4}\right)^{-\frac{7}{6}}$ 的值为(　　).

A. $2\sqrt{2}$　　B. 2　　C. 8　　D. 1

2. $2\times\sqrt{2}\times\sqrt[4]{2}\times\sqrt[8]{2}=$ (　　).

A. $2^{\frac{1}{2}}$　　B. $2^{\frac{1}{6}}$　　C. 4　　D. $2^{\frac{15}{8}}$

3. $10^a=5,10^b=3$，则 $10^{a+2b}=$(　　).

A. 14　　B. 11　　C. 45　　D. 30

4. 已知 $a=\left(\frac{1}{2}\right)^{\frac{2}{3}},b=\left(\frac{1}{5}\right)^{\frac{2}{3}},c=\left(\frac{1}{2}\right)^{\frac{1}{3}}$，则下列关系正确的是(　　).

A. $a<b<c$　　B. $c<a<b$　　C. $b<c<a$　　D. $b<a<c$

5. 下列结论错误的是(　　).

A. $a^{-n}=\frac{1}{a^n}(a\neq0,n\in\mathbf{N})$　　B. $a^0=1(a\neq0)$

C. $a^m\cdot a^n=a^{mn}(a<0,m,n\in\mathbf{Q})$　　D. $a^{\frac{m}{n}}=\sqrt[n]{a^m}\ (a>0,m,n\in\mathbf{N}^*)$

6. $\sqrt{(3-\pi)^2}=$ (　　).

A. $3-\pi$　　B. $\pi-3$　　C. $\pi+3$　　D. $-\pi-3$

7. 已知 $m>n>0$，则 $2^m,2^n,3^m$ 的大小关系是(　　).

A. $2^m>2^n>3^m$　　B. $2^n<2^m<3^m$

C. $2^n<3^m<2^m$　　D. $2^m<3^m<2^n$

8. 函数 $f(x)=\sqrt{1-\left(\frac{1}{2}\right)^x}$ 的定义域是 (　　).

A. $[0,+\infty)$　　B. $(-\infty,0]$

C. $(0,+\infty)$　　D. $(-\infty,0)$

9. 已知$\frac{1}{4}<2^x<16$,则下列不等式成立条件是(　　).

A. $-2<x<4$　　B. $x>4$ 或 $x<-2$

C. $-4<x<-2$　　D. $2<x<4$

10. 如果函数 $y=(a^2-1)^x$ 在 **R** 上是减函数,那么实数 a 的取值范围是(　　).

A. $a<-1$ 或 $a>1$　　B. $-2<a<2$

C. $a<-3$ 或 $a>3$　　D. $-\sqrt{2}<a<-1$ 或 $1<a<\sqrt{2}$

二、填空题

11. 函数 $f(x)=a^{x-2}+4$ 的图像一定过点 P, 则 P 点的坐标是______.

12. 若$0.5^m<0.5^n$,则 m ______ n.

13. $2^x=8^{y+1}$且 $9^y=3^{x-9}$,则 $x+y=$______.

14. 将$\frac{1}{\sqrt[3]{5^2}}$写成分数指数幂的形式为______.

15. 函数 $f(x)=\frac{1}{\sqrt{2^x-8}}$的定义域为______.

16. 已知 $y_1=(\frac{1}{2})^{x^2-3x+1}$,$y_2=(\frac{1}{2})^{x^2+2x-5}$,若 $y_1<y_2$,则 x 的取值范围是______.

17. 指数函数 $y=2^x$,在 $x\in$______时 $y\leqslant 1$;在 $x\in$______时,$y>1$.

三、解答题

18. 已知指数函数过$(2,\frac{1}{4})$,求 $f(1)$,$f(-1)$,$f(3)$.

19. 解不等式:$2^{x^2-2x+3}<4^{x^2+x-1}$.

20. 计算：$16^{\frac{3}{4}}+(-32)^{\frac{1}{5}}+0.001^{-\frac{1}{3}}+(\frac{9}{4})^{\frac{3}{2}}$.

21. 已知 $f(x)=a^x$，$x\in[0,1]$，若 $f(x)$ 的最大值与最小值之差为 $\frac{1}{2}$，求 a 的值.

22. 已知 $f(x)=\frac{2^x-1}{2^x+1}$，判断函数的奇偶性.

能力强化提高

一、选择题

1. 下列函数中定义域不是 **R** 的是(　　).

A. $y=x^3$　　B. $y=x^{\frac{2}{3}}$　　C. $y=x^{\frac{3}{4}}$　　D. $y=x^{\frac{3}{5}}$

2. $y=x^{\frac{5}{3}}$ 在区间 **R** 上是(　　).

A. 增函数且是奇函数　　B. 增函数且是偶函数

C. 减函数且是奇函数　　D. 减函数且是偶函数

3. $f(x)=2^{|x|}$，$x\in\mathbf{R}$，那么 $f(x)$ 是(　　).

A. 奇函数且在 $(-\infty,0)$ 上是增函数　　B. 奇函数且在 $(-\infty,0)$ 上是减函数

C. 偶函数且在 $(-\infty,0)$ 上是增函数　　D. 偶函数且在 $(-\infty,0)$ 上是减函数

4. 下列函数在 $(0,+\infty)$ 上是增函数的(　　).

A. $y=0.7^x$　　B. $y=x^{-3}$　　C. $y=\log_{0.7}x$　　D. $y=2^x$

5. 设 $f(2^x)=2x-1$，则 $f(8)=$(　　).

A. 3　　B. 5　　C. 7　　D. 15

6. 函数 $y=1-2^{x+1}$ 的值域为(　　).

A. $(-\infty,1)$　　B. $(-\infty,1]$　　C. $(1,+\infty)$　　D. $[1,+\infty)$

7. $\sqrt{(\cos 3-\sin 3)^2}$ 的值是(　　).

A. $\cos 3-\sin 3$　　B. $\sin 3-\cos 3$　　C. $\cos 3+\sin 3$　　D. $-\cos 3-\sin 3$

8. 函数 $y=3^{x-1}$ 的单调递增区间是(　　).

A. $[1,\infty)$　　B. $(-\infty,1]$

C. $(-\infty,+\infty]$　　D. $(-\infty,1]\cup(1,+\infty)$

9. 若指数函数的图像过 $(1,\frac{1}{2})$ 则其解析式可以写作(　　).

A. $y=2^{\frac{x}{2}}$　　B. $y=2^x$　　C. $y=2^{-x}$　　D. $y=2^{2x}$

10. 不等式 $(\frac{1}{2})^x-16\geqslant 0$ 的解集是(　　).

A. $(-\infty,4)$　　B. $(-\infty,-4)$　　C. $[5,+\infty)$　　D. $[-4,+\infty)$

二、填空题

11. 函数 $f(x)=\dfrac{1}{\sqrt{3^x-81}}$ 的定义域为______.

12. 比较大小：

(1) $3^{-0.3}$ ______ $3^{-0.2}$；　(2) $(\frac{1}{3})^{-0.24}$ ______ $(\frac{1}{3})^{-0.28}$；　(3) $(\frac{2}{5})^{\frac{7}{8}}$ ______ 1.

13. 函数 $f(x)=a^{x-1}-4$ $(a>0$ 且 $a\neq 1)$ 恒过去时定点______.

14. 函数 $f(x)=2^{-x^2+2x}$ 的单调递增区间是______.

15. 已知 $a^{0.2}<a^{0.1}$ $(a>0$ 且 $a\neq 1)$，则 a 的取值范围是______.

16. $4^{\frac{1}{2}}-64^{\frac{1}{3}}+8^{-\frac{1}{3}}=$______.

三、解答题

17. 解方程 $9^x-6\times 3^x-27=0$.

18. 已知指数函数 $f(x)=(a^2-2a-2)^x$ 在 $(-\infty,+\infty)$ 上单调递增，求 a 的取值范围.

19. 已知 $10^a=2$，$10^b=3$，求 10^{2a-3b}.

20. 已知 $y_1=a^{x-2}$，$y_2=a^{2x+1}$，若 $y_1>y_2$，求 x 的取值范围.

考试真题体验

1. (安徽 2010 年对口高考) 函数 $f(x)=2x^3$ 是(　　).

A. 奇函数　　B. 偶函数

C. 既是奇函数又是偶函数　　D. 既不是奇函数也不是偶函数

2. (安徽 2010 年对口高考) 设 $a=2^{-0.2}$，$b=2^{0.3}$ 则有(　　).

A. $b<1<a$　　B. $a<1<b$　　C. $a<b<1$　　D. $1<a<b$

3. (安徽 2012 年对口高考) 下列函数是奇函数的是(　　).

A. $y=x^3-x$　　B. $y=\lg x$　　C. $y=2^x+1$　　D. $y=\cos x$

4. 函数 $y=(\frac{1}{3})^x$ 的图像大致是(　　).

A. 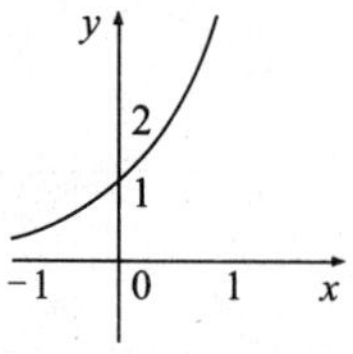

B. 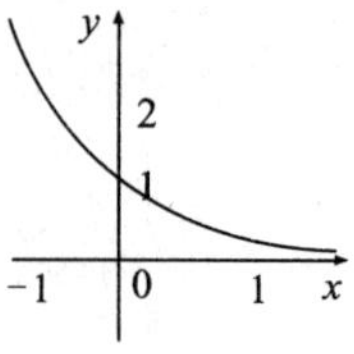

C. 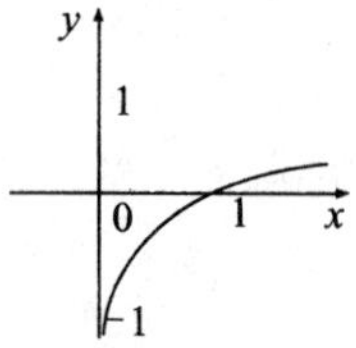

D. 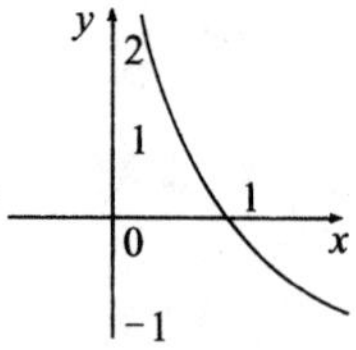

5. (安徽 2013 年对口高考) 设 $a=2^{0.5}$，$b=0$，$c=\log_2 0.5$ 则(　　).

A. $a>b>c$　　B. $a>c>b$　　C. $b>a>c$　　D. $c>b>a$

第 2 节　对数与对数函数

名师导读

对数与对数函数的图像与性质是高中数学的基础知识，高考中经常出现，但对其要求很低，题型多为选择题与填空题，因此学生只需要理解对数函数的图像与性质，并会简单的运用.

知识要点归纳

1. 对数

(1)定义：如果 $a^b=N(a>0,a\neq1)$，那么 b 叫作以 a 为底 N 的对数，

记作 $b=\log_aN$. 其中 a 叫作对数的底，N 叫作真数.

(2)两个重要对数

①常用对数：底数 $a=10$，记作 $\lg N$；

②自然对数：底数 $a=\mathrm{e}(\mathrm{e}\approx2.71828)$，记作 $\ln N$.

(3)重要性质：①$\log_a1=0$；②$\log_aa=1$；③$N>0$，即 0 和负数没有对数；④$\log_aa^n=n$；⑤$a^{\log_aN}=N$；⑥$\log_{a^m}b^n=\frac{n}{m}\log_ab$；⑦$\log_ab=\frac{1}{\log_ba}$.

(4)积、商、幂的对数

$\log_aM+\log_aN=\log_a(MN)$，$(M>0,N>0)$；

$\log_aM-\log_aN=\log_a\frac{M}{N}$，$(M>0,N>0)$；

$\log_aM^n=n\log_aM$，$(M>0)$.

(5)换底公式：$\log_ab=\frac{\log_cb}{\log_ca}$，$(c>0)$.

2. 对数函数

(1)定义：一般地，形如 $y=\log_a(a>0$ 且 $a\neq1)$ 的函数叫作对数函数.

(2)对数函数 $y=\log_ax$ 的图像与性质

	$a>1$	$0<a<1$
图像	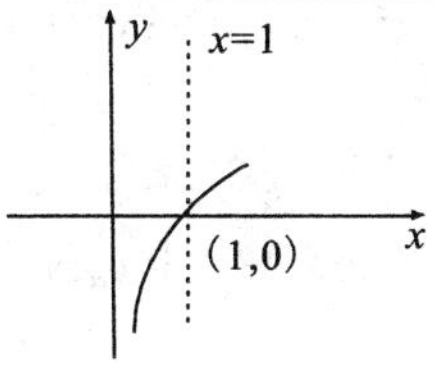 $y=\log_ax(a>1)$	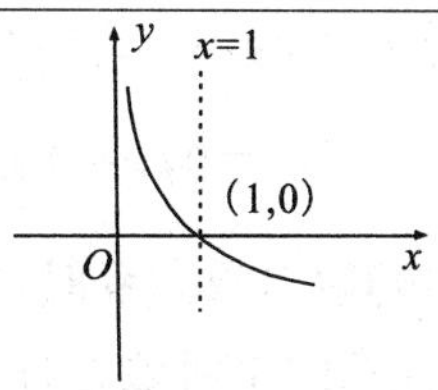 $y=\log_ax(0<a<1)$

续表

<table>
<tr><td rowspan="2">性质</td><td colspan="2">(1)定义域$(0,+\infty)$；
(2)值域 $\mathbf{R}$；
(3)过点$(1,0)$，即 $x=1$ 时，$y=0$；</td></tr>
<tr><td>(4)在$(0,+\infty)$上是增函数</td><td>(4)在$(0,+\infty)$是上减函数</td></tr>
</table>

3. 指数函数与对数函数的应用举例

最初的量为 a，年平均年增长率为 p，经过 x 年后，最终量为 y.

$$y=a(1+p)^x$$

典型题型解析

【例 1】将下列指数式写成对数式：

(1)$2^4=16$；　(2)$3^2=9$；　(3)$5^3=125$；　(4)$4^2=16$.

【解析】

(1)$\log_2 16=4$；　(2)$\log_3 9=2$；　(3)$\log_5 125=3$；　(4)$\log_4 16=2$.

【方法点拨】将对数式和指数式互化要根据 $a^b=N \Leftrightarrow b=\log_a N$ 进行.

【例 2】将下列对数式写成指数式：

(1)$\log_2 64=6$；　(2)$\log_{\frac{1}{2}} 8=-3$；　(3)$\log_3 81=4$；　(4)$\log_5 x=y$.

【解析】

(1)$2^6=64$；　(2)$\left(\frac{1}{2}\right)^{-3}=8$；　(3)$3^4=81$；　(4)$5^y=x$.

【例 3】求值：(1)$2^{\log_2 7}$；　(2)$10^{2-\lg 3}$；　(3)$\log_7 \sqrt[3]{49}$；

(4)$\log_4 8-\log_{\frac{1}{3}} 3-\log_4 32$.

【解析】(1)$2^{\log_2 7}=7$；(2)$10^{2-\lg 3}=\frac{10^2}{10^{\lg 3}}=\frac{100}{3}$；(3)$\log_7 7^{\frac{2}{3}}=\frac{2}{3}$；

(4)原式$=\log_{2^2} 2^3-(-1)-\log_{2^2} 2^5=\frac{3}{2}+1-\frac{5}{2}=0$.

【例 4】已知 $2\lg(x-2y)=\lg x+\lg y$，求$\frac{x}{y}$的值.

【解析】$2\lg(x-2y)=\lg x+\lg y$，$\lg(x-2y)^2=\lg xy$，

$\therefore (x-2y)^2=xy$，$x-2y>0$，$x>0$，$y>0$，即 $x^2-5xy+4y^2=0$，

$(x-4y)(x-y)=0$，$x=4y$ 或 $x=y$(舍去)，$\therefore \frac{x}{y}=4$.

【方法点拨】解对数方程时，先根据法则化简成$\log_a M=\log_a N$，再转化成 $M=N$ 进行求解，但需要注意的是对数方程中真数须大于 0.

【例 5】比较下列各题中的两数的大小：

(1)$\log_2 3$ 与$\log_2 5$；　　(2)$\log_{0.9}1.1$ 与$\log_{0.9}1.2$；

(3)$\log_{0.9}1.1$ 与$\log_{0.1}0.2$；　　(4)$\log_2 3$ 与$\log_3 2$.

【解析】(1)$\log_2 3<\log_2 5$；　　(2)$\log_{0.9}1.1>\log_{0.9}1.2$；

(3)$\log_{0.9}1.1<\log_{0.1}0.2$；　　(4)$\log_2 3>\log_3 2$.

【方法点拨】比较两个对数大小，底数相同时，运用对数函数单调性比较大小，底数不同时插入中间界量 0 或 1 如(3)式中$\log_{0.9}1.1<0<\log_{0.1}0.2$，(4)式中$\log_2 3>1>\log_3 2$.

【例 6】求下列函数的定义域

(1)$y=\log_2(2^x-8)$；　　(2) $y=\sqrt{\log_{\frac{1}{2}}(x-2)+1}$.

【解析】(1)要使上式有意义 $2^x-8>0$，$2^x>8$，$x>3$，∴该函数定义域为$(3,+\infty)$.

(2)$\log_{\frac{1}{2}}(x-2)+1\geqslant0$，$\log_{\frac{1}{2}}(x-2)\geqslant-1$，$\log_{\frac{1}{2}}(x-2)\geqslant\log_{\frac{1}{2}}2$，

∴$0<x-2\leqslant2$，$2<x\leqslant4$，∴该函数定义域为$(2,4]$.

【方法点拨】解对数不等式时，要根据对数运算法则把左右两边底数化为相同. 即$\log_a M=\log_a N$ 形式 再根据对数函数单调性求解，注意对数中的真数大于 0.

【例 7】解不等式$\log_2(2x-1)>\log_2(3x-4)$.

【解析】根据题意得

$$\begin{cases}2x-1>3x-4,\\2x-1>0,\\3x-4>0,\end{cases}\Leftrightarrow\begin{cases}x<3,\\x>\dfrac{1}{2},\\x>\dfrac{4}{3},\end{cases}\therefore\frac{4}{3}<x<3,\therefore\text{不等式的解集为}(\frac{4}{3},3).$$

【例 8】某市 2010 年人口 20 万，如果人口按每年的增长率 1%进行增长，那么 2015 年该市人口约为多少万人(精确到 0.01 万)？

【解析】设 2015 年人口约为 y 万人，由 2010 年到 2015 年经过 5 年时间，

$y=20\times(1+0.1\%)^5=21.02$

答：2015 年该市人口约为 21.2 万人.

【例 9】现有一种放射性物质经过衰变. 一年后残留量为原来的 90%，设每年衰变速度不变，该物质经过多少年后的残留量为原来的一半(结果保留整数)

【解析】设该物质最初量为 a，经过 x 年后残留量为原来的一半，

则 $a\cdot(90\%)^x=a\cdot50\%$，$0.9^x=0.5$，$x=\log_{0.9}0.5\approx7$，

答：即经过 7 年后物质的残留量为原来的 50%.

规律方法探究

根据前面对指数的学习，我们采用类比分析法来学习对数及对数函数，寻找这两个函数的异同点. 对数的运算都是建立在“同底”的基础上，比较两个数的大小时，若底相同，则构造对数函数来比较，若底. 真都不同，则插入中间介值“0”或“1”. 在运用对数函数

的图像与性质时,特别要注意定义域与底数 a 对结论的影响.在实际应用中,一般都是按“提出问题→建立模型→分析求解→还原说明”这四个步骤进行.

配套练习

基础知识巩固

一、选择题

1. 已知 $a=\log_{\frac{1}{2}}2.3, b=\log_2 1.8, c=(\frac{1}{2})^{-1}$,则 a,b,c 大小关系为(　　).

A. $a>b>c$　　B. $a>c>b$　　C. $c>a>b$　　D. $c>b>a$

2. 函数 $f(x)=\sqrt{\log_{\frac{1}{2}}(x-1)}$ 的定义域为(　　).

A. $(1,+\infty)$　　B. $(-\infty,2]$　　C. $[2,+\infty)$　　D. $(1,2]$

3. 已知 $\log_a 2>\log_a 3$ 则 a 的取值范围是(　　).

A. $(0,1)$　　B. $(1,+\infty)$　　C. $(0,+\infty)$　　D. $(0,1)\cup(1,+\infty)$

4. $\log_{\frac{1}{2}}(x-1)<\log_{\frac{1}{2}}(2x-3)$ 的解集为(　　).

A. $(1,+\infty)$　　B. $(\frac{3}{2},+\infty)$　　C. $(-\infty,2)$　　D. $(\frac{3}{2},2)$

5. 函数 $y=\log_a(x-2)+1$ 过定点(　　).

A. $(3,1)$　　B. $(3,2)$　　C. $(2,1)$　　D. $(2,2)$

6. 函数 $y=\log_a(x-1)$ 在 $(1,+\infty)$ 上单调递减,则 a 的取值范围是(　　).

A. $a>0$　　B. $a>1$　　C. $0<a<1$　　D. $a>2$

7. 下列函数在 $x\in(0,+\infty)$ 上单调递增的是(　　).

A. $y=(\frac{1}{2})^x$　　B. $y=-x^2$　　C. $y=\frac{2}{x}$　　D. $y=\ln x$

8. 若 $\lg a=3.42, \lg b=2.42$,则 $\frac{a}{b}=$(　　).

A. 10　　B. 100　　C. $\frac{1}{100}$　　D. $\frac{1}{10}$

9. 已知 $x,y\in(0,+\infty)$,则条件 $\log_a x=\log_a y$ 是 $x=y$ 的(　　).

A. 充分条件　　B. 必要条件

C. 充要条件　　D. 既不充分也不必要条件

10. 若函数 $f(x)=\log_a x$,$(0<a<1)$ 在区间 $[a,2a]$ 上最大值是最小值的 2 倍,则 $a=$(　　).

A. $\frac{\sqrt{2}}{4}$　　B. $\frac{\sqrt{2}}{2}$　　C. $\frac{1}{4}$　　D. $\frac{1}{2}$

二、填空题

11. 函数 $f(x)=\sqrt{\log_2(x-4)}$ 的定义域是______.

12. 化简 $5^{\log_5 3}$ 的结果是______.

13. 函数 $y=\log_a x$ 的图像经过点(2,1),则 a 的值是______.

14. 方程 $\log_3(1-2x)=1$ 的解为______.

15. 已知 $\log_6 2=0.3869$,则 $\log_6 3=$______.

16. 用不等号连接:

(1) $\log_{\frac{1}{2}}3$ ______ $\log_{\frac{1}{2}}3.1$;　(2) $\log_{\pi}3$ ______ 1.

17. 满足 $1+\log_{0.5}x>0$ 的解集是______.

三、解答题

18. 解不等式 $\log_2(x^2-x)>\log_2(2x-2)$.

19. 已知 $\lg2=a$,$\lg3=b$,用 a,b 表示 $\lg108$.

20. 解方程 $\log[\log_2(\log_2 x)]=0$.

21. 求下列函数的定义域:

(1) $y=\log_5(2x-4)$;　(2) $y=\sqrt{\lg(4x-3)}$.

22. 已知函数 $f(x)=\log_2\dfrac{1+x}{1-x}$,

(1)判断 $f(x)$ 的奇偶性;

(2)证明 $f(x)$ 在 $(-1,1)$ 上是增函数.

能力强化提高

一、选择题

1. 已知 $\log_2 32+\log_2 x=4$,则 x 的值是(　　).

A. -2　　B. 2　　C. $-\dfrac{1}{2}$　　D. $\dfrac{1}{2}$

2. 已知 $\log_5 m-\log_5 n=2$,则 m 是 n 的(　　)倍.

A. 2　　B. 10　　C. 25　　D. 5

3. 如果 $\log_3(\log_2 x)=1$,那么 $x^{\frac{1}{2}}$(　　).

A. $\dfrac{1}{3}$　　B. $\dfrac{1}{2\sqrt{2}}$　　C. $2\sqrt{2}$　　D. $2\sqrt{3}$

4. 若 $\log_a 2<\log_b 2<0$,则(　　).

A. $0<a<b<1$　　B. $0<b<a<1$　　C. $a>b>1$　　D. $b>a>1$

5. 下列函数在 $(0,+\infty)$ 上是减函数的是(　　).

A. $y=x^2$　　B. $y=\log_{\frac{1}{2}}x$　　C. $y=2^x$　　D. $y=-\dfrac{1}{x}$

6. 函数 $y=\sqrt{\log_{\frac{1}{2}}(3x-2)}$ 的定义域是(　　).

A. $[1,+\infty)$　　B. $(\dfrac{2}{3},+\infty)$　　C. $[\dfrac{2}{3},1)$　　D. $(\dfrac{2}{3},1]$

7. 已知 $0<a<1$,$\log_a m<\log_a n<0$,则(　　).

A. $1<n<m$　　B. $1<m<n$　　C. $m<n<1$　　D. $n<m<1$

8. 函数 $y=\log_a(x-3)+3$ 过定点(　　).

A. (3,3)　　B. (3,4)　　C. (4,3)　　D. (4,4)

9. 设 $a>1$,则 $\log_{0.2}a$,0.2^a,$a^{0.2}$ 的大小关系是(　　).

A. $0.2^a<\log_{0.2}a<a^{0.2}$　　B. $\log_{0.2}a<0.2^a<a^{0.2}$

C. $\log_{0.2}a<a^{0.2}<0.2^a$　　D. $0.2^a<a^{0.2}<\log_{0.2}a$

10. 函数 $f(x)=a^x+\log_a(x+1)$ 在 $[0,1]$ 上的最大值与最小值之和为 a,则 a 的

值为(　　).

A. $\frac{1}{4}$　　B. $\frac{1}{2}$　　C. 2　　D. 4

二、填空题

11. 用“$>$”或“$<$”填空

(1)$\log_5\pi$ ______ $\log_5 3.14$ ；　　(2)$\log_{0.5}7$ ______ $\log_{0.5}8$；

(3)$\log_{\frac{2}{3}}0.5$ ______ 0 ；　　(4)$\log_3 4$ ______ $\log_4 3$.

12. 若$\log_a\frac{2}{3}<1$则 a 的取值范围为______.

13. $\log_3\frac{1}{4}+\log_3\frac{4}{27}=$______.

14. $0<a<b$ 是 $\ln a<\ln b$ 的______条件.

15. 若$\log_{(x+1)}(x+1)=1$,则 x 的范围是______.

16. $\log_{\frac{1}{2}}4+(\frac{1}{2}+3^{-2})^0-\log_4 8$ 的值是______.

三、解答题

17. 计算$(\lg2)^2+(\lg5)^2+\lg2\lg25$.

18. 若 $2^m=5^n=10$,求$\frac{1}{m}+\frac{1}{n}$的值.

19. 某工厂 2010 年生产总值是 512 万元，计划 2015 年的产值达到 1024 万元,平均每年增长率是多少?

20. 已知$\log_a(x^2-1)>\log_a(2x+2)$， 求 x 的取值范围.

考试真题体验

1.（安徽 2013 年对口高考）设 $a=2^{0.5}$，$b=0$，$c=\log_2 0.5$ 则（　　）.

A. $a>b>c$　　B. $a>c>b$　　C. $b>a>c$　　D. $c>b>a$

2.（安徽 2012 年对口高考）下列式子中正确的是（　　）.

A. $(\frac{1}{4})^{\frac{1}{5}}<(\frac{1}{6})^{\frac{1}{5}}$　　B. $0.4^6>0.4^5$　　C. $7^{0.6}>7^{0.5}$　　D. $\log_{\frac{1}{2}}4<\log_{\frac{1}{2}}5$

3.（安徽 2011 年对口高考题）函数 $y=\log_{\frac{1}{2}}x$ 的图像大致是（　　）.

A. 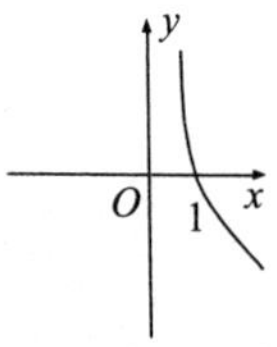

B. 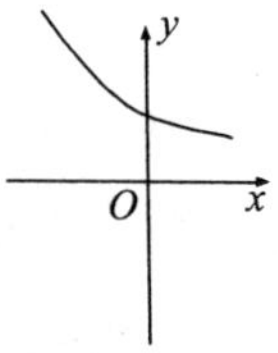

C. 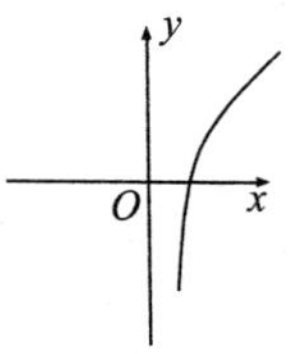

D. 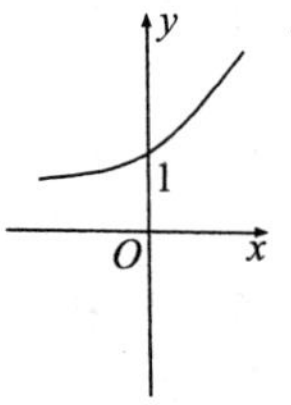

4.（安徽 2010 年对口高考）函数 $f(x)=\log_5(3-x)$的定义域是（　　）.

A. $\{x|<3\}$　　B. $\{x|x\leqslant 3\}$　　C. $\{x|x>3\}$　　D. $\{x|x\geqslant 3\}$

5.（安徽 2008 年对口高考）"$0<a<b$"是"$\ln a<\ln b$"的（　　）.

A. 充分不必要条件　　B. 必要不充分条件

C. 充要条件　　D. 既不充分也不必要条件

6.（安徽 2013 年对口高考）里氏震级 M 的计算公式为 $M=\lg A-\lg A_0$，其中 A 是地震仪记录的地震曲线的最大振幅，A_0 是相应的标准地震的振幅，假设在一次地震中地震仪测得 $A=100$，$A_0=0.01$ 则这次地震的震级为______.

7.（安徽 2012 年对口高考）计算 $2\lg 2+\lg 25=$______.

第5章　三角函数

第1节　三角函数的概念及其计算

名师导读

三角函数是源自于实际生活的应用型函数之一，是高考的必考内容. 本节要求了解任意角的概念，理解弧度制、任意角的正弦函数、余弦函数、正切函数及同角的三角函数基本关系和诱导公式，并会加以运用进行简单的化简、证明、计算.

知识要点归纳

1. 任意角的有关概念

(1)正角、负角、零角的定义

一条射线绕它的端点从一个位置(始边)，按逆时针(或顺时针)方向旋转到另一个位置(终边)所形成的图形叫作正角(或负角)，当射线不做任何旋转时称其形成零角.

其中射线的端点叫作角的顶点，始边和终边叫作角的两边.

(2)象限角和界限角

①象限角：把一个角的顶点放在直角坐标系的原点，始边与 x 轴的正半轴重合，终边落在第几象限，就称之为第几象限角.

②把一个角的顶点放在直角坐标系的原点，始边与 x 轴的正半轴重合，如果终边恰好落在坐标轴上，就称之为界限角.

(3)与角 α 终边相同的角的集合：$\{\beta|\beta=\alpha+360°\cdot k,k\in\mathbf{Z}\}$.

(4)各象限角和界限角的集合

①第一象限角的集合：$\{\alpha|360°\cdot k<\alpha<90°+360°\cdot k,k\in\mathbf{Z}\}$；

②第二象限角的集合：$\{\alpha|90°+360°\cdot k<\alpha<180°+360°\cdot k,k\in\mathbf{Z}\}$；

③第三象限角的集合：$\{\alpha|180°+360°\cdot k<\alpha<270°+360°\cdot k,k\in\mathbf{Z}\}$；

④第四象限角的集合：$\{\alpha|270°+360°\cdot k<\alpha<360°+360°\cdot k,k\in\mathbf{Z}\}$；

⑤终边落在 x 轴的正半轴上的角的集合：$\{\alpha|\alpha=360°\cdot k,k\in\mathbf{Z}\}$；

⑥终边落在 y 轴的正半轴上的角的集合：$\{\alpha|\alpha=90°+360°\cdot k,k\in\mathbf{Z}\}$；

⑦终边落在 x 轴的负半轴上的角的集合：$\{\alpha|\alpha=180°+360°\cdot k,k\in\mathbf{Z}\}$；

⑧终边落在 y 轴的负半轴上的角的集合：$\{\alpha|\alpha=270°+360°\cdot k,k\in\mathbf{Z}\}$；

⑨终边落在 x 轴上角的集合：$\{\alpha|\alpha=180°\cdot k,k\in\mathbf{Z}\}$；

⑩终边落在 y 轴上角的集合：$\{\alpha|\alpha=90°+180°\cdot k,k\in\mathbf{Z}\}$.

2. 弧度制

(1)弧度制的概念：规定把与半径相等的弧所对的圆心角叫作 1 弧度的角，弧度的单位符号是 rad，可以省略不写，如 1 弧度记作 1rad 或 1，以弧度为单位来度量角的单位制叫作弧度制.

(2)弧度制与角度制的换算

①$1°=\frac{\pi}{180}\text{rad}\approx0.01745\text{rad}$；②$1\text{rad}=(\frac{180}{\pi})°\approx57.3°$.

(3)常用的一些特殊角的角度与弧度的换算

角度	0°	30°	45°	60°	90°	120°	135°	150°	180°	270°	360°
弧度	0	$\frac{\pi}{6}$	$\frac{\pi}{4}$	$\frac{\pi}{3}$	$\frac{\pi}{2}$	$\frac{2\pi}{3}$	$\frac{3\pi}{4}$	$\frac{5\pi}{6}$	π	$\frac{3\pi}{2}$	2π

(4)弧度制下的弧长及扇形面积公式

①弧长公式：$l=r|\alpha|$；②扇形面积公式：$S_{扇形}=\frac{1}{2}lr=\frac{1}{2}|\alpha|r^2$.

其中 l 为弧长，r 为半径，$|\alpha|$ 为圆心角的弧度数是大小.

3. 任意角的三角函数的相关概念

(1)任意角的三角函数的定义

设 α 为任意角，$P(x,y)$ 是角 α 终边上除端点外的任一点，点 P 到原点 O 的距离为 $r=\sqrt{x^2+y^2}$，定义角 α 的正弦、余弦、正切如下：

①角 α 的正弦：$\sin\alpha=\frac{y}{r}$，$(\alpha\in\mathbf{R})$；

②角 α 的余弦：$\cos\alpha=\frac{x}{r}$，$(\alpha\in\mathbf{R})$；

③角 α 的正切：$\tan\alpha=\frac{y}{x}$，$(\alpha\neq\frac{\pi}{2}+k\pi,k\in\mathbf{Z})$.

(2)三角函数值在各象限的符号

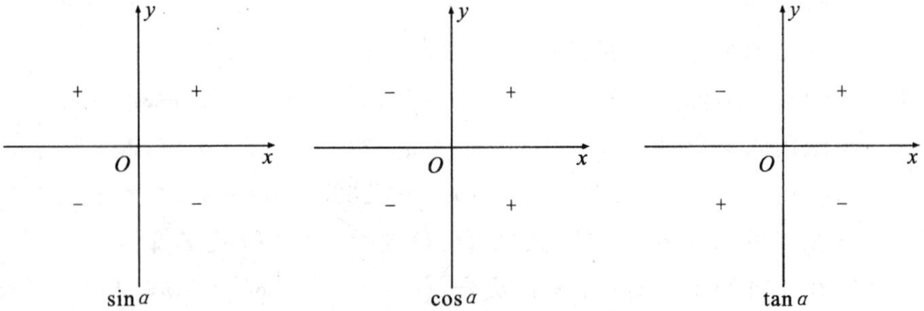

正号记忆口诀：一全正，二正弦，三正切，四余弦.

(3)常用的特殊角的三角函数值

α	0	$\frac{\pi}{6}$	$\frac{\pi}{4}$	$\frac{\pi}{3}$	$\frac{\pi}{2}$	$\frac{2\pi}{3}$	$\frac{3\pi}{4}$	$\frac{5\pi}{6}$	π
$\sin\alpha$	0	$\frac{1}{2}$	$\frac{\sqrt{2}}{2}$	$\frac{\sqrt{3}}{2}$	1	$\frac{\sqrt{3}}{2}$	$\frac{\sqrt{2}}{2}$	$\frac{1}{2}$	0
$\cos\alpha$	1	$\frac{\sqrt{3}}{2}$	$\frac{\sqrt{2}}{2}$	$\frac{1}{2}$	0	$-\frac{1}{2}$	$-\frac{\sqrt{2}}{2}$	$-\frac{\sqrt{3}}{2}$	1
$\tan\alpha$	0	$\frac{\sqrt{3}}{3}$	1	$\sqrt{3}$	不存在	$-\sqrt{3}$	-1	$-\frac{\sqrt{3}}{3}$	0

4. 同角的三角函数基本关系式

(1)平方关系：$\sin^2\alpha+\cos^2\alpha=1$；

(2)商数关系：$\tan\alpha=\frac{\sin\alpha}{\cos\alpha}$，$(\alpha\neq\frac{\pi}{2}+k\pi,k\in\mathbf{Z})$.

5. 三角函数的诱导公式

(1)$\alpha+k\cdot360^\circ(k\in\mathbf{Z})$的诱导公式：

$\sin(\alpha+360^\circ\cdot k)=\sin\alpha$；

$\cos(\alpha+360^\circ\cdot k)=\cos\alpha$；

$\tan(\alpha+360^\circ\cdot k)=\tan\alpha$.

(2)$-\alpha$ 的诱导公式：

$\sin(-\alpha)=-\sin\alpha$；

$\cos(-\alpha)=\cos\alpha$；

$\tan(-\alpha)=-\tan\alpha$.

(3)$180^\circ\pm\alpha$ 的诱导公式：

$\sin(180^\circ+\alpha)=-\sin\alpha$；

$\cos(180^\circ+\alpha)=-\cos\alpha$；

$\tan(180^\circ+\alpha)=\tan\alpha$；

$\sin(180^\circ-\alpha)=\sin\alpha$；

$\cos(180^\circ-\alpha)=-\cos\alpha$.

说明：

①运用诱导公式可以将任意角的三角函数转化为锐角的三角函数；

②诱导公式的记忆口诀为：函数名不变，符号看象限. 函数名不变的意思是说通过诱导公式正弦函数化简得到的仍是正弦函数，余弦函数化简得到的仍是余弦函数，正切函数化简得到的仍是正切函数. 符号看象限的意思是说把 α 当做锐角，再根据括号中角的象限确定函数的符号.

典型题型解析

【例 1】下列说法正确的是(　　).

A. 第一象限角都是锐角　　　　B. 第二象限角都是钝角

C. 第一象限角都是正角　　　　D. 锐角都是第一象限角

【解析】解决此题的关键是理解任意角及象限角的概念，A，B，C 都是错误的. 答案：D.

【例 2】已知 α 是第二象限角，则 $\frac{\alpha}{2}$ 可能是________象限角，$\frac{\alpha}{3}$ 可能是________象限角.

【解析】判断 $\frac{\alpha}{2}$ 和 $\frac{\alpha}{3}$ 所在象限的位置，可以根据下面的图形进行判断：

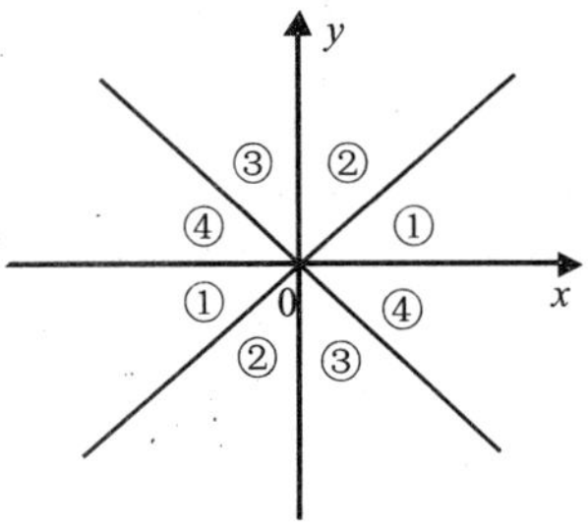

$\frac{\pi}{2}$

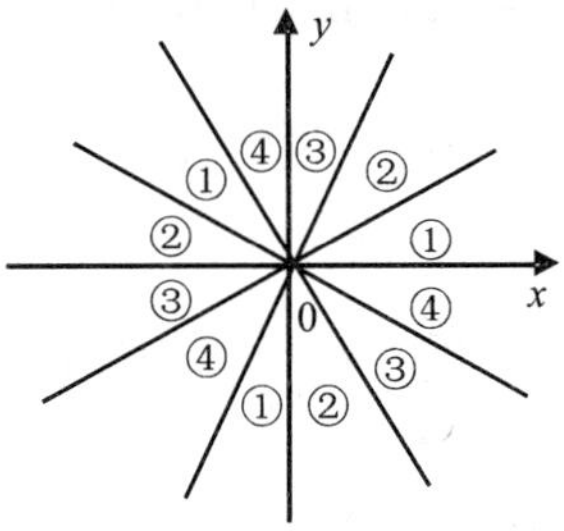

$\frac{\pi}{3}$

具体判断方法是根据 α 所在的象限直接在相应的图形中查找对应的标记的位置即可，例如本题中的 α 是第二象限角，只要在两个图形中查找标记为②的位置，如果另外一个题中所给的 α 是第三象限角，那么只要在两个图形中查找标记为③的位置，以此类推. 答案：第一或第三；第一或第二或第四 .

【例 3】计算半径为 10cm，圆心角为 120°的扇形的弧长和面积.

【解析】$\because 120°=\frac{2\pi}{3}$，$\therefore$ 弧长 $l=\frac{2\pi}{3}\times 10=\frac{20\pi}{3}$(cm)，扇形的面积 $S_{扇}=\frac{1}{2}lr=\frac{1}{2}\times\frac{20\pi}{3}\times 10=\frac{100\pi}{3}(\text{cm}^2)$

答：扇形的弧长为 $\frac{20\pi}{3}$cm，面积为 $\frac{100\pi}{3}\text{cm}^2$.

【方法点拨】弧度制的实际应用问题，要注意将角度转化为弧度，扇形的面积和弧长公式也要牢记.

【例 4】解答下列各题：

(1)已知点 $P(-5,-12)$ 为角 α 终边上一点，求 $\sin\alpha$，$\cos\alpha$，$\tan\alpha$；

(2)已知 $P(4a,3a)$ 为角 α 终边上除原点外的一点，求 $\sin\alpha$，$\cos\alpha$，$\tan\alpha$；

(3)已知 $P(-3,a)$ 为角 α 终边上一点，且 $\cos\alpha=-\frac{3}{5}$，求 a 的值.

【解析】

(1)$\because r=\sqrt{(-5)^2+(-12)^2}=13$，$\therefore \sin\alpha=-\frac{12}{13}$，$\cos\alpha=-\frac{5}{13}$，$\tan\alpha=\frac{-12}{-5}=\frac{12}{5}$.

(2)$r=\sqrt{(4a)^2+(3a)^2}=5|a|$，①当 $a>0$ 时，$r=5a$，$\sin\alpha=\frac{3a}{5a}=\frac{3}{5}$，$\cos\alpha=\frac{4a}{5a}=\frac{4}{5}$，$\tan\alpha=\frac{3a}{4a}=\frac{3}{4}$；②当 $a<0$ 时，$r=-5a$，$\sin\alpha=\frac{3a}{-5a}=-\frac{3}{5}$，$\cos\alpha=\frac{4a}{-5a}=-\frac{4}{5}$，$\tan\alpha=\frac{3a}{4a}=\frac{3}{4}$.

(3)$r=\sqrt{(-3)^2+a^2}=\sqrt{9+a^2}$，$\because \cos\alpha=-\frac{3}{5}$，$\therefore \frac{-3}{\sqrt{9+a^2}}=-\frac{3}{5}$，解得 $a=\pm4$.

【方法点拨】对口高考对任意角的三角函数的定义的考查，主要是两个方面，一是根据点的坐标求三角函数值，二是根据三角函数值反过来求点的坐标，解答过程中要注意根据象限对符号进行讨论.

【例 5】计算下列各题：

(1)$\sin(-1290^\circ)$；　　(2)$\cos(-\frac{11\pi}{4})$；　　(3)$\tan\frac{15\pi}{4}$.

【解析】

(1)$\sin(-1290^\circ)=-\sin1290^\circ=-\sin210^\circ=-\sin(180^\circ+30^\circ)=\sin30^\circ=\frac{1}{2}$；

(2)$\cos(-\frac{11\pi}{4})=\cos\frac{11\pi}{4}=\cos\frac{3\pi}{4}=\cos(\pi-\frac{\pi}{4})=-\cos\frac{\pi}{4}=-\frac{\sqrt{2}}{2}$；

(3)$\tan\frac{15\pi}{4}=\tan(4\pi-\frac{\pi}{4})=\tan(-\frac{\pi}{4})=-\tan\frac{\pi}{4}=-1$.

【方法点拨】利用诱导公式计算三角函数的值一般按照负化正、大化小、再用 π 化锐角的思路进行.

【例 6】计算下列各题：

(1)已知 $\sin\alpha=\frac{\sqrt{5}}{5}$，且 $\alpha\in(\frac{\pi}{2},\pi)$，求 $\cos\alpha$ 和 $\tan\alpha$；

(2)已知 $\cos\alpha=\frac{4}{5}$，求 $\sin\alpha$ 和 $\tan\alpha$；

(3)已知 $\tan\alpha=2$，$\alpha\in(0,\frac{\pi}{2})$，求 $\sin\alpha$ 和 $\cos\alpha$.

【解析】

(1)$\because \sin^2\alpha+\cos^2\alpha=1$，$\therefore \cos^2\alpha=1-\sin^2\alpha=1-(\frac{\sqrt{5}}{5})^2=\frac{20}{25}$，$\because \alpha\in(\frac{\pi}{2},\pi)$，$\therefore \cos\alpha=-\frac{2\sqrt{5}}{5}$，$\therefore \tan\alpha=\frac{\sin\alpha}{\cos\alpha}=\frac{\frac{\sqrt{5}}{5}}{-\frac{2\sqrt{5}}{5}}=-\frac{1}{2}$.

(2)$\because \sin^2\alpha+\cos^2\alpha=1$，$\therefore \sin^2\alpha=1-\cos^2\alpha=1-(\frac{4}{5})^2=\frac{9}{25}$，$\because \cos\alpha=\frac{4}{5}$，

$\therefore \alpha$ 为第一象限角或第四象限角. ①当 α 为第一象限角时，$\sin\alpha=\frac{3}{5}$，$\tan\alpha=\frac{\sin\alpha}{\cos\alpha}=\frac{3}{4}$；②当 α 为第四象限角时，$\sin\alpha=-\frac{3}{5}$，$\tan\alpha=\frac{\sin\alpha}{\cos\alpha}=-\frac{3}{4}$.

(3)$\because \tan\alpha=2$，$\therefore \frac{\sin\alpha}{\cos\alpha}=2$，即 $\sin\alpha=2\cos\alpha$①，$\because \sin^2\alpha+\cos^2\alpha=1$②，$\therefore$ 把①代入②得 $5\cos^2\alpha=1$，即 $\cos^2\alpha=\frac{1}{5}$，又 $\because \alpha\in(0,\frac{\pi}{2})$，$\therefore \cos\alpha=\frac{\sqrt{5}}{5}$，$\therefore \sin\alpha=\frac{2\sqrt{5}}{5}$.

【方法点拨】根据同角的三角函数的基本关系式可以“知一求二”，即知道了正弦、余弦、正切中的一个三角函数值，就可以求出另外两个三角函数值. 计算时要根据角的象限确定三角函数值的符号，若题中未指明角的象限则要分类讨论.

【例 7】计算下列各题：

(1)已知 $\tan\alpha=3$，求 $\frac{2\sin\alpha-\cos\alpha}{\sin\alpha+\cos\alpha}$ 的值；

(2)已知 $\tan\alpha=3$，求 $2\sin^2\alpha-\sin\alpha\cos\alpha$ 的值；

(3)已知 $\frac{\sin\alpha+\cos\alpha}{\sin\alpha-\cos\alpha}=2$，求 $\tan\alpha$ 的值.

【解析】

(1)$\frac{2\sin\alpha-\cos\alpha}{\sin\alpha+\cos\alpha}=\frac{2\tan\alpha-1}{\tan\alpha+1}=\frac{2\times3-1}{3+1}=\frac{5}{4}$；

(2)$2\sin^2\alpha-\sin\alpha\cos\alpha=\frac{2\sin^2\alpha-\sin\alpha\cos\alpha}{\sin^2\alpha+\cos^2\alpha}=\frac{2\tan^2\alpha-\tan\alpha}{\tan^2\alpha+1}=\frac{2\times3^2-3}{3^2+1}=\frac{3}{2}$；

(3)$\because \frac{\sin\alpha+\cos\alpha}{\sin\alpha-\cos\alpha}=2$，$\therefore \frac{\tan\alpha+1}{\tan\alpha-1}=2$，$\therefore \tan\alpha+1=2\tan\alpha-2$，$\therefore \tan\alpha=3$.

【方法点拨】像此题中的关于正弦和余弦的齐次分式，可以采用分子分母同时除以 $\cos\alpha$ 或 $\cos^2\alpha$，进行弦化切，从而使问题得以简化.

【例 8】已知 $\sin\alpha+\cos\alpha=-\frac{\sqrt{5}}{5}$，且 $\alpha\in(0,\pi)$，求 $\sin\alpha$，$\cos\alpha$，$\tan\alpha$ 的值.

【解析】$\because \sin\alpha+\cos\alpha=-\frac{\sqrt{5}}{5}$①，$\therefore (\sin\alpha+\cos\alpha)^2=\frac{1}{5}$，$\therefore 1+2\sin\alpha\cos\alpha=\frac{1}{5}$，$\therefore \sin\alpha\cos\alpha=-\frac{2}{5}$，又 $\because \alpha\in(0,\pi)$，$\therefore \sin\alpha>0$，$\cos\alpha<0$，$\therefore (\sin\alpha-\cos\alpha)^2=1-2\sin\alpha\cos\alpha=\frac{9}{5}$，$\therefore \sin\alpha-\cos\alpha=\frac{3\sqrt{5}}{5}$②，由①②解得 $\sin\alpha=\frac{\sqrt{5}}{5}$，$\cos\alpha=-\frac{2\sqrt{5}}{5}$，$\therefore \tan\alpha=\frac{\sin\alpha}{\cos\alpha}=-\frac{1}{2}$.

【方法点拨】此题的解法是利用完全平方式将 $\sin\alpha+\cos\alpha$ 和 $\sin\alpha\cos\alpha$ 以及 $\sin\alpha-\cos\alpha$ 之间进行相互转化，从而使问题得以简化，开方过程中要注意分析各式的符号.

规律方法探究

1. 转化. 在研究有关正弦和余弦及正切的有关计算问题时，经常利用弦化切或切化弦或利用完全平方式进行相互转化，从而使问题得到简化.

2. 分类讨论. 在进行三角函数的有关计算过程中，经常要对角所在的象限进行分类讨论，从而确定各三角函数值的符号.

配套练习

基础知识巩固

一、选择题

1. 角$\frac{13\pi}{3}$所在的象限是(　　).

A. 第一象限　　B. 第二象限　　C. 第三象限　　D. 第四象限

2. 手表上的时针从12时的位置旋转到14时的位置，所形成的角的弧度数为(　　).

A. $\frac{\pi}{6}$　　B. $\frac{\pi}{3}$　　C. $-\frac{\pi}{6}$　　D. $-\frac{\pi}{3}$

3. 与$\frac{\pi}{5}$的终边相同的角的集合是(　　).

A. $\{\alpha|\alpha=\frac{\pi}{5}+2k\pi,k\in\mathbf{Z}\}$　　B. $\{\alpha|\alpha=\frac{\pi}{5}+2k\pi,k\in\mathbf{Z}\}$

C. $\{\alpha|\alpha=\frac{\pi}{5}+k\pi,k\in\mathbf{Z}\}$　　D. $\{\alpha|\alpha=\frac{\pi}{5}+k\pi,k\in\mathbf{Z}\}$

4. 下列与-280°的角终边相同的角是(　　).

A. -80°　　B. 100°　　C. 440°　　D. -60°

5. 弧度$\frac{7\pi}{3}$化成角度是(　　).

A. 210°　　B. 280°　　C. 420°　　D. 560°

6. 半径为2，弧长为4的弧所对的圆心角的弧度数是(　　).

A. 1　　B. 2　　C. 4　　D. 8

7. 下列说法：①第一象限角都是锐角；②钝角是第二象限角；③$\cos 2>0$；④如果$\sin\alpha>0$，且$\cos\alpha<0$，那么α是第二象限角. 其中正确的个数是(　　).

A. 1　　B. 2　　C. 3　　D. 4

8. $\cos(-120^\circ)$的值为(　　).

A. $\frac{1}{2}$　　B. $-\frac{1}{2}$　　C. $\frac{\sqrt{3}}{2}$　　D. $-\frac{\sqrt{3}}{2}$

9. 已知点 $P(1,-3)$ 是角 α 终边上一点，则 $\sin\alpha$ 的值为(　　).

A. $\frac{\sqrt{10}}{10}$　　B. $-\frac{\sqrt{10}}{10}$　　C. $-\frac{3\sqrt{10}}{10}$　　D. $\frac{3\sqrt{10}}{10}$

10. 已知 $\sin\alpha=\frac{3}{5}$，且 α 为第二象限角，则 $\tan\alpha=$(　　).

A. $\frac{4}{3}$　　B. $-\frac{4}{3}$　　C. $\frac{3}{4}$　　D. $-\frac{3}{4}$

11. 已知 $\sin(\pi-\alpha)=\frac{1}{2}$，则 $\sin\alpha=$(　　).

A. $\frac{1}{2}$　　B. $-\frac{1}{2}$　　C. $\frac{\sqrt{3}}{2}$　　D. $-\frac{\sqrt{3}}{2}$

12. $\sqrt{1-\sin^2 195^\circ}$ 化简的结果为(　　).

A. $\sin 195^\circ$　　B. $-\sin 195^\circ$　　C. $\cos 195^\circ$　　D. $-\cos 195^\circ$

二、填空题

13. 与角 45° 的终边相同的角的集合是______.

14. $\tan\frac{2\pi}{3}+\cos\left(-\frac{\pi}{6}\right)=$______.

15. 已知 $\cos(\pi+\alpha)=\frac{1}{3}$，则 $\cos\alpha=$______.

16. 在 $0^\circ\sim360^\circ$ 的范围内且与角 -1020° 的终边相同的角是______.

17. 点 $\left(-2,\sin\frac{5\pi}{6}\right)$ 在第______象限.

三、解答题

18. 计算下列各题：

(1) $\sin 660^\circ$；　　(2) $\cos(-570^\circ)$；　　(3) $\tan\frac{10\pi}{3}$.

19. 已知点 $P(-8,15)$ 为角 α 终边上一点，求 $\sin\alpha+\cos\alpha$ 的值.

20. 已知一个扇形的半径为 4cm，圆心角为 150°，求扇形的周长及面积.

21. 已知 $\sin\alpha=-\frac{5}{13}$，求 $\cos\alpha$ 和 $\tan\alpha$ 的值.

22. 已知 $\tan\alpha=\sqrt{2}$，求 $\sin\alpha$ 和 $\cos\alpha$ 的值.

能力强化提高

一、选择题

1. 在 $-360°\sim360°$ 的范围内，与角 $-1150°$ 终边相同的角是（　　）.

A. $-70°$　　B. $290°$　　C. $-70°$ 和 $290°$　　D. $-30°$ 和 $290°$.

2. 终边落在直线 $y=x$ 上的角的集合是（　　）.

A. $\{\alpha|\alpha=\frac{\pi}{4}+2k\pi,k\in\mathbf{Z}\}$　　B. $\{\alpha|\alpha=\frac{\pi}{4}+k\pi,k\in\mathbf{Z}\}$

C. $\{\alpha|\alpha=-\frac{\pi}{4}+2k\pi,k\in\mathbf{Z}\}$　　D. $\{\alpha|\alpha=-\frac{\pi}{4}+k\pi,k\in\mathbf{Z}\}$

3. “$\cos\alpha<0$”是“α 是第二或第三象限角”的（　　）.

A. 充分条件　　B. 必要条件

C. 充要条件　　D. 既不充分也不必要条件

4. 若 $\cos\alpha>0$，$\tan\alpha\leqslant0$，则角 α 的终边落在（　　）.

A. 第一象限　　B. 第四象限

C. 第一象限或 x 轴的正半轴上　　D. 第四象限或 x 轴的正半轴上

5. 已知点 $P(\sin\alpha,\tan\alpha)$在第四象限，则角 α 所在的象限是(　　).

A. 第一象限　　B. 第二象限　　C. 第三象限　　D. 第四象限

6. 已知点 $P(3,a)$在角 α 的终边上，且 $\cos\alpha=\frac{3}{5}$，则 a 的值是(　　).

A. -4　　B. -4 或 4　　C. 4　　D. -5 或 5

7. $\sqrt{1-\sin^2 2}-\sqrt{1-\cos^2 2}$化简的结果是(　　).

A. $-\cos 2-\sin 2$　　B. $\cos 2-\sin 2$

C. $-\cos 2+\sin 2$　　D. $\cos 2+\sin 2$

8. 已知 $\sin\alpha+\cos\alpha=\frac{2}{3}$，则 $\sin\alpha\cos\alpha=$(　　).

A. $-\frac{5}{9}$　　B. $\frac{5}{9}$　　C. $-\frac{5}{18}$　　D. $\frac{5}{18}$

9. 已知一个扇形的圆心角的弧度数为 2，弦长为 2，那么弧长为(　　).

A. $\sin 1$　　B. $\frac{2}{\sin 1}$　　C. $\sin 2$　　D. $\frac{2}{\sin 2}$

10. $\sqrt{1-2\sin 20^\circ\cos 20^\circ}$化简的结果为(　　).

A. $\cos 20^\circ-\sin 20^\circ$　　B. $\sin 20^\circ-\cos 20^\circ$

C. $\cos 40^\circ-\sin 40^\circ$　　D. $\sin 40^\circ-\cos 40^\circ$

二、填空题

11. 函数 $y=\tan 4x$ 的定义域为________________.

12. 已知角 α 是第三象限角，则$\frac{\alpha}{2}$是第______象限角.

13. 已知$\frac{\sin\alpha+2\cos\alpha}{3\sin\alpha-\cos\alpha}=3$，则 $\tan\alpha=$________.

14. 已知 $\cos(\pi-\alpha)=\frac{2\sqrt{2}}{3}$且 $\cos\alpha\cdot\tan\alpha>0$，则 $\sin\alpha=$______.

15. 已知 $\sin\alpha=\frac{m}{2}$，$\cos\alpha=\frac{\sqrt{3}m}{6}$，则 $m=$______.

三、解答题

16. 已知点 $P(5a,12a)$是角 α 终边上除原点外的一点，求 $\sin\alpha,\cos\alpha,\tan\alpha$ 的值.

17. 已知角 α 的终边落在直线 $y=2x$ 上，求 $\sin\alpha$，$\cos\alpha$，$\tan\alpha$ 的值.

18. 化简：$\dfrac{\sin(\pi-\alpha)\cos(2\pi-\alpha)\tan(\pi+\alpha)}{\cos(\pi+\alpha)\tan(3\pi-\alpha)\sin(-\alpha)}$.

19. 已知 $\tan\alpha=3$，求下列各式的值：

(1) $\dfrac{2\sin\alpha-3\cos\alpha}{\sin\alpha+4\cos\alpha}$；

(2) $3\sin^2\alpha-2\sin\alpha\cos\alpha$.

20. 已知 $\sin\alpha+\cos\alpha=\dfrac{\sqrt{3}-1}{2}$，且 $\alpha\in\left(\dfrac{\pi}{2},\pi\right)$，求 $\tan\alpha$ 的值.

考试真题体验

1.(安徽 2011 年对口高考)$\sin 120°$的值等于(　　).

A. $-\dfrac{1}{2}$　　B. $\dfrac{1}{2}$　　C. $-\dfrac{\sqrt{3}}{2}$　　D. $\dfrac{\sqrt{3}}{2}$

2.(安徽 2012 年对口高考)设 $\sin\alpha>0$ 且 $\tan\alpha<0$,则角 α 是(　　).

A. 第一象限角　　B. 第二象限角

C. 第三象限角　　D. 第四象限角

第 2 节　三角函数的图像及其性质

名师导读

本节内容是高考中的重点内容之一,也是必考内容. 要求了解余弦函数的图像和性质,掌握正弦函数及正弦型函数的图像和性质,并能够加以简单的运用,并会求指定范围内的角.

知识要点归纳

1. 周期函数的概念

一般地,对于一个函数 $y=f(x)$,如果存在一个非零常数 T,使得定义域内的任意 x 都有 $f(x+T)=f(x)$,那么函数 $y=f(x)$叫作周期函数,T 叫作这个函数的一个周期.

(1)周期函数 $y=f(x)$的周期有无数个,如果 T 是它的一个周期,那么…,$-2T$,$-T$,$2T$,$3T$,…也都是它的周期.

(2)在周期函数 $y=f(x)$的所有周期中如果存在一个最小的正数,那么就把它叫作这个函数的最小正周期,考试中除非特殊说明,一般要求计算的都是最小正周期.

2. 有界函数的概念

一般地,设函数 $y=f(x)$在区间(a,b)上有定义,如果存在一个正数 M,对于任意的 $x\in(a,b)$,都有$|f(x)|\leqslant M$,那么函数 $y=f(x)$叫作区间(a,b)内的有界函数. 如果这样的 M 不存在,那么函数 $y=f(x)$叫作区间(a,b)内的无界函数.

3. 正弦函数 $y=\sin x$ 的图像和性质

(1)正弦函数的图像称之为正弦曲线

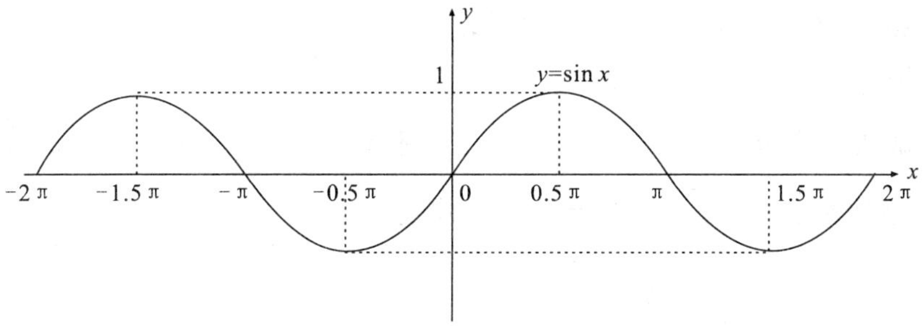

(2)正弦函数的性质

①定义域:**R**;

②值域:[−1,1];

③周期性:正弦函数是周期函数,最小正周期为 2π;

④最值:正弦函数是有界函数,当 $x=\frac{\pi}{2}+2k\pi,k\in\mathbf{Z}$ 时,$y_{\max}=1$;当 $x=-\frac{\pi}{2}+2k\pi,k\in\mathbf{Z}$ 时,$y_{\max}=-1$.

⑤单调性:正弦函数 $y=\sin x$ 在区间 $\left[-\frac{\pi}{2}+2k\pi,\frac{\pi}{2}+2k\pi\right],k\in\mathbf{Z}$ 上是增函数,在区间 $\left[\frac{\pi}{2}+2k\pi,\frac{3\pi}{2}+2k\pi\right],k\in\mathbf{Z}$ 上是减函数;

⑥奇偶性:正弦函数 $y=\sin x$ 是奇函数.

4. 余弦函数 $y=\cos x$ 的图像和性质

(1)余弦函数的图像称之为余弦曲线

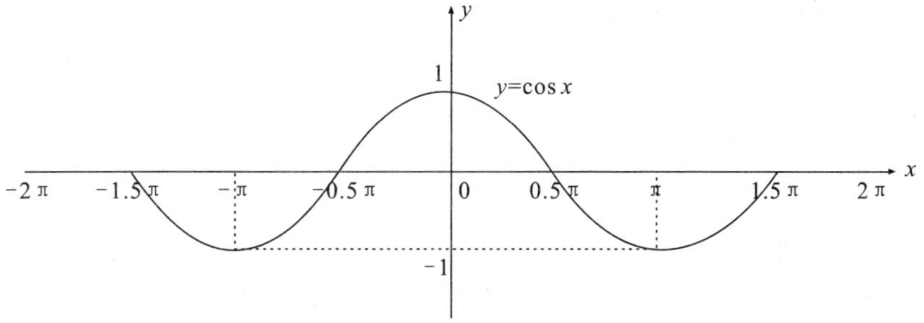

(2)余弦函数的性质

①定义域:**R**;

②值域:[−1,1];

③周期性:余弦函数是周期函数,最小正周期为 2π;

④最值:余弦函数是有界函数,当 $x=2k\pi,k\in\mathbf{Z}$ 时,$y_{\max}=1$;当 $x=\pi+2k\pi,k\in\mathbf{Z}$ 时,$y_{\max}=-1$.

⑤单调性:余弦函数 $y=\cos x$ 在区间 $[-\pi+2k\pi,2k\pi],k\in\mathbf{Z}$ 上是增函数,在区间 $[2k\pi,\pi+2k\pi],k\in\mathbf{Z}$ 上是减函数;

⑥奇偶性:余弦函数 $y=\cos x$ 是偶函数.

5. 正弦型函数 $y=A\sin(\omega x+\varphi)(A>0,\omega>0)$

(1)相关概念

①振幅:A;②初相位:φ;③相位:$\omega x+\varphi$;④周期:$T=\frac{2\pi}{\omega}$;⑤频率:$f=\frac{1}{T}$.

(2)五点法作正弦形函数的图像(正弦型曲线)

$\omega x+\varphi$	0	$\frac{\pi}{2}$	π	$\frac{3\pi}{2}$	2π
x	根据 $\omega x+\varphi$ 分别等于 0、$\frac{\pi}{2}$、π、$\frac{3\pi}{2}$、2π,求出 x 的值				
$y=A\sin(\omega x+\varphi)$	0	A	0	$-A$	0

(3)根据 $y=\sin x$ 的图像变换得到正弦形函数的图像

①平移变换:把 $y=\sin x$ 的图像向左($\varphi>0$)或向右($\varphi<0$)平移$|\varphi|$个单位,得到 $y=\sin(x+\varphi)$的图像;

②周期变换:把 $y=\sin(x+\varphi)$的图像的横坐标伸长($0<\omega<1$)或缩短($\omega>1$)为原来的$\frac{1}{\omega}$倍,纵坐标不变,得到的 $y=\sin(\omega x+\varphi)$图像;

③振幅变换:把 $y=\sin(x+\varphi)$的图像的纵坐标伸长($A>1$)或缩短($0<A<1$)为原来的 A 倍,横坐标不变,得到的 $y=A\sin(\omega x+\varphi)$图像.

6. 已知三角函数值求指定区间内的角.

典型题型解析

【例 1】函数 $y=\sin4x$ 是(　　).

A. 奇函数且周期为$\frac{\pi}{2}$　　B. 奇函数且周期为 2π

C. 偶函数且周期为$\frac{\pi}{2}$　　D. 偶函数且周期为 2π

【解析】解决此题的关键是理解函数的奇偶性,掌握正弦型函数的周期计算公式. 答案:A.

【例 2】比较 $\sin\frac{12\pi}{5}$和 $\sin\frac{21\pi}{5}$的大小.

【解析】$\because \sin\frac{12\pi}{5}=\sin\frac{2\pi}{5}$,$\sin\frac{21\pi}{5}=\sin\frac{\pi}{5}$,$\frac{2\pi}{5}>\frac{\pi}{5}$,又$\because$函数 $y=\sin x$ 在区间$\left[0,\frac{\pi}{2}\right]$上是增函数,$\therefore \sin\frac{12\pi}{5}>\sin\frac{21\pi}{5}$.

【方法点拨】比较同一种三角函数值的大小,一般先用诱导公式将其转化为锐角三角函数，再根据单调性进行比较.

【例 3】已知 $\sin\alpha=\frac{\sqrt{3}}{2}$，求区间 $[0,2\pi]$ 上的角 α.

【解析】易知 $\sin\frac{\pi}{3}=\frac{\sqrt{3}}{2}$，又根据 $\sin(\pi-\alpha)=\sin\alpha$，可得 $\sin(\pi-\frac{\pi}{3})$

$=\sin\frac{2\pi}{3}=\sin\frac{\pi}{3}=\frac{\sqrt{3}}{2}$，所以在区间 $[0,2\pi]$ 上正弦函数的值为 $\frac{\sqrt{3}}{2}$ 的角为 $\frac{\pi}{3}$ 和 $\frac{2\pi}{3}$.

【方法点拨】根据三角函数值求指定区间内的角的问题，对于正弦函数，一般先求出 $\left[-\frac{\pi}{2},\frac{\pi}{2}\right]$ 内的一个角，然后再根据诱导公式求出在指定区间内的角；对于余弦函数，一般先求出 $[0,\pi]$ 内的一个角，然后再根据诱导公式求出在指定区间内的角；对于正切函数，一般先求出 $(-\frac{\pi}{2},\frac{\pi}{2})$ 内的一个角，然后再根据诱导公式求出在指定区间内的角.

【例 4】要得到函数 $y=2\sin(2x+\frac{\pi}{6})$ 的图像，应将函数 $y=2\sin 2x$ 的图像(　　).

A. 向左平移 $\frac{\pi}{6}$ 个单位　　B. 向右平移 $\frac{\pi}{6}$ 个单位

C. 向左平移 $\frac{\pi}{12}$ 个单位　　D. 向右平移 $\frac{\pi}{12}$ 个单位

【解析】此题着重考查三角函数的图像的平移变换，要求理解平移的距离是根据 x 改变了多少个单位来确定的，而平移的方向则可由“左加右减”来确定. 答案：C.

【例 5】已知函数 $y=3\sin(2x-\frac{\pi}{3})$，求：

(1)函数的周期；

(2)函数的最大值和最小值及取最大值和最小值时相应的 x 的值.

【解析】

(1) $T=\frac{2\pi}{2}=\pi$；

(2)当 $2x-\frac{\pi}{3}=\frac{\pi}{2}+2k\pi,k\in\mathbf{Z}$，即 $x=\frac{5\pi}{12}+k\pi,k\in\mathbf{Z}$ 时，$y_{\max}=3$，当 $2x-\frac{\pi}{3}=-\frac{\pi}{2}+2k\pi,k\in\mathbf{Z}$，即 $x=-\frac{\pi}{12}+k\pi,k\in\mathbf{Z}$ 时，$y_{\min}=-3$.

【方法点拨】求正弦型函数的周期，只要抓住周期公式 $T=\frac{2\pi}{\omega}$ 即可；讨论正弦型函数的最值及最值点，要利用转化思想令 $X=\omega x+\varphi$，将正弦型函数转化为 $y=A\sin X$，在根据正弦函数 $y=\sin X$ 的性质讨论 X 的情况，再根据 X 的情况，讨论 x 的情况.

【例 6】求函数 $y=2\sin(3x-\frac{\pi}{4})$ 的单调递增区间和单调递减区间.

【解析】由 $-\frac{\pi}{2}+2k\pi\leqslant 3x-\frac{\pi}{4}\leqslant\frac{\pi}{2}+2k\pi,k\in\mathbf{Z}$，

得$-\frac{\pi}{12}+\frac{2k\pi}{3}\leqslant x\leqslant\frac{\pi}{4}+\frac{2k\pi}{3},k\in\mathbf{Z}$,

由$\frac{\pi}{2}+2k\pi\leqslant 3x-\frac{\pi}{4}\leqslant\frac{3\pi}{2}+2k\pi,k\in\mathbf{Z}$,

得$\frac{\pi}{4}+\frac{2k\pi}{3}\leqslant x\leqslant\frac{7\pi}{12}+\frac{2k\pi}{3},k\in\mathbf{Z}$,所以函数$y=2\sin(3x-\frac{\pi}{4})$的单调递增区间是$\left[-\frac{\pi}{12}+\frac{2k\pi}{3},\frac{\pi}{4}+\frac{2k\pi}{3}\right],k\in\mathbf{Z}$,函数$y=2\sin(3x-\frac{\pi}{4})$的单调递减区间是$\left[\frac{\pi}{4}+\frac{2k\pi}{3},\frac{7\pi}{12}+\frac{2k\pi}{3}\right],k\in\mathbf{Z}$.

【方法点拨】求正弦型函数的单调区间,要利用转化思想令$X=\omega x+\varphi$,将正弦型函数转化为$y=A\sin X$,在根据正弦函数$y=\sin X$的单调性讨论X的单调区间,再根据X的单调区间,讨论x的单调区间.

【例 7】求函数$y=2\sin(2x-\frac{\pi}{3})$在区间$\left[0,\frac{\pi}{2}\right]$上的值域.

【解析】$\because 0\leqslant x\leqslant\frac{\pi}{2}$,$\therefore 0\leqslant 2x\leqslant\pi$,$\therefore -\frac{\pi}{3}\leqslant 2x-\frac{\pi}{3}\leqslant\frac{2\pi}{3}$,$\therefore -\frac{\sqrt{3}}{2}\leqslant\sin(3x-\frac{\pi}{3})\leqslant 1$,

$\therefore -\sqrt{3}\leqslant y\leqslant 2$,$\therefore$函数$y=2\sin(2x-\frac{\pi}{3})$在区间$\left[0,\frac{\pi}{2}\right]$上的值域为$[-\sqrt{3},2]$.

【方法点拨】求正弦型函数在指定区间上的值域,要先根据x的取值范围,求出相位的范围,在求出正弦型函数值的范围,从而得出所求函数的值域.

【例 8】用五点法作出函数$y=2\sin(\frac{1}{2}x+\frac{\pi}{4})$在一个周期内的图像.

【解析】

列表:

$\frac{1}{2}x+\frac{\pi}{4}$	0	$\frac{\pi}{2}$	π	$\frac{3\pi}{2}$	π
x	$-\frac{\pi}{2}$	$\frac{\pi}{2}$	$\frac{3\pi}{2}$	$\frac{5\pi}{2}$	$\frac{7\pi}{2}$
$y=2\sin(\frac{1}{2}x+\frac{\pi}{4})$	0	2	0	-2	0

描点画图:

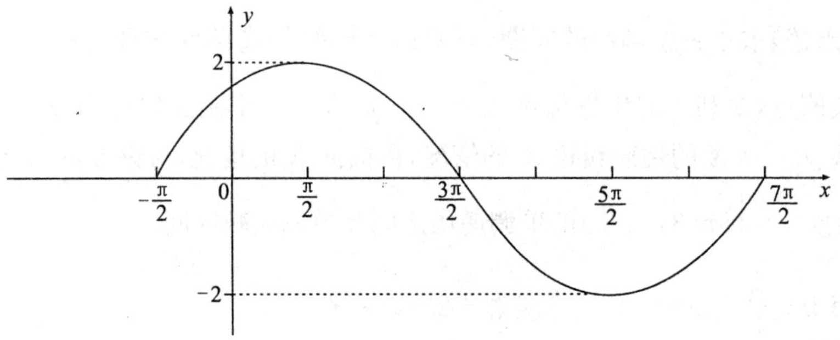

【方法点拨】列表法画正弦型函数的图像，关键是要根据知识要点中归纳的五点法作图，准确列出五个关键点的表格，然后描点画图即可.

【例 9】如何变换函数 $y=\sin x$ 的图像，得到函数 $y=4\sin(3x-\frac{\pi}{3})$的图像.

【解析】

先把 $y=\sin x$ 的图像向右平移$\frac{\pi}{3}$个单位，得到 $y=\sin(x-\frac{\pi}{3})$的图像，再把 $y=\sin(x-\frac{\pi}{3})$的图像的图像的横坐标缩短为原来的$\frac{1}{3}$倍，纵坐标不变，得到的 $y=\sin(3x-\frac{\pi}{3})$图像，最后把 $y=\sin(3x-\frac{\pi}{3})$的图像的纵坐标伸长为原来的 4 倍，横坐标不变，得到的 $y=4\sin(3x-\frac{\pi}{3})$图像.

【方法点拨】根据函数 $y=\sin x$ 的图像，通过平移得到正弦型函数的图像，只要根据知识要点中归纳的方法和步骤，一步一步进行即可.

【例 10】如图所示，是函数 $y=A\sin(\omega x+\varphi)$，$(-\frac{\pi}{2}<\varphi<\frac{\pi}{2})$的部分函数图像，根据图像求出该函数的解析式.

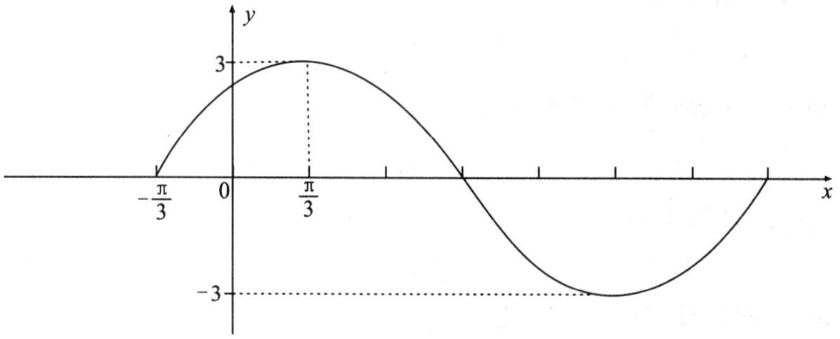

【解析】

$A=\frac{3-(-3)}{2}=3$，$T=4\times[\frac{\pi}{3}-(-\frac{\pi}{3})]=\frac{8\pi}{3}$，所以 $\omega=\frac{2\pi}{\frac{8\pi}{3}}=\frac{3}{4}$，$y=3\sin(\frac{3}{4}x+\varphi)$，

因为点$(\frac{\pi}{3},3)$在函数的图像上，

所以 $3=3\sin(\frac{3}{4}\times\frac{\pi}{3}+\varphi)$，即 $\sin(\frac{\pi}{4}+\varphi)=1$，又因为$(-\frac{\pi}{2}<\varphi<\frac{\pi}{2})$，所以 $\varphi=\frac{\pi}{4}$，所以 $y=3\sin(\frac{3}{4}x+\frac{\pi}{4})$.

【方法点拨】根据正弦型函数的部分图像求函数的解析式，一般先求出振幅 A，再求出周期 T 和 ω，最后带入一个点求出 φ.

规律方法探究

1. 转化. 在研究有关正弦型函数的有关性质时,经常将相位 $\omega x+\varphi$ 设为 X,然后运用正弦函数 $y=\sin X$ 的性质间接研究正弦型函数的性质.

2. 数形结合. 在研究三角函数的有关性质时,经常要借助其函数图像,将数形相结合,将抽象的思维转化为形象的思维,从而使问题得以简化.

配套练习

基础知识巩固

一、选择题

1. 函数 $y=\sin x$ 的周期是(　　).

A. π　　B. 2π　　C. 3π　　D. 4π

2. 函数 $y=\cos x$ 的值域为(　　).

A. $[-1,1]$　　B. $(-\infty,+\infty)$　　C. $(0,1)$　　D. $(-1,1)$

3. 已知 $a=\sin\frac{\pi}{5}$,$b=\cos\frac{\pi}{5}$,则下列结论正确的是(　　).

A. $a>b$　　B. $a<b$　　C. $a\geqslant b$　　D. $a\leqslant b$

4. 函数 $y=2\sin 3x$ 的最大值是(　　).

A. -3　　B. 3　　C. -2　　D. 2

5. 下列函数是奇函数,且周期是 π 的是(　　).

A. $y=\sin x$　　B. $y=\cos x$　　C. $y=\sin 2x$　　D. $y=\cos 2x$

6. 函数 $y=\sin x$,$x\in[0,2\pi]$的单调递减区间是(　　).

A. $\left[0,\frac{\pi}{2}\right]$　　B. $\left[\frac{\pi}{2},\frac{3\pi}{2}\right]$

C. $\left[0,\frac{\pi}{2}\right]$和$\left[\frac{3\pi}{2},2\pi\right]$　　D. $\left[\frac{3\pi}{2},2\pi\right]$

7. 函数 $y=3\sin(2x-\frac{\pi}{3})$的初相位是(　　).

A. $2x-\frac{\pi}{3}$　　B. $\frac{\pi}{3}$　　C. $-\frac{\pi}{3}$　　D. $\frac{5\pi}{3}$

8. 函数 $y=\sin x$ 取到最大值 1 时相应的 x 的取值为(　　).

A. $x=\frac{\pi}{2}+2k\pi,k\in\mathbf{Z}$　　B. $x=-\frac{\pi}{2}+2k\pi,k\in\mathbf{Z}$

C. $x=\frac{\pi}{2}+k\pi,k\in\mathbf{Z}$　　D. $x=-\frac{\pi}{2}+k\pi,k\in\mathbf{Z}$

9. 已知 $\sin x=-\frac{\sqrt{3}}{2}$，且 $x\in(-\frac{\pi}{2},\frac{\pi}{2})$，则 $x=$（　　）.

A. $\frac{\pi}{6}$　　B. $-\frac{\pi}{6}$　　C. $\frac{\pi}{3}$　　D. $-\frac{\pi}{3}$

10. 下列关于正弦函数和余弦函数的单调性判断正确的是（　　）.

A. $y=\sin x$ 在 $[0,\pi]$ 上是增函数　　B. $y=\cos x$ 在 $[0,\pi]$ 上是增函数

C. $y=\sin x$ 在 $[0,\pi]$ 上是减函数　　D. $y=\cos x$ 在 $[0,\pi]$ 上是减函数

11. 要得到函数 $y=\sin(x-\frac{\pi}{6})$ 的图像，只需将 $y=\sin x$ 的图像（　　）.

A. 向左平移 $\frac{\pi}{6}$ 个单位　　B. 向右平移 $\frac{\pi}{6}$ 个单位

C. 向左平移 $\frac{\pi}{3}$ 个单位　　D. 向右平移 $\frac{\pi}{3}$ 个单位

12. 已知函数 $y=2\sin(\omega x-\frac{\pi}{4})$，$\omega>0$ 的最小正周期为 4π，则 $\omega=$（　　）.

A. $\frac{1}{2}$　　B. $\frac{1}{4}$　　C. 2　　D. 4

二、填空题

13. 函数 $y=2-\sqrt{3}\sin 2x$ 的最大值是______.

14. 比较大小：$\sin 37^\circ$______$\sin 123^\circ$.

15. 已知 $\cos\alpha=-\frac{1}{2}$，且 $\alpha\in(0,\pi)$，则 $\alpha=$______.

16. 把函数 $y=\sin x$ 的图像向左平移 $\frac{\pi}{4}$ 个单位得到函数______的图像.

17. 点 $(\frac{\pi}{3},2)$ 在函数 $y=2\sin(2x+\varphi)$ 的图像上，且 $\varphi\in[-\frac{\pi}{2},\frac{\pi}{2}]$，则 $\varphi=$______.

三、解答题

18. 用五点法作出函数 $y=2\sin(\frac{1}{2}x-\frac{\pi}{3})$ 的一个周期的图像.

19. 函数 $y=3\sin(2x-\frac{\pi}{3})$ 的图像是由函数 $y=\sin x$ 的图像经过怎样的变换得到的.

20. 已知函数 $y=3\sin(\omega x+\frac{\pi}{4})$ 的图像上有一点 $(\frac{\pi}{8},3)$，且 $0<\omega<5$，求 ω 的值及该函数的最小正周期.

21. 求函数 $y=\sin x, x\in\left[-\frac{\pi}{4},\frac{\pi}{3}\right]$ 的值域.

22. 已知函数 $y=m-n\sin x,(n>0)$，且函数的最大值是 3，最小值是 -1，求 mn 的值.

能力强化提高

一、选择题

1. 已知 $a=\sin\frac{\pi}{12}, b=\sin(-\frac{12\pi}{11})$，则下列结论正确的是(　　).

A. $a>b$　　B. $a<b$　　C. $a\geqslant b$　　D. $a\leqslant b$

2. 下列函数是偶函数,且周期是 4π 的是(　　).

A. $y=\sin 2x$　　B. $y=\cos 2x$

C. $y=\sin\frac{1}{2}x$　　D. $y=\cos\frac{1}{2}x$

3. 函数 $y=2\sin 2x$ 取到最大值 2 时相应的 x 的取值为(　　).

A. $x=\frac{\pi}{4}+k\pi,k\in\mathbf{Z}$　　B. $x=\frac{\pi}{4}+2k\pi,k\in\mathbf{Z}$

C. $x=\frac{\pi}{2}+k\pi,k\in\mathbf{Z}$　　D. $x=\frac{\pi}{2}+2k\pi,k\in\mathbf{Z}$

4. 要得到函数 $y=\sin(2x+\frac{\pi}{6})$的图像,只需将 $y=\sin 2x$ 的图像(　　).

A. 向左平移$\frac{\pi}{6}$个单位　　B. 向右平移$\frac{\pi}{6}$个单位

C. 向左平移$\frac{\pi}{12}$个单位　　D. 向右平移$\frac{\pi}{12}$个单位

5. 已知 $\sin x=-\frac{1}{2}$,且 $x\in(0,2\pi)$,则 $x=$ (　　).

A. $\frac{\pi}{6}$　　B. $\frac{7\pi}{6}$

C. $\frac{11\pi}{6}$　　D. $\frac{7\pi}{6}$或$\frac{11\pi}{6}$

6. 已知函数 $f(x)=2\sin(2x-\frac{\pi}{6})$,则 $f(\pi)$的值是 (　　).

A. -1　　B. 1　　C. 2　　D. -2

7. 在$[0,2\pi]$内,满足 $\sin x\geqslant\frac{\sqrt{3}}{2}$的 x 范围是 (　　).

A. $[0,\frac{\pi}{3}]$　　B. $[\frac{\pi}{3},\frac{2\pi}{3}]$

C. $[\frac{\pi}{3},\frac{\pi}{2}]$　　D. $[\frac{2\pi}{3},\pi]$

8. 函数 $y=\sin 2x$ 的单调递增区间是(　　).

A. $[-\frac{\pi}{2}+2k\pi,\frac{\pi}{2}+2k\pi],k\in\mathbf{Z}$　　B. $[-\frac{\pi}{2}+k\pi,\frac{\pi}{2}+k\pi],k\in\mathbf{Z}$

C. $[-\frac{\pi}{4}+2k\pi,\frac{\pi}{4}+2k\pi],k\in\mathbf{Z}$　　D. $[-\frac{\pi}{4}+k\pi,\frac{\pi}{4}+k\pi],k\in\mathbf{Z}$

9. 函数 $y=3-2\sin(2x-\frac{\pi}{6})$的值域为(　　).

A. $[1,5]$　　B. $[-1,5]$　　C. $[0,3]$　　D. $[0,5]$

10. 已知函数 $y=A\sin(\omega x+\omega)$的一个最高点和一个相邻的一个最低点的横坐标相差$\frac{\pi}{2}$

个单位,则 ω 的值为(　　).

A. 1　　B. 2　　C. 3　　D. 4

11. 函数 $y=|\sin x|$ 的周期为(　　).

A. π　　B. 2π　　C. 3π　　D. 4π

二、填空题

12. 函数 $y=2\sin(\frac{2}{3}x-\frac{\pi}{6})$ 的周期是______,初相位是______.

13. 函数 $y=\cos x, x\in(-\frac{\pi}{3},\frac{\pi}{3})$ 的值域是______.

14. 把函数 $y=\sin 4x$ 的图像向左平移$\frac{\pi}{12}$个单位,可得函数______的图像.

15. 已知函数 $f(x)=\sin x$ 且 $f(\alpha)=\frac{\sqrt{5}}{5}$,则 $f(-\alpha)=$______.

三、解答题

16. 求函数 $y=5\sin(\frac{1}{2}x+\frac{\pi}{3})$ 的周期、最大值和最小值,并求出取最大值和最小值时相对应的 x 的值.

17. 求函数 $y=3\sin(3x+\frac{\pi}{4})$ 的单调区间.

18. 求函数 $y=3\sin(2x-\frac{\pi}{4})$ 在$[0,\frac{\pi}{2}]$上的值域.

19. 求函数 $y=\sqrt{\sin x-\frac{1}{2}}$ 的定义域.

20. 如下图所示，是函数 $y=A\sin(\omega x+\varphi)$，$(-\frac{\pi}{2}<\varphi<\frac{\pi}{2})$ 的部分函数图像，根据图像求出该函数的解析式.

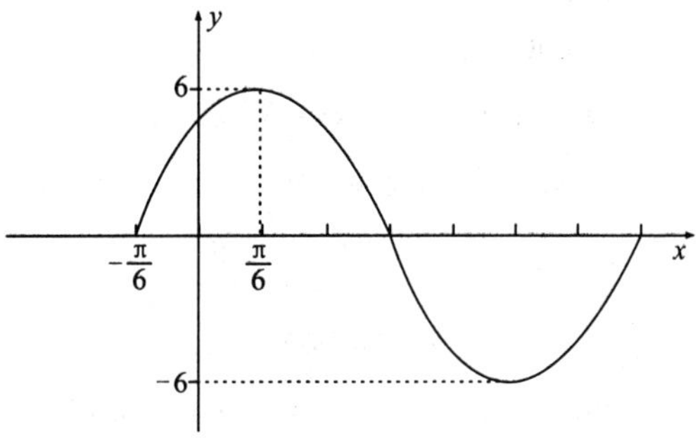

考试真题体验

1. (安徽 2012 年对口高考)函数 $y=\left|\sin(2x-\frac{\pi}{4})\right|$ 的最小正周期是(　　).

A. $\frac{\pi}{2}$　　B. π　　C. 2π　　D. 4π

2. (安徽 2013 年对口高考)函数 $y=3\sin(2x+\frac{\pi}{2})$ 的最小正周期为(　　).

A. $\frac{\pi}{2}$　　B. π　　C. 2π　　D. 4π

第3节　三角公式及其应用

名师导读

本节内容主要包括和(差)角公式、二倍角公式、辅助角公式及正、余弦定理和面积公式. 要求在理解这些公式的基础上进行计算和简单的恒等变形,并要求在此基础上利用恒等变形得到的正弦性函数研究其相关性质,要求掌握正、余弦定理并会加以简单的运用. 在本节中着重考查学生的计算能力、转化能力以及分析问题解决问题的能力.

知识要点归纳

1. 和(差)角公式

(1)两角和的三角函数公式

$\sin(\alpha+\beta)=\sin\alpha\cos\beta+\cos\alpha\sin\beta$;

$\cos(\alpha+\beta)=\cos\alpha\cos\beta-\sin\alpha\sin\beta$;

$\tan(\alpha+\beta)=\dfrac{\tan\alpha+\tan\beta}{1-\tan\alpha\tan\beta}$.

(2)两角差的三角函数公式

$\sin(\alpha-\beta)=\sin\alpha\cos\beta-\cos\alpha\sin\beta$;

$\cos(\alpha-\beta)=\cos\alpha\cos\beta+\sin\alpha\sin\beta$;

$\tan(\alpha-\beta)=\dfrac{\tan\alpha-\tan\beta}{1+\tan\alpha\tan\beta}$.

2. 二倍角公式

$\sin 2\alpha=2\sin\alpha\cos\alpha$;

$\cos 2\alpha=\cos^2\alpha-\sin^2\alpha=2\cos^2\alpha-1=1-2\sin^2\alpha$;

$\tan 2\alpha=\dfrac{2\tan\alpha}{1-\tan^2\alpha}$.

正、余弦的二倍角公式的变形公式(降幂公式)

$\sin\alpha\cos\alpha=\dfrac{1}{2}\sin 2\alpha$;

$\sin^2\alpha=\dfrac{1-\cos 2\alpha}{2}$;

$\cos^2\alpha=\dfrac{1+\cos 2\alpha}{2}$.

3. 辅助角公式

$a\sin x+b\cos x=\sqrt{a^2+b^2}\sin(x+\varphi)$,其中$\cos\varphi=\dfrac{a}{\sqrt{a^2+b^2}}$,$\sin\varphi=\dfrac{b}{\sqrt{a^2+b^2}}$.

4. 正、余弦定理

(1)正弦定理：$\frac{a}{\sin A}=\frac{b}{\sin B}=\frac{c}{\sin C}=2R$(其中 R 是$\triangle ABC$ 的外接圆的半径).

正弦定理的几个常用变形公式：

①$a=2R\sin A,b=2R\sin B,c=2R\sin C$；

②$\sin A=\frac{a}{2R},\sin B=\frac{b}{2R},\sin C=\frac{c}{2R}$；

③$a:b:c=\sin A:\sin B:\sin C$；

④$\frac{a+b+c}{\sin A+\sin B+\sin C}=\frac{a}{\sin A}=2R$.

正弦定理的作用：

①已知三角形的两角和任意一边，解三角形；

②已知三角形的两边和其中一边的对角，解三角形.

(2)余弦定理：

$a^2=b^2+c^2-2bc\cos A$；

$b^2=c^2+a^2-2ca\cos B$；

$c^2=a^2+b^2-2ab\cos C$.

余弦定理的变形公式：

$\cos A=\frac{b^2+c^2-a^2}{2bc}$；

$\cos B=\frac{a^2+c^2-b^2}{2ac}$；

$\cos C=\frac{a^2+b^2-c^2}{2ab}$.

余弦定理的作用：

①已知三角形的两边和夹角，解三角形；

②已知三角形的三边，解三角形.

5. 面积公式

$S_{\triangle ABC}=\frac{1}{2}ab\sin C=\frac{1}{2}ac\sin B=\frac{1}{2}bc\sin A$.

典型题型解析

【例 1】计算下列各题：

(1)$\sin 28^\circ\cos 32^\circ+\cos 28^\circ\sin 32^\circ$；

(2)$\sin 13^\circ\cos 17^\circ+\sin 77^\circ\sin 17^\circ$；

(3)$\frac{1+\tan 15^\circ}{1-\tan 15^\circ}$.

【解析】

(1) $\sin 28^\circ\cos 32^\circ+\cos 28^\circ\sin 32^\circ=\sin(28^\circ+32^\circ)=\sin 60^\circ=\frac{\sqrt{3}}{2}$；

(2) $\sin 13^\circ\cos 17^\circ+\sin 77^\circ\sin 17^\circ=\cos 77^\circ\cos 17^\circ+\sin 77^\circ\sin 17^\circ$

$=\cos(77^\circ-17^\circ)=\cos 60^\circ=\frac{1}{2}$；

(3) $\frac{1+\tan 15^\circ}{1-\tan 15^\circ}=\frac{\tan 45^\circ+\tan 15^\circ}{1-\tan 45^\circ\tan 15^\circ}=\tan(45^\circ+15^\circ)=\tan 60^\circ=\sqrt{3}$.

【方法点拨】此题着重考查两角和(或差)的三角函数公式，解题时要注意观察所给的计算式符合哪一个公式的结构特征，有时要将计算式进行适当的变形，使之符合公式的结构特征，如(2)、(3)两小题.

【例 2】已知 $\sin\alpha=\frac{3}{5}$，$\cos(\alpha+\beta)=\frac{12}{13}$，且 α、$\beta\in(0,\frac{\pi}{2})$，求 $\cos\beta$ 的值.

【解析】$\because \alpha\in(0,\frac{\pi}{2})$，$\therefore \cos\alpha=\sqrt{1-\sin^2\alpha}=\sqrt{1-(\frac{3}{5})^2}=\frac{4}{5}$，

$\because \alpha$、$\beta\in(0,\frac{\pi}{2})$，$\therefore \sin(\alpha+\beta)=\sqrt{1-\cos^2(\alpha+\beta)}=\sqrt{1-(\frac{12}{13})^2}=\frac{5}{13}$

$\therefore \cos\beta=\cos[(\alpha+\beta)-\alpha]=\cos(\alpha+\beta)\cos\alpha+\sin(\alpha+\beta)\sin\alpha$

$=\frac{12}{13}\times\frac{4}{5}+\frac{5}{13}\times\frac{3}{5}=\frac{63}{65}$.

【方法点拨】像这样已知两个角的三角函数值，求第三个角的三角函数值，一般要将第三个角转化为两个已知角，再使用和角或差角等公式进行计算.

【例 3】已知 $\sin\alpha+\sin\beta=\frac{1}{3}$，$\cos\alpha+\cos\beta=\frac{2}{5}$，求 $\cos(\alpha+\beta)$ 的值.

【解析】$\because \sin\alpha+\sin\beta=\frac{1}{3}$，$\therefore (\sin\alpha+\sin\beta)^2=(\frac{1}{3})^2$，

即 $\sin^2\alpha+\sin^2\beta+2\sin\alpha\sin\beta=\frac{1}{9}$①，$\because \cos\alpha+\cos\beta=\frac{2}{5}$，

$\therefore (\cos\alpha+\cos\beta)^2=(\frac{2}{5})^2$，即 $\cos^2\alpha+\cos^2\beta+2\cos\alpha\cos\beta=\frac{4}{25}$②，

$\therefore$ ①+②得，$2+2(\sin\alpha\sin\beta+\cos\alpha\cos\beta)=\frac{61}{225}$，

$\therefore \cos(\alpha-\beta)=\cos\alpha\cos\beta+\sin\alpha\sin\beta=-\frac{389}{450}$.

【方法点拨】解决此题的关键是运用完全平方式进行变换，再利用正、余弦的和角或差角公式解决问题.

【例 4】化简下列各式：

(1) $\sqrt{1+\cos 2\alpha}$，$\alpha\in(\frac{\pi}{2},\pi)$；

(2) $\sqrt{1-\sin 2\alpha}$，$\alpha\in(\frac{\pi}{2},\pi)$.

【解析】

(1) $\sqrt{1+\cos 2\alpha}=\sqrt{1+2\cos^2\alpha-1}=\sqrt{2\cos^2\alpha}=\sqrt{2}|\cos\alpha|$,

因为 $\alpha\in(\frac{\pi}{2},\pi)$,所以原式$=-\sqrt{2}\cos\alpha$;

(2) $\sqrt{1-\sin 2\alpha}=\sqrt{\sin^2\alpha-2\sin\alpha\cos\alpha+\cos^2\alpha}=\sqrt{(\sin\alpha-\cos\alpha)^2}$

$=|\sin\alpha-\cos\alpha|$,因为 $\alpha\in(\frac{\pi}{2},\pi)$,所以原式$=\sin\alpha-\cos\alpha$.

【方法点拨】有关含三角函数的二次根式的化简,一般要设法将被开方式转化为完全平方式,但开方时要特别注意符号.

【例 5】函数 $y=\sqrt{3}\sin x+\cos x$ 的最大值和周期分别为(　　).

A. 最大值为$\sqrt{3}+1$,周期为 2π　　B. 最大值为$\sqrt{3}+1$,周期为 π

C. 最大值为 2,周期为 2π　　D. 最大值为 2,周期为 π

【解析】$\because y=\sqrt{3}\sin x+\cos x=2(\frac{\sqrt{3}}{2}\sin x+\frac{1}{2}\cos x)=2\sin(x+\frac{\pi}{6})$,$\therefore y_{max}=2$,$T=2\pi$. 答案:C.

【方法点拨】形如 $y=a\sin x+b\cos x$ 的函数,一般运用辅助角公式将其转化为正弦型函数加以研究.

【例 6】已知函数 $y=\sin^2 x+2\sqrt{3}\sin x\cos x+3\cos^2 x$,求:

(1)函数的最小正周期;

(2)函数的对大值及取最大值时相应的 x 的值;

(3)函数的单调递增区间.

【解析】

$y=\sin^2 x+2\sqrt{3}\sin x\cos x+3\cos^2 x$

$=\frac{1-\cos 2x}{2}+\sqrt{3}\sin 2x+3\times\frac{1+\cos 2x}{2}$

$=\sqrt{3}\sin 2x+\cos 2x+2$

$=2\sin(2x+\frac{\pi}{6})+2$

(1) $T=\frac{2\pi}{2}=\pi$;

(2)当 $2x+\frac{\pi}{6}=\frac{\pi}{2}+2k\pi,k\in\mathbf{Z}$ 时,即 $x=\frac{\pi}{6}+k\pi,k\in\mathbf{Z}$ 时,$y_{max}=4$;

(3)由 $-\frac{\pi}{2}+2k\pi\leqslant 2x+\frac{\pi}{6}\leqslant\frac{\pi}{2}+2k\pi,k\in\mathbf{Z}$ 得,

$-\frac{\pi}{3}+k\pi\leqslant x\leqslant\frac{\pi}{6}+k\pi,k\in\mathbf{Z}$,所以函数的单调递增区间为

$[-\frac{\pi}{3}+k\pi,\frac{\pi}{6}+k\pi],k\in\mathbf{Z}$.

【方法点拨】此类问题，一般先运用降幂公式将三角函数式进行化简，再使用辅助角公式，把三角函数式转化为正弦型函数，继而研究其相关性质.

【例 7】在△ABC 中 $a=\sqrt{3}$，$b=\sqrt{2}$，$A=60°$，求 B、C、c.

【解析】

由正弦定理可得，$\frac{a}{\sin A}=\frac{b}{\sin B}$，∴$\sin B=\frac{b\sin A}{a}=\frac{\sqrt{2}\sin 60°}{\sqrt{3}}=\frac{\sqrt{2}}{2}$，∴$B=45°$或 $B=135°$，∵$a>b$，∴$A>B$，∴$B=45°$，∴$C=75°$，

$$\therefore c=\frac{a\sin C}{\sin A}=\frac{\sqrt{3}\times\frac{\sqrt{6}+\sqrt{2}}{4}}{\frac{\sqrt{3}}{2}}=\frac{\sqrt{6}+\sqrt{2}}{2}.$$

【方法点拨】已知三角形的两边和其中一边的对角解三角形的问题，要注意运用大边对大角对所求的值进行检验，也要注意对特殊角的三角函数值的记忆.

【例 8】已知在△ABC 中，$a=8$，$b=10$，$c=14$，求：

(1)$\cos C$；　　　　(2)$S_{\triangle ABC}$.

【解析】

(1)$\cos C=\frac{a^2+b^2-c^2}{2ab}=\frac{8^2+10^2-14^2}{2\times8\times10}=-\frac{1}{5}$；

(2)由(1)可得 $\sin C=\sqrt{1-\cos^2 C}=\sqrt{1-\left(-\frac{1}{5}\right)^2}=\frac{2\sqrt{6}}{5}$，

$$\therefore S_{\triangle ABC}=\frac{1}{2}ab\sin C=\frac{1}{2}\times8\times10\times\frac{2\sqrt{6}}{5}=16\sqrt{6}.$$

【方法点拨】已知三边，可以根据余弦定理求出一个角的余弦值，再根据余弦值求出正弦值，再利用三角形面积公式就可以计算三角形的面积，值得注意的是，由于三角形中的角的范围是(0°，180°)，所以正弦值都为正值.

【例 9】如图，设 A，B 两点在河的两岸，一测量者在 A 的同侧，在 A 所在的河岸边选定一点 C，测出 AC 的距离为 50m，$\angle ACB=45°$，$\angle CAB=105°$后，就可以计算出 A，B 两点的距离为(　　).

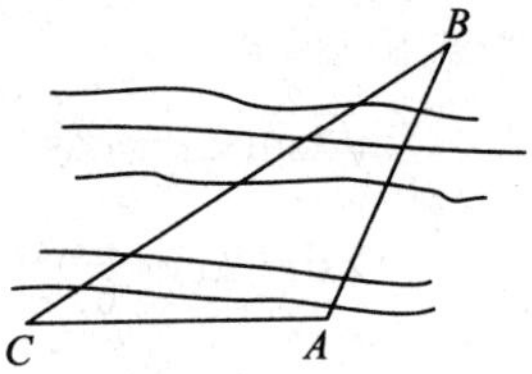

A. $50\sqrt{2}$m　　　B. $50\sqrt{3}$m

C. $25\sqrt{2}$m　　　D. $\frac{25\sqrt{2}}{2}$m

【解析】

在△ABC 中，$AC=50$，$\angle ACB=45°$，$\angle CAB=105°$，∴$\angle ABC=30°$，

由正弦定理得，$\frac{AB}{\sin\angle ACB}=\frac{AC}{\sin\angle ABC}$，

∴$AB=\frac{AC\sin\angle ACB}{\sin\angle ABC}=\frac{50\sin 45°}{\sin 30°}=50\sqrt{2}$m. 答案：A.

【方法点拨】正、余弦定理的实际应用问题的关键是根据题意画出图形，然后数形相

结合，利用定理进行计算.

规律方法探究

1. 转化. 在研究有关三角函数式的化简、计算和性质等问题时，往往要求较灵活的运用各公式进行转化，使问题得以简化.

2. 数形结合. 在解决正余弦定理的实际应用的问题时，经常要根据题意画出图形，再把数形相结合，从而使问题得以简化.

配套练习

基础知识巩固

一、选择题

1. $\sin 27°\cdot\cos 63°+\cos 27°\cdot\sin 63°=$（　　）.

A. 0　　B. 1　　C. $\frac{\sqrt{2}}{2}$　　D. -1

2. $\sin 15°\cos 15°=$（　　）.

A. $\frac{1}{4}$　　B. $\frac{1}{2}$　　C. $\frac{\sqrt{3}}{4}$　　D. $\frac{\sqrt{3}}{2}$

3. $\cos(\alpha+\beta)\cos\alpha+\sin(\alpha+\beta)\sin\alpha$ 化简的结果为（　　）.

A. $\cos\alpha$　　B. $\cos\beta$　　C. $\cos 2\alpha$　　D. $\cos 2\beta$

4. $\sin 53°\cos 23°-\sin 37°\sin 23°=$（　　）.

A. -1　　B. $\frac{\sqrt{2}}{2}$　　C. $\frac{1}{2}$　　D. $\frac{\sqrt{3}}{2}$

5. $\frac{\tan 67°-\tan 37°}{1+\tan 67°\tan 37°}=$（　　）.

A. $-\sqrt{3}$　　B. $\sqrt{3}$　　C. $-\frac{\sqrt{3}}{3}$　　D. $\frac{\sqrt{3}}{3}$

6. $\cos^2\frac{\pi}{12}-\sin^2\frac{\pi}{12}=$（　　）.

A. $\frac{1}{2}$　　B. $\frac{\sqrt{3}}{2}$　　C. 1　　D. 0

7. 已知 $\tan\alpha=2$，则 $\tan 2\alpha=$（　　）.

A. $-\frac{4}{3}$　　B. $\frac{4}{3}$　　C. 1　　D. 4

8. 已知 $\sin x+\cos x=\frac{1}{2}$，则 $\sin 2x=$（　　）.

A. 1　　B. $\frac{1}{4}$　　C. $-\frac{3}{4}$　　D. $-\frac{3}{8}$

9. 函数 $y=\sqrt{3}\sin 2x+\cos 2x$ 的最大值为（　　）.

A. $\sqrt{3}+1$　　B. $2\sqrt{3}$　　C. 1　　D. 2

10. 已知在△ABC 中，$a=1$，$b=\sqrt{3}$，$A=30°$，则 $B=$（　　）.

A. 60°　　B. 90°　　C. 120°　　D. 60°或 120°

11. 已知在△ABC 中，$A:B:C=1:2:3$，则 $a:b:c=$（　　）.

A. $1:2:3$　　B. $3:2:1$　　C. $1:\sqrt{3}:2$　　D. $2:\sqrt{3}:1$

12. 已知在△ABC 中，$a=3$，$b=4$，$C=120°$，则 $S_{\triangle ABC}=$（　　）.

A. 3　　B. 6　　C. $3\sqrt{3}$　　D. $6\sqrt{3}$

13. △ABC 中，$a=2$，$b=1$，$c=\sqrt{3}$，则 $C=$（　　）.

A. $\frac{\pi}{2}$　　B. $\frac{\pi}{3}$　　C. $\frac{\pi}{4}$　　D. $\frac{\pi}{6}$

二、填空题

14. $\sin 115°\cos 25°-\cos 115°\sin 25°=$______.

15. 已知在△ABC 中，$a:b:c=1:\sqrt{3}:\sqrt{6}$，则最大角的余弦值是______.

16. 已知 A、B 两地之间的距离为 5km，B、C 两地之间的距离为 10km，测得∠$ABC=60°$，则 A、C 两地之间的距离为______.

17. 如果点 M 在点 N 的南偏东 30°方向上，则点 N 在点 M 的______方向上.

三、解答题

18. 已知 $\sin\alpha=\frac{2}{3}$，$\cos\beta=-\frac{1}{4}$，α、$\beta\in(\frac{\pi}{2},\pi)$，求 $\sin(\alpha-\beta)$的值.

19. 已知 $\sin\alpha+\cos\alpha=\frac{\sqrt{6}}{2}$，$\alpha\in(0,\frac{\pi}{4})$，求 $\sin 2\alpha$ 及角 α 的值.

20. 已知函数 $y=2\sin 2x-2\sqrt{3}\cos 2x$，求：

(1)函数的最小正周期；

(2)函数的最大值及取最大值时相应的 x 的值.

21. 已知在$\triangle ABC$中 $a=\sqrt{3}$，$b=\sqrt{2}$，$A=120^\circ$，求角 B 和边长 c 的值.

22. 一艘轮船在大海上一点 A 处观察到一灯塔 B 在南偏东 60°的方向上. 轮船以 80 海里/小时的速度，沿南偏东 45°方向航行一小时后到达 C 点，这时观察到灯塔 B 在北偏东 75°的方向上，求此时 B、C 之间的距离.

能力强化提高

一、选择题

1. $(\cos\frac{\pi}{8}+\sin\frac{\pi}{8})(\cos\frac{\pi}{8}-\sin\frac{\pi}{8})=($　　$)$.

A. $\frac{1}{2}$　　B. $\frac{\sqrt{2}}{2}$　　C. $\frac{\sqrt{3}}{2}$　　D. $-\frac{1}{2}$

2. 已知 $\sin\alpha=\frac{3}{5}$，$\alpha\in(0,\frac{\pi}{2})$，则 $\sin 2\alpha=($　　$)$.

A. $\frac{24}{25}$　　B. $-\frac{24}{25}$　　C. $\frac{12}{25}$　　D. $-\frac{12}{25}$

3. 已知 $\cos\alpha=\frac{1}{3}$，$\alpha\in(0,\frac{\pi}{2})$，则 $\tan 2\alpha=($　　$)$.

A. $2\sqrt{2}$　　B. $-2\sqrt{2}$　　C. $\frac{4\sqrt{2}}{7}$　　D. $-\frac{4\sqrt{2}}{7}$

4. 已知 $\cos\alpha=\frac{4}{5}$，$\alpha\in(0,\frac{\pi}{2})$，$\tan\beta=2$，则 $\tan(\alpha-\beta)($　　$)$.

A. $-\frac{1}{2}$　　B. $\frac{1}{2}$　　C. -2　　D. 2

5. 已知 $\sin x\cos x=\frac{1}{8}$，且 $x\in(\frac{\pi}{4},\frac{\pi}{2})$，则 $\cos x-\sin x=($　　$)$.

A. $\frac{\sqrt{3}}{2}$　　B. $-\frac{\sqrt{3}}{2}$　　C. $\frac{3}{4}$　　D. $-\frac{3}{4}$

6. $\frac{1-\tan 15^\circ}{1+\tan 15^\circ}=($　　$)$.

A. $-\sqrt{3}$　　B. $\sqrt{3}$　　C. $-\frac{\sqrt{3}}{3}$　　D. $\frac{\sqrt{3}}{3}$

7. $\tan 20^\circ+\tan 40^\circ+\sqrt{3}\tan 20^\circ\tan 40^\circ=($　　$)$.

A. $-\sqrt{3}$　　B. $-\frac{\sqrt{3}}{3}$　　C. $\sqrt{3}$　　D. $\frac{\sqrt{3}}{3}$

8. 在$\triangle ABC$中，$a=3\sqrt{3}$，$b=2$，$C=150^\circ$，则 $c=($　　$)$.

A. 49　　B. 7　　C. 13　　D. $\sqrt{13}$

9. 在$\triangle ABC$中，$a^2=b^2+bc+c^2$，则 $A=($　　$)$.

A. $\frac{\pi}{6}$　　B. $\frac{\pi}{3}$　　C. $\frac{\pi}{2}$　　D. $\frac{2\pi}{3}$

10. 在$\triangle ABC$中，$a\cos A=b\cos B$，则三角形的形状是(　　).

A. 等腰三角形　　B. 直角三角形

C. 等腰三角形或直角三角形　　D. 等腰直角三角形

二、填空题

11. 已知$\triangle ABC$的三边长分别为10、5、13，则此三角形的最大角的余弦值是______，此三角形是______三角形(填“锐角”、“钝角”、“直角”).

12. 已知$\triangle ABC$中,$\sin A:\sin B:\sin C=6:5:4$,则$\cos A=$______.

13. 已知$\alpha+\beta=\frac{\pi}{4}$,则$(1+\tan\alpha)(1+\tan\beta)=$______.

14. $2-4\sin^2\frac{\pi}{8}=$______.

三、解答题

15. 已知$\tan\alpha$和$\tan\beta$是方程$x^2-4x+2=0$的两个根,求$\tan(\alpha+\beta)$.

16. 已知$\cos(\alpha+\beta)=\frac{4}{5}$,$\cos(\alpha-\beta)=\frac{8}{17}$,且$0<\alpha<\beta<\frac{\pi}{2}$,求$\cos 2\alpha$的值.

17. 已知$\sin\alpha+\cos\beta=1$,$\cos\alpha+\sin\beta=\sqrt{2}$,求$\sin(\alpha+\beta)$的值.

18. 已知函数 $y=\sin^2 x+2\sin x\cos x+3\cos^2 x$，求：

(1)函数的最小正周期；

(2)求函数的单调递增区间；

(3)求函数的最小值及取最小值是相应的 x 的值.

19. 在$\triangle ABC$中，$a=2\sqrt{3}$，$B=45°$，$S=3+\sqrt{3}$，求 c，b，A，C.

20. 某海岛周围 38 海里有暗礁，一轮船由西向东航行，初测此岛在北偏东 60°方向，航行 30 海里后测得此岛在东北方向，若不改变航向，则此船有没有触礁的危险？

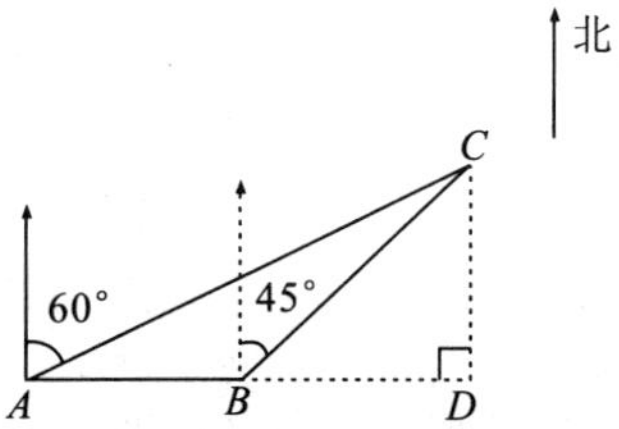

考试真题体验

1. (安徽 2011 年对口高考)函数 $y=\sin x-\sqrt{3}\cos x$ 的最小正周期是(　　).

A. $\frac{\pi}{2}$　　B. π　　C. 2π　　D. 4π

2.(安徽 2012 年对口高考)已知 $\sin\alpha=\frac{3}{5}$,$\cos\beta=\frac{\sqrt{2}}{2}$,且 α 为钝角,β 为锐角,求 $\cos(\alpha-\beta)$ 的值.

3.(安徽 2010 年对口高考)已知函数 $y=2\sin(\omega x-\frac{\pi}{3})$(其中 $\omega>0$)的最小正周期为 π.求:

(1)ω 的值;

(2) 函数的最大值及取得最大值时相应的 x 的值.

4.(安徽 2013 年对口高考)在$\triangle ABC$ 中,a,b,c 分别是角 A,B,C 的对边,已知 $B=60^\circ$,$a=1$,$b=\sqrt{3}$.

(1)求角 A 的大小;

(2)求$\triangle ABC$ 的面积.

第 6 章　数列

第 1 节　数列的概念

名师导读

数列是高中数学的重要内容之一，也是历年高考命题的热点之一；主要对学生计算能力、推理能力、综合分析问题能力进行训练，需要理解数列的概念及数列的通项公式、递推公式，能够根据通项公式写出数列中的任意一项；能够归纳猜想简单数列的通项公式，掌握 S_n 和 a_n 之间的关系.

知识要点归纳

1. 数列的相关概念

(1)数列的定义：按照一定的次序排成的一列数叫作数列，数列中的每一个数叫作数列的项，数列的第一项叫作首项，反映各项在数列中位置的数字 1，2，3，…，n，…分别叫作对应的项的项数.

(2)数列的分类：只有有限项的数列叫作有穷数列；有无限多项的数列叫作无穷数列.

(3)数列的表示：从数列的第一项开始，各项的项数依次与正整数相对应，数列的一般形式可以写作：$a_1,a_2,a_3,\cdots,a_n,\cdots(n\in \mathbf{N}^*)$，简记作 $\{a_n\}$.

2. 数列的通项公式

一个数列的第 n 项 a_n，如果能够用关于项数 n 的一个式子来表示，那么这个式子叫作这个数列的通项公式.

注意：

(1)从函数的观点看数列：一个数列的通项 a_n 是项数 n 的函数($n\in \mathbf{N}^*$). 在任意一个数列 $\{a_n\}$ 中，给定一个 n 的值都有唯一的 a_n 值与之对应.

(2)不是所有的数列都存在通项公式，若存在，通项公式也不一定唯一.

3. 数列的递推公式

如果已知数列 $\{a_n\}$ 的第 1 项(或前几项)，且从第 2 项(或某一项)开始的任一项 a_n 与

它的前一项 a_{n-1}（或前几项）的关系可以用一个公式来表示，那么这个公式叫作这个数列的递推公式.

4. 数列的前 n 项和：数列的前 n 项和通常用 S_n 表示.

对于数列 $\{a_n\}$，$S_n=a_1+a_2+a_3+\cdots+a_{n-1}+a_n(n\in\mathbf{N}^*)$.

5. a_n 与 S_n 的关系：

$$a_n=\begin{cases}S_n-S_{n-1}, & n\geqslant 2,\\ S_1, & n=1.\end{cases}$$

典型题型解析

【例 1】关于以下四个数列：

(1)1，1，1，1，…；　　(2)−1，1，−1，1，…；

(3)1，$\frac{1}{2}$，$\frac{1}{3}$，$\frac{1}{4}$，…；　　(4)5，10，15，20

下列描述正确的是（　　）.

A. (1)(2)是无穷数列，(3)(4)是有穷数列

B. (2)(3)是无穷数列，(1)(4)是有穷数列

C. (1)(2)(3)是无穷数列，(4)是有穷数列

D. (2)是无穷数列，(1)(3)(4)是有穷数列

【解析】该题旨在考查数列的分类，只有有限项的数列叫作有穷数列；有无限多项的数列叫作无穷数列. 答案：C.

【例 2】16 是数列 $\{3n+1\}$ 的第（　　）项.

A. 2　　B. 3　　C. 4　　D. 5

【解析】该题旨在考查数列的通项公式，将 16 带入通项公式 $a_n=3n+1$ 得 $3n+1=16$ 解得 n 值即 16 所对应的项数. 答案：D.

【例 3】已知数列 $-1,\frac{1}{4},-\frac{1}{9},\cdots,(-1)^n\frac{1}{n^2},\cdots$，它的第 5 项为（　　）.

A. $\frac{1}{5}$　　B. $-\frac{1}{5}$　　C. $\frac{1}{25}$　　D. $-\frac{1}{25}$

【解析】数列通项公式是高考考查的内容之一，已知数列的通项公式 $a_n=(-1)^n\frac{1}{n^2}$，则 $a_5=(-1)^5\frac{1}{5^2}=-\frac{1}{25}$. 答案：D.

【例 4】已知数列首项 $a_1=1$，且 $a_n=2a_{n-1}+1\ (n\geqslant 2)$ 则 a_5 为（　　）.

A. 7　　B. 15　　C. 30　　D. 31

【解析】如果已知数列 $\{a_n\}$ 的第 1 项（或前几项），且从第 2 项（或某一项）开始的任一项 a_n 与它的前一项 a_{n-1}（或前几项）的关系可以用一个公式来表示，那么这个公式叫作这

个数列的递推公式，已知数列的递推公式，求数列中的某一项应逐一递推，$a_2=2a_1+1$，$a_3=2a_2+1$，$a_4=2a_3+1$，$a_5=2a_4+1$. 答案：D.

【例 5】根据下列各无穷数列的前 5 项，写出数列的一个通项公式：

(1)1，3，5，7，9，…；(2)$-1,\frac{3}{2},-\frac{5}{4},\frac{7}{8},-\frac{9}{16},\cdots$；(3)2，0，2，0，2，…；

(4)0.3，0.33，0.333，0.3333，0.33333，….

【解析】(1)$1=2\times1-1,3=2\times2-1,5=2\times3-1,7=2\times4-1,9=2\times5-1$，所以通项公式是 $a_n=2n-1$；

(2)首项为负数，正负相间的数列的符号可由$(-1)^n$决定，分子是 1，3，5，7，9，…的通项为 $2n-1$，分母是 1，2，4，8，16，…的通项为 2^{n-1}，故该数列的通项公式是$a_n=(-1)^n\frac{2n-1}{2^{n-1}}$；

(3)原数列可以改写为：$1+1,1+(-1),1+1,1+(-1),1+1,\cdots$，所以数列的通项公式是 $a_n=1+(-1)^{n+1}$；

(4)数列可以改写为：$\frac{3}{9}(1-0.1),\frac{3}{9}(1-0.01),\frac{3}{9}(1-0.001),\frac{3}{9}(1-0.0001),\frac{3}{9}(1-0.00001),\cdots$，所以原数列的通项公式为 $a_n=\frac{1}{3}\left(1-\frac{1}{10^n}\right)$.

【方法点拨】数列的通项公式不是唯一的，要想写出数列的一个通项公式关键要根据已知条件，通过观察、联想、归纳和猜想出项随项数变化而变化的规律.

【例 6】已知数列$\{a_n\}$的通项公式是一次函数，且 $a_1=\frac{4}{3}$，$a_2=\frac{5}{3}$，求数列的通项公式.

【解析】根据题意可设 $a_n=kn+b$，则$\begin{cases}k+b=\frac{4}{3},\\2k+b=\frac{5}{3},\end{cases}$解得$\begin{cases}k=\frac{1}{3},\\b=1.\end{cases}$

所以数列$\{a_n\}$的通项公式是：$a_n=\frac{1}{3}n+1$.

【方法点拨】一个数列的通项 a_n 是项数 n 的函数($n\in\mathbf{N}^*$)，故可以像求函数解析式一样，利用待定系数法求解.

【例 7】已知数列$\{a_n\}$的前 n 项和 S_n，求数列的通项公式：

(1)$S_n=n^2$；(2)$S_n=4^n-1$；(3)$S_n=2n^2+n-4$.

【解析】(1)∵$n=1$ 时，$a_1=S_1=1$，

当 $n\geqslant2$ 时，$a_n=S_n-S_{n-1}=n^2-(n-1)^2=2n-1$，

经验证当 $n=1$ 时，$a_1=2\times1-1=1$，

∴$a_n=2n-1$；

(2)∵$n=1$ 时，$a_1=S_1=3$ ，

当 $n\geqslant2$ 时，$a_n=S_n-S_{n-1}=(4^n-1,)-(4^{n-1}-1)=3\times4^{n-1}$，

经验证当 $n=1$ 时，$a_1=3\times4^{1-1}=3$，

$\therefore a_n=3\cdot 4^{n-1}$;

(3) $\because n=1$ 时,$a_1=S_1=-1$,

当 $n\geqslant 2$ 时,$a_n=S_n-S_{n-1}=(2n^2+n-4)-[2(n-1)^2+(n-1)-4]=4n-1$,

经验证当 $n=1$ 时,$a_1=4\times 1-1=3\neq S_1=-1$,

$$\therefore a_n=\begin{cases}-1, & n=1,\\ 4n-1, & n\geqslant 2.\end{cases}$$

【方法点拨】此题的根据是数列的项 a_n 与前 n 项和 S_n 的关系,但是一定要注意验证首项是否满足.

【例 8】写出数列 $\frac{1}{1\times 2},\frac{1}{2\times 3},\frac{1}{3\times 4},\frac{1}{4\times 5},\cdots$ 的一个通项公式,并求出该数列的前 n 项和 S_n.

【解析】通过观察数列的前四项可知数列的一个通项公式为 $a_n=\frac{1}{n(n+1)}$,

而 $a_n=\frac{1}{n(n+1)}=\frac{1}{n}-\frac{1}{n+1}$,

$$\therefore S_n=\left(\frac{1}{1}-\frac{1}{2}\right)+\left(\frac{1}{2}-\frac{1}{3}\right)+\left(\frac{1}{3}-\frac{1}{4}\right)+\cdots+\left(\frac{1}{n}-\frac{1}{n+1}\right)=\frac{n}{n+1}.$$

【方法点拨】这个题目通过观察数列的项的特征,对项进行适当变形,从而使得一系列数量相互抵消,计算 S_n.

规律方法探究

数学思想与方法是数学学习的灵魂,而数学知识是思想方法的载体,通过对题目的分析和解决来培养思想方法

1. 归纳猜想思想. 根据数列的前几项写出数列的一个通项公式,这类题型需要同学们对数列中项的规律进行归纳,并猜想通项公式;

2. 分类讨论. 已知数列前 n 项和 S_n 求解数列的项 a_n,需要分情况讨论,而且要记得带入验证首项是否满足后面项的规律;

3. 函数思想. 数列可以利用函数的观点解决,这更利于同学们掌握数列中项与项数之间的关系.

配套练习

基础知识巩固

一、选择题

1. 在数列 $2,-8,\frac{1}{3},7,35,-24,-24,\cdots$ 中，a_2,a_4 分别为(　　).

A. 8,7　　B. 7,−8　　C. −8,7　　D. 8,−7

2. 在数列 1,3,5,7,9,…中，第 7 项是(　　).

A. 10　　B. 11　　C. 12　　D. 13

3. 数列 1,4,9,16,25,…的一个通项公式是 $a_n=$(　　).

A. n^2　　B. $(n-1)^2$

C. n^2-1　　D. $(n+1)^2$

4. 数列 $\left\{\frac{2n-1}{2^n}\right\}$ 的第 5 项为(　　).

A. $\frac{1}{2}$　　B. $\frac{1}{4}$　　C. $\frac{9}{32}$　　D. $\frac{11}{64}$

5. 数列 $\{\cos n\pi\}$ 的前 3 项分别为(　　).

A. 1,−1,1　　B. −1,1,−1

C. 1,1,1　　D. −1,−1,−1

6. 以下四个数中，是数列 $\{n^2\}$ 中的一项的是(　　).

A. 5　　B. 8　　C. 12　　D. 16

7. 已知数列 $\{a_n\}$ 的通项公式是 $a_n=\begin{cases}1, & n=1,\\ 2n+3, & n\geqslant 2,\end{cases}$ 则 $S_3=$(　　).

A. 5　　B. 8　　C. 12　　D. 17

8. 数列 $\{a_n\}$ 的通项公式是 $a_n=n^2-n-20$，则 22 是数列的第(　　)项.

A. 5　　B. 6　　C. 7　　D. 8

9. 在数列 $\sqrt{5},3,\sqrt{13},\sqrt{17},\cdots$ 中，$3\sqrt{5}$ 是数列的第(　　)项.

A. 9　　B. 10　　C. 11　　D. 12

10. 数列 $\{a_n\}$ 满足 $a_1=2,a_{n+1}=3a_n-2$，则 $a_4=$(　　).

A. 28　　B. 25　　C. 2　　D. −2

11. 数列 $\{a_n\}$ 中 $a_1=\frac{1}{2},a_{n+1}=a_n-2,a_5=$ (　　).

A. $-\frac{1}{2}$　　B. 1　　C. $\frac{3}{2}$　　D. $-\frac{15}{2}$

12. 数列$\{a_n\}$的前n项和$S_n=2n^2+2n$，则通项$a_n=$(　　).

A. $4n$　　B. $3n$　　C. $2n$　　D. n

二、填空题

13. 数列$-\frac{1}{3},\frac{1}{6},-\frac{1}{9},\frac{1}{12},\cdots$的一个通项公式为$a_n=$______.

14. 数列$a_{21},a_{22},a_{23},\cdots,a_{38}$共有______项.

15. 数列$\left\{\sin\frac{n\pi}{2}\right\}$的前4项分别为______.

16. 数列$\{a_n\}$中满足$a_1=2,a_{n+1}=2a_n$，则数列的前5项分别为______.

三、解答题

17. 已知数列$\{a_n\}$通项公式$a_n=(-1)^n\cdot\frac{n}{3}$，写出数列的前四项.

18. 写出下列数列的一个通项公式：

(1)2，2，2，2，…；(2)$\frac{1}{2},\frac{3}{4},\frac{5}{6},\frac{7}{8},\cdots$；(3)$-3,0,3,6,9,\cdots$.

19. 判断12与23是否为数列$\{4n+3\}$中的项；如果是，请指出是第几项.

20. 在数列$\{a_n\}$中，已知$a_5=0$，$a_{10}=10$且通项a_n是项数n的一次函数，求数列$\{a_n\}$的通项公式.

21. 已知数列$\{a_n\}$的前n项和$S_n=2^n+1$，$n\in\mathbf{N}^*$求S_3，S_4，并求出a_4.

22. 已知数列$\{a_n\}$的通项公式为$a_n=\begin{cases}3n+1, & n\text{为奇数},\\ 2n-2, & n\text{为偶数},\end{cases}$求$a_3\cdot a_4$的值.

23. 在数列$\{a_n\}$中，$a_1=1$，$a_{n+1}=\dfrac{a_n}{2a_n+1}$，$n\in\mathbf{N}^*$，求数列的前四项.

能力强化提高

一、选择题

1. 下列结论

①数列分为有穷数列和无穷数列;

②数列都有通项公式;

③数列的通项公式都是唯一的;

④数列若用图像表示,(n,a_n)是一群孤立的点.

其中正确的是(　　).

A. ①②③　　B. ①②③④　　C. ①④　　D. ①③④

2. 数列 0,1,0,1,0,1,…的一个通项公式是(　　).

A. $a_n=\frac{1-(-1)^{n-1}}{2}$　　B. $a_n=\frac{1-(-1)^n}{2}$

C. $a_n=\frac{1+(-1)^{n-1}}{2}$　　D. $a_n=\frac{-1-(-1)^n}{2}$

3. 已知数列$\{a_n\}$的通项公式是$a_n=n^2$,则$a_{2n}=$(　　).

A. n^2　　B. $4n^2$　　C. n^2-1　　D. $(n+1)^2$

4. 数列$\left\{1+\log_2\left(\frac{1}{2}\right)^n\right\}$的前 3 项分别为(　　).

A. 0,-1,-2　　B. 0,1,2　　C. 2,1,0　　D. -2,-1,0

5. 数列 1,3,7,15,31,…的一个通项公式是$a_n=$(　　).

A. 2^n　　B. 2^n-1　　C. 2^{n-1}　　D. 2^n+1

6. 在数列$\{a_n\}$中,$a_1=\frac{1}{3}$,$a_n=(-1)^n\cdot 2a_{n-1}(n\geqslant 2)$,则$a_5=$(　　).

A. $-\frac{8}{3}$　　B. $\frac{16}{3}$　　C. $-\frac{16}{3}$　　D. $\frac{8}{3}$

7. 在数列$\{a_n\}$中,$a_1=1$,$a_n-a_{n-1}=\frac{1}{n(n-1)}(n\geqslant 2)$,则$a_n=$(　　).

A. $\frac{1}{n(n-1)}$　　B. $\frac{1}{2n}$

C. $\frac{n-1}{n}$　　D. $\frac{2n-1}{n}$

8. 在数列$\{a_n\}$中,$a_1=\frac{1}{3}$,$a_n=\frac{1}{3}a_{n-1}(n\geqslant 2)$,则$a_n=$(　　).

A. $\left(\frac{1}{3}\right)^n$　　B. $\left(\frac{1}{3}\right)^{n-1}$　　C. $\left(\frac{1}{3}\right)^{n+1}$　　D. $\frac{1}{3}$

9. 在数列 1,2,3,5,x,13,21 中,x 的值为(　　).

A. 6　　B. 7　　C. 8　　D. 9

10. 已知数列$\{a_n\}$前 n 项和$S_n=2(2^n+1)$,则$a_5=$(　　).

A. 32　　B. 20　　C. 18　　D. 0

二、填空题

11. 数列 10,11,10,11,10,…的一个通项公式为 $a_n=$______.

12. 数列$\{a_n\}$中 $a_1=1$,对于所有的 $n\geqslant 2$ 且 $n\in\mathbf{N}^*$ 都有 $a_1a_2\cdots a_n=n^2$,则 $a_3=$______.

13. 在数列$\{a_n\}$中,已知 $a_1=1,a_2=2,a_{n+2}=a_{n+1}+a_n$,则 $a_4=$______.

14. 在数列$\{a_n\}$中,已知通项公式 $a_n=-2n^2+28n+3$,则第______项最大,最大值是______.

三、解答题

15. 写出下列数列的一个通项公式:

(1)$1,\sqrt{2},\sqrt{3},2,\sqrt{5},\cdots$;(2)$1\frac{1}{2},2\frac{1}{3},3\frac{1}{4},4\frac{1}{5},\cdots$;

(3)4,44,444,4444,….

16. 已知数列$\{a_n\}$中,$a_1=\frac{2}{3},a_6=-1$,且 a_n 是 n 的一次函数.

(1)求数列$\{a_n\}$的通项公式;

(2)判断-3是不是数列$\{a_n\}$的项,若是数列的项,是第几项.

17. 求数列$\frac{1}{1\times3},\frac{1}{3\times5},\frac{1}{5\times7},\frac{1}{7\times9},\cdots$,求数列的前 n 项和.

18. 已知数列$\{a_n\}$的前n项和$S_n=\frac{3}{2}(3^n-1)$，$n\in\mathbf{N}^*$，求数列$\{a_n\}$的通项公式.

19. 已知数列$\{a_n\}$的前n项和$S_n=2a_n+1$，求数列的前2项.

20. 数列$\left\{\frac{1}{2}n^2-\frac{13}{2}n+20\right\}$有几项为负数，第几项的值最小，最小值是多少？

考试真题体验

1. (安徽2009年对口高考)已知数列$\{a_n\}$的前四项依次为$a_1=\frac{1}{1\times2}$，$a_2=\frac{1}{2\times3}$，$a_3=\frac{1}{3\times4}$，$a_4=\frac{1}{4\times5}$.

(1)猜想出数列$\{a_n\}$的通项公式；

(2)设数列$\{a_n\}$的前n项和为S_n，求S_n.

2. (安徽2013年对口高考)在数列$\{a_n\}$中，$a_{n+1}-a_n=2$，$a_1=1$，则$a_5=$(　　).

A. 3　　B. 5　　C. 7　　D. 9

第2节 等差数列

名师导读

等差数列是数列的重要内容,为历年高考必考内容之一,对于这部分知识,需要理解等差数列的概念,掌握等差数列的通项公式及等差数列的前 n 项和公式,能够求特殊数列的前 n 项和,掌握等差数列的应用.

知识要点归纳

1. 等差数列的概念

(1)如果一个数列从第 2 项开始,每一项与它的前一项的差都等于同一个常数,那么,这个数列叫作等差数列.

其中这个常数叫作等差数列的公差,用 d 表示.

(2)等差数列定义的符号表示:$a_{n+1}-a_n=d(n\in\mathbf{N}^*)$

2. 等差数列的通项公式

$a_n=a_1+(n-1)d,(n\in\mathbf{N}^*)$

3. 等差数列的前 n 项和 S_n 公式($n\in\mathbf{N}^*$)

(1)$S_n=\dfrac{n(a_1+a_n)}{2}$ (2)$S_n=na_1+\dfrac{n(n-1)}{2}d$

4. 等差数列的性质

(1)性质 1:如果在 a 与 b 之间插入一个数 A,使 a、A、b 成等差数列,那么 A 叫作 a 与 b 的等差中项,即“$A=\dfrac{a+b}{2}$”;

(2)性质 2:在等差数列 $\{a_n\}$ 中,若 $m+n=p+q,m,n,p,q\in\mathbf{N}^*$ 则 $a_m+a_n=a_p+a_q$;

(3)性质 3:在等差数列 $\{a_n\}$ 中,若 $d>0$,则 $\{a_n\}$ 是递增数列,若 $d<0$,则 $\{a_n\}$ 是递减数列,若 $d=0$,则 $\{a_n\}$ 是常数列;

(4)性质 4:等差数列 $\{a_n\}$ 中任意两项间的关系,$a_n=a_m+(n-m)d$,则

$d=\dfrac{a_n-a_m}{n-m}$;

5. 等差数列的判定方法:(1)定义法:$a_{n+1}-a_n=d(n\in\mathbf{N}^*)$;(2)看通项公式:$a_n=An+B(A,B$ 为常数);(3)看前 n 项和为 S_n:$S_n=An^2+Bn(A,B$ 为常数).

典型题型解析

【例 1】数列 $\{a_n\}$ 的通项公式 $a_n=2n+1$ 则此数列( ).

A. 是公差为 2 的等差数列　　B. 是公差为 1 的等差数列

C. 是公差为-2的等差数列　　　　D. 是公差为-1的等差数列

【解析】判断数列是否是等差数列的依据是等差数列的定义，$a_{n+1}-a_n=[2(n+1)+1]-(2n+1)=2$，故上述数列是公差为2的等差数列；也可直接观察通项公式形式，若通项公式满足$a_n=An+B$形式，则数列是公差为A的等差数列. 答案:A.

【例2】数列$-\frac{1}{2}$，$\frac{3}{2}$，$\frac{7}{2}$，$\frac{11}{2}$，…的一个通项公式是（　　）.

A. $\frac{2n-5}{2}$　　B. $n-\frac{5}{2}$　　C. $2n-\frac{5}{2}$　　D. $\frac{n+5}{2}$

【解析】该题旨在考查等差数列的通项公式，经观察上述数列是公差为2等差数列，则$a_n=-\frac{1}{2}+2(n-1)=2n-\frac{5}{2}$. 答案:C.

【例3】等差数列2，5，8，11，…的前100项的和为（　　）.

A. 15050　　B. 10000　　C. 100　　D. 13050

【解析】该题考查学生对等差数列的前n项和公式的掌握，已知首项为2，公差为3，则直接利用公式$S_n=n_1a+\frac{n(n-1)}{2}d$求解. 答案:A.

【例4】在等差数列$\{a_n\}$中，$a_1+a_4+a_7=-10$，$a_2+a_5+a_8=21$，则$a_3+a_6+a_9=$（　　）.

A. 0　　B. 52　　C. 73　　D. 94

【解析】观察数列项数间的关系发现$(a_2+a_5+a_8)-(a_1+a_4+a_7)=3d$且$(a_3+a_6+a_9)-(a_2+a_5+a_8)=3d$，根据这个数量关系可快速求解. 答案:B.

【例5】在等差数列$\{a_n\}$中，a_2、a_8是方程$x^2-4x-12=0$的两根，则$a_5=$（　　）.

A. 2　　B. 4　　C. -2　　D. -4

【解析】根据一元二次方程根与系数的关系可知$a_2+a_8=4$，又由等差数列的性质可知$2a_5=a_2+a_8$，则求得$a_5=2$. 答案:A.

【例6】已知数列$\{a_n\}$的前n项和为$S_n=n^2+n$，求数列的通项公式，并判断数列$\{a_n\}$是否是等差数列.

【解析】$S_n=n^2+n$，当$n=1$时，$a_1=S_1=1^2+1=2$，当$n\geqslant 2$时，$a_n=S_n-S_{n-1}=n^2+n-(n-1)^2-(n-1)=2n$，经检验当$n=1$时，$a_1=2\times 1=2$，故$a_n=2n$；

$a_n-a_{n-1}=2n-2(n-1)=2(n\geqslant 2)$，所以数列$\{a_n\}$是等差数列.

【方法点拨】这道题的关键是根据数列的前n项和S_n的公式求数列的通项公式，再根据定义判断数列是否是等差数列.

【例7】一个等差数列共有20项，各项之和为1050，首项是5，求数列的公差与第20项.

【解析】$\because S_{20}=\frac{20(a_1+a_{20})}{2}=\frac{20(5+a_{20})}{2}=1050$，解得$a_{20}=100$，又由$d=\frac{a_n-a_m}{n-m}$得，$d=\frac{a_{20}-a_1}{20-1}=\frac{100-5}{19}=5$.

【方法点拨】此题考查学生对等差数列前n项和公式的理解，等差数列前n项和公式有两个，注意根据条件的不同选择不同的公式. 这个题目可以选择公式$S_n=\frac{n(a_1+a_n)}{2}$，先求第 20 项,然后根据 $d=\frac{a_n-a_m}{n-m}$;也可以先根据公式 $S_n=na_1+\frac{n(n-1)}{2}d$ 求解 d,再利用等差数列通项公式求第 20 项.

【例 8】在等差数列 $\{a_n\}$ 中,$a_3=8$,$a_{10}=22$,求 $a_{21}+a_{22}+\cdots+a_{50}$ 的值.

【解析】$\because d=\frac{a_{10}-a_3}{10-3}=\frac{22-8}{7}=2$,且 $a_1=a_3-2d=8-2\times2=4$

$\therefore a_{21}+a_{22}+\cdots+a_{50}$

$=S_{50}-S_{20}=50\times4+\frac{50\times49}{2}\times2-\left(20\times4+\frac{20\times19}{2}\times2\right)=2190.$

【方法点拨】此题是根据等差数列的任意两项求公差 d,再求解首项,并且要善于发现所求式子的特征,然后利用等差数列前 n 项和公式求解.

规律方法探究

1. 函数思想. 公差不等于 0 的等差数列是一次函数,若用函数的思维来理解数列,能够更深刻的理解数列中项与项数的关系.

2. 方程思想. 等差数列通项公式 $a_n=a_1+(n-1)d$ 中有四个量:a_n,a_1,n,d,若已知其中的任意三个量可求另一量;等差数列前 n 项和公式 $S_n=\frac{n(a_1+a_n)}{2}$ 或 $S_n=na_1+\frac{n(n-1)}{2}d$,已知其中的任意三个量可求另一量.

配套练习

基础知识巩固

一、选择题

1. 下列各数列不是等差数列的是(　　).

A. $-1,-1,-1,-1,\cdots$　　B. $1,3,5,7,\cdots$

C. $-20,-15,-10,-5,\cdots$　　D. $0,2,3,4,\cdots$

2. 等差数列 $\frac{2}{5},1,\frac{8}{5},\cdots$ 的通项公式为 $a_n=$(　　).

A. $\frac{3n-1}{5}$　　B. $\frac{3}{5}n-1$　　C. $\frac{n-1}{5}$　　D. $n-\frac{1}{5}$

3. 等差数列 13,10,7,4…的第 20 项为(　　).

A. 34　　B. -44　　C. -34　　D. 44

4. 在等差数列 $\{a_n\}$ 中,$a_4=3$,$d=-2$,则 $a_7=$(　　).

A. -3　　B. 0　　C. 3　　D. -2

5. 在等差数列$\{a_n\}$中，$a_{50}=48$，$d=\frac{1}{2}$，则首项 $a_1=$（　　）.

A. 45　　B. 47　　C. $\frac{45}{2}$　　D. $\frac{47}{2}$

6. 在等差数列$\{a_n\}$中，$a_5=3$，$a_{10}=18$，则公差 $d=$（　　）.

A. 1　　B. 2　　C. 3　　D. 4

7. 在等差数列$\{a_n\}$中，$a_5=10$ 且 $a_1+a_2+a_3=3$，则（　　）.

A. $a_1=-2,d=3$　　B. $a_1=2,d=-3$

C. $a_1=3,d=-2$　　D. $a_1=-3,d=2$

8. 在等差数列$\{a_n\}$中，已知 $a_1+a_2=20$，$a_3+a_4=40$，则 $d=$（　　）.

A. 0　　B. 5　　C. 10　　D. 20

9. 在等差数列$\{a_n\}$中，已知 $a_1=1$，$a_{20}=39$，则 $S_{20}=$（　　）.

A. 100　　B. 200　　C. 300　　D. 400

10. 等差数列$\frac{1}{5}$，$\frac{3}{5}$，1，$\frac{7}{5}$，…的前 20 项和为（　　）.

A. 13　　B. 80　　C. 63　　D. 24

11. 等差数列 1，4，7，10，…前（　　）项和为 145.

A. 10　　B. 11　　C. 12　　D. 13

12. 在等差数列$\{a_n\}$中，已知 $a_1=-1$，$a_7=10$，则 $a_{13}=$（　　）.

A. 27　　B. 25　　C. 23　　D. 21

二、填空题

13. 等差数列 60，56，52，…中，第一个负数项是第______项.

14. 等差数列$\{a_n\}$中，$a_5+a_8=16$，$a_3=1$，则 $a_{10}=$______.

15. 等差数列$\{a_n\}$中，已知 $S_5=\frac{17}{2}$，则 $a_3=$______.

16. 已知 $m=\frac{3}{2}$，$n=\frac{7}{2}$，则 m、n 的等差中项为______.

三、解答题

17. 等差数列$\{a_n\}$中，$a_5=-5$，$a_{10}=5$，求 a_1 与 d 及通项公式.

18. 已知等差数列$\{a_n\}$的通项公式为$a_n=-2n+3$,求数列的前20项的和.

19. 设$\{a_n\}$是等差数列,$m,n,p,q\in\mathbf{N}^*$,且$m+n=p+q$,求证:
$a_m+a_n=a_p+a_q$.

20. 设$\{a_n\}$是公差为正数的等差数列,其中连续的三项的和为15,积为45,求这连续的三项.

21. 在等差数列$\{a_n\}$中,$a_{12}=-14$,$a_{18}=-20$,试判断-56是不是数列中的项,若是,是第几项?

22. 求 100 以内所有能被 3 整除的正整数的和.

能力强化提高

一、选择题

1. 下列各组数中,成等差数列的是( ).

   A. $\lg3,\lg3^2,\lg3^3$　　B. $3,3^2,3^3$

   C. $\lg3,\lg6,\lg9$　　D. $\frac{1}{3},\frac{1}{3^2},\frac{1}{3^3}$

2. 若三角形的三个内角 A、B、C 成等差数列,则 $B=$( ).

   A. $60°$　　B. $90°$　　C. $30°$　　D. $120°$

3. 若 $m,a,b,2m$ 成等差数列,则 $\frac{a}{b}=$( ).

   A. $\frac{4}{5}$　　B. $\frac{5}{4}$　　C. $\frac{3}{4}$　　D. $\frac{4}{3}$

4. 已知数列 $\{a_n\}$ 中,$a_{n+1}=a_n-\frac{3}{4}$,且 $a_1=1$,则 $a_{10}=$( ).

   A. 10　　B. -10　　C. $-\frac{23}{4}$　　D. 1

5. 在等差数列 $\{a_n\}$ 中,已知 $a_4+a_{12}=20$,则 $a_7+a_8+a_9=$( ).

   A. 20　　B. 30　　C. 40　　D. 50

6. 在等差数列 $\{a_n\}$ 中,$a_{11}+a_{12}+a_{13}=21$,$a_{12}+a_{13}+a_{14}=27$,则 $a_{13}+a_{14}+a_{15}=$( ).

   A. 35　　B. 33　　C. 41　　D. 39

7. 在等差数列 $\{a_n\}$ 中,若 $a_3+a_4+a_5+a_6+a_7=200$,则 $a_2+a_8=$( ).

   A. 20　　B. 40　　C. 60　　D. 80

8. 在等差数列 $\{a_n\}$ 中,$S_{12}=240$,则 $a_6+a_7=$( ).

   A. 20　　B. 40　　C. 60　　D. 80

9. 在数列 $\{a_n\}$ 中,若前 n 项和公式 $S_n=An^2+Bn$,则( ).

   A. 数列 $\{a_n\}$ 是等差数列　　B. 数列 $\{a_n\}$ 从第二项起是等差数列

   C. 当 $A\neq0$ 时,$\{a_n\}$ 是等差数列　　D. 无法判断

10. 若数列 $\{a_n\}$ 的前 n 项和公式 $S_n=-3n^2+n$,则通项公式为( ).

A. $a_n=-6n+5$　　B. $a_n=6n+5$

C. $a_n=-6n-5$　　D. $a_n=6n-5$

11. 在等差数列$\{a_n\}$中，若$S_{12}=8S_4$，则$\frac{a_1}{d}=$(　　).

A. $\frac{9}{10}$　　B. $\frac{10}{9}$　　C. 2　　D. $\frac{2}{3}$

12. 已知等差数列$\{a_n\}$中，a_3与a_9是方程$x^2+5x-6=0$的两根，则$S_{11}=$(　　).

A. 55　　B. $-\frac{55}{2}$　　C. -55　　D. $\frac{55}{2}$

二、填空题

13. 已知等差数列$\{a_n\}$、$\{b_n\}$的前n项和分别为S_n、T_n，且$\frac{S_n}{T_n}=\frac{2n+3}{3n-1}$，则$\frac{a_9}{b_9}=$______.

14. 若$\frac{2+4+6+\cdots+2n}{1+3+5+\cdots+(2n-1)}=\frac{116}{115}$，则$n=$______.

15. 在等差数列$\{a_n\}$中，已知$S_{13}=91$，则$a_7=$______.

16. 已知等差数列$\{a_n\}$共有80项，前5项和为34，最后5项和为116，则所有项的和为______.

三、解答题

17. 已知等差数列$\{a_n\}$的公差为正数，且$a_3\cdot a_7=-12$，$a_2+a_8=-4$，求S_{20}的值.

18. 在公差为-2的等差数列$\{a_n\}$中，$a_1+a_4+a_7+\cdots+a_{97}=100$，求$a_3+a_6+a_9+\cdots+a_{99}$的值.

19. 在等差数列$\{a_n\}$中，$S_{10}=10$，$S_{20}=80$，求S_{30}的值.

20. 已知数列$\{a_n\}$通项公式为$a_n=-3n+25$，求出它的前n项和S_n，并判断当n为何值时，S_n取得最值.

考试真题体验

1. (安徽 2008 年对口高考)已知等差数列$\{a_n\}$中，$a_2=-6$，$a_8=8$，则$a_5=$(　　).

A. -2　　B. 2　　C. -1　　D. 1

2. (安徽 2009 年对口高考)已知等差数列$\{a_n\}$的首项$a_1=3$，公差$d=2$，则$a_{10}=$(　　).

A. -15　　B. 23　　C. 21　　D. -20

3. (安徽 2013 年对口高考)数列$\{a_n\}$中，$a_{n+1}-a_n=2$，$a_1=1$，则$a_5=$(　　).

A. 3　　B. 5　　C. 7　　D. 9

4. (安徽 2010 年对口高考)若 3 是$a+1$与$a-5$的等差中项，则$a=$______.

5. (安徽 2007 年对口高考)在数列$\{a_n\}$和$\{b_n\}$中，$a_1=1$，$b_1=1$，对任意$n\in\mathbf{N}^*$，$a_{n+1}=\dfrac{a_n}{2a_n+1}$，$b_{n+1}-b_n=\dfrac{1}{a_n}$，

(1)求证：$\left\{\dfrac{1}{a_n}\right\}$是等差数列；(2)求$\{a_n\}$和$\{b_n\}$的通项公式.

6.(安徽 2011 年对口高考)在等差数列$\{a_n\}$中,$a_2=7$,$a_4=3$,

(1)求数列$\{a_n\}$的通项公式;(2)数列$\{a_n\}$的前 5 项和 S_5.

第 3 节　等比数列

名师导读

等比数列是数列的另一重要组成部分,它不仅是本章的重点内容之一,也是高中阶段培养学生逻辑推理的重要载体之一,为培养学生思维的灵活性和创造性打下坚实的基础. 主要内容有等比数列概念,等比数列通项公式,等比数列性质,等比数列前 n 项和 S_n.

知识要点归纳

1. 等比数列的概念

(1)如果一个数列从第 2 项开始,每一项与它的前一项的比都等于同一个常数,那么,这个数列叫作等比数列.

其中这个常数叫作等比数列的公比,用 q 表示.

(2)等比数列定义的符号表示:$\frac{a_{n+1}}{a_n}=q(n\in \mathbf{N}^*, a_n\neq 0)$

2. 等比数列的通项公式

$a_n=a_1q^{n-1}(n\in \mathbf{N}^*)$

3. 等比数列的前 n 项和 S_n 公式

当 $q\neq 1$ 时

(1)$S_n=\frac{a_1(1-q^n)}{1-q}$;　(2)$S_n=\frac{a_1-a_nq}{1-q}$.

当 $q=1$ 时,$S_n=na_1$.

4. 等比数列的性质

(1)性质 1:如果在 a 与 b 之间插入一个数 G,使 a、G、b 成等比数列,那么 G 叫作 a 与 b 的等比中项,即 $G^2=ab$;

由此可知同号两数有等比中项,且有两个,它们是一对相反数 $G=\pm\sqrt{ab}$;

(2)性质 2:在等比数列 $\{a_n\}$ 中,若 $m+n=p+q$,且 $m,n,p,q\in\mathbf{N}^*$,则 $a_m\cdot a_n=a_p\cdot a_q$;

(3)性质 3:等比数列 $\{a_n\}$ 中任意两项间的关系,$a_n=a_mq^{n-m}$;

5. 等比数列的判定方法:(1)定义法:$\frac{a_{n+1}}{a_n}=q(n\in\mathbf{N}^*,a_n\neq0)$;

(2)观察通项公式:$a_n=AB^n$ 其中 A、B 是非零常数.

6. 数列求和的几种典型方法:

(1)错位相减法

(2)裂项相消法

(3)拆项重组法

典型题型解析

【例 1】关于数列 $x,x,x,x,\cdots$,下列说法正确的是(　　).

A. 一定是等比数列

B. 一定不是等比数列

C. 当 $x=0$ 时,不是等比数列,当 $x\neq0$ 时,是等比数列

D. 以上说法都不对

【解析】判断数列是否是等比数列的依据是等比数列的定义,根据等比数列的定义可知等比数列中任意一项都不能为 0,所以当 $x=0$ 时,数列不是等比数列,当 $x\neq0$ 时,符合等比数列的定义 $\frac{a_{n+1}}{a_n}=1$. 答案:C.

【例 2】等比数列 16,-8,4,$\cdots$的第 8 项是(　　).

A. $\frac{1}{8}$　　B. $-\frac{1}{8}$　　C. $\frac{1}{32}$　　D. $-\frac{1}{32}$

【解析】该题旨在考查等比数列的通项公式,已知首项及公比可写出等比数列的通项公式,再根据通项公式求出任意项,$a_n=a_1q^{n-1}=16\cdot\left(-\frac{1}{2}\right)^{n-1}$,故 $a_8=16\cdot\left(-\frac{1}{2}\right)^{8-1}=-\frac{1}{8}$. 答案:B.

【例 3】在等比数列 $\{a_n\}$ 中,已知 $a_3=-2$,则该数列的前 5 项的乘积为(　　).

A. -32　　B. -16　　C. 16　　D. 32

【解析】该题考查学生对等比数列性质的理解和运用,$a_1\cdot a_2\cdot a_3\cdot a_4\cdot a_5=a_3{}^5=(-2)^5=-32$,要想利用好性质就要特别注意等比数列中的项数间的关系. 答案:A.

【例 4】在等比数列 $\{a_n\}$ 中,已知 $a_4=-2$,$a_8=-128$,则该数列的公比为(　　).

A. $\pm 2\sqrt{2}$　　B. $-2\sqrt{2}$　　C. $2\sqrt{2}$　　D. 不确定

【解析】该题考查学生对等比数列任意两项关系的理解和运用，在等比数列中可通过任意两项求解公比，$q^4=\frac{a_8}{a_4}=\frac{-128}{-2}=64$，所以 $q=\pm 2\sqrt{2}$. 答案：A.

【例 5】已知等比数列$\{a_n\}$的前 3 项的和是$-\frac{3}{5}$，前 6 项的和是$\frac{21}{5}$，求它的前 10 项的和.

【解析】$\because \begin{cases} S_3=\frac{a_1(1-q^3)}{1-q}=-\frac{3}{5}, & (1) \\ S_6=\frac{a_1(1-q^6)}{1-q}=\frac{21}{5}, & (2) \end{cases}$

$\frac{(2)}{(1)}$得：$q^3=-8$ 即 $q=-2$，代入(1)可得$\frac{a_1}{1-q}=-\frac{1}{15}$，$\therefore S_{10}=\frac{a_1(1-q^{10})}{1-q}=-\frac{1}{15}\times[1-(-2)^{10}]=\frac{341}{5}$.

【方法点拨】该题主要考查等比数列的前 n 项和公式，在解答的过程中要注意计算的技巧，可以不直接求出 a_1、q 的值，而是求出 q^3、$\frac{a_1}{1-q}$两个代数式的值，最后计算 S_{10}的值.

可以思考，还有其他方式可以解决此题.

【例 6】求数列 $1\frac{1}{2}$，$3\frac{1}{2^2}$，$5\frac{1}{2^3}$，$7\frac{1}{2^5}$，…的前 n 项和.

【解析】原数列可改写为为：$1+\frac{1}{2}$，$3+\frac{1}{2^2}$，$5+\frac{1}{2^3}$，$7+\frac{1}{2^5}$，…

$\therefore S_n=(1+\frac{1}{2})+(3+\frac{1}{2^2})+(5+\frac{1}{2^3})+(7+\frac{1}{2^5})+\cdots+(2n-1+\frac{1}{2^n})$

$=(1+3+5+\cdots+2n-1)+\left(\frac{1}{2}+\frac{1}{2^2}+\cdots+\frac{1}{2^n}\right)=\frac{n(1+2n-1)}{2}+\frac{\frac{1}{2}\left(1-\frac{1}{2^n}\right)}{1-\frac{1}{2}}=n^2-\frac{1}{2^n}+1.$

【方法点拨】此题是一个特殊数列求和问题，虽然原数列既不是等差数列又不是等比数列，但是经过观察可发现他可以转化为一个等差数列加上一个等比数列的形式，通过这种转化将未知问题转化为已知问题从而得以解决. 这种特殊数列求和的方法称为拆项重组法.

【例 7】求数列$\left\{\frac{1}{n(n+1)}\right\}$的前 n 项和.

【解析】$S_n=\frac{1}{1\times 2}+\frac{1}{2\times 3}+\frac{1}{3\times 4}+\cdots+\frac{1}{n(n+1)}$

$=\left(1-\frac{1}{2}\right)+\left(\frac{1}{2}-\frac{1}{3}\right)+\left(\frac{1}{3}-\frac{1}{4}\right)+\cdots+\left(\frac{1}{n}-\frac{1}{n+1}\right)$

$=1-\frac{1}{n+1}=\frac{n}{n+1}$

【方法点拨】观察数列的特征，对各项作出适当变形，相互抵消. 这种特殊方法称为裂项相消法.

【例 8】已知数列$\{a_n\}$的通项公式为$a_n=(n+1)\cdot 2^n$，求该数列的前n项和.

【解析】$\because S_n=2\cdot 2^1+3\cdot 2^2+4\cdot 2^3+\cdots+n\cdot 2^{n-1}+(n+1)\cdot 2^n$　　(1)

$\therefore 2S_n=2\cdot 2^2+3\cdot 2^3+4\cdot 2^4+\cdots+n\cdot 2^n+(n+1)\cdot 2^{n+1}$　　(2)

(2)－(1)可得 $S_n=-2^2-2^3-\cdots-2^n+(n+1)\cdot 2^{n+1}-2\cdot 2^1$

$$=-\frac{2^2(1-2^{n-1})}{1-2}+(n+1)\cdot 2^{n+1}-2\cdot 2^1=n\cdot 2^{n+1}$$

【方法点拨】此题运用的是错位相减法. 已知数列$\{c_n\}$中，$c_n=a_n\cdot b_n$，其中$\{a_n\}$是等差数列，$\{b_n\}$是公比不为 1 的等比数列，欲求$\{c_n\}$的前n项和，采用错位相减法. 具体做法是先列出S_n，然后将求和式子两边同时乘以等比数列的公比，再将两式相减，最后求出结果.

【例 9】小王从 2008 年开始每年年初到银行存入 2 万元钱，银行的年利率为 1.8%，假设利率保持不变，按复利计算，到 2013 年年底，问小王可以从银行取到多少钱?（精确到 0.00001万元）

【解析】从 2008 年年初开始到 2013 年年底，共经历 6 年时间，且每年存入的钱是按复利计算的，故到 2013 年年底，小王取到的钱为：

$2(1+1.8\%)^6+2(1+1.8\%)^5+2(1+1.8\%)^4+\cdots+2(1+1.8\%)^1$

$=2\cdot\dfrac{1.018(1-1.018^6)}{1-1.018}=12.77909$(万元)

答：到 2013 年年底，问小王可以从银行取到 12.77909 万元钱.

【方法点拨】复利计算的特点是：把上期末的本利和作为下一期的本金，故 2008 年年初存入的 2 万元到 2013 年年底可取 $2(1+1.8\%)^6$，依次类推从 2008 年年初开始到 2013 年年底本息和是等比数列求和问题.

规律方法探究

1. 整体思想. 在等比数列问题求解的过程中，往往公比q的次数比较高，解题较复杂，甚至解不出，若能从问题的全局出发，整体处理，常可简化问题.

2. 分类讨论的思想. 按照一定的标准将所要研究的对象分成若干种情况讨论，等比数列求和过程中一定要注意公比q的情形，q是否等于 1 要讨论.

配套练习

基础知识巩固

一、选择题

1. 下列四组数：① a,a,a,a；② $\frac{1}{2},\frac{1}{4},\frac{1}{8},\frac{1}{16}$；③lg2，lg4，lg8，lg16；④2，$-2\sqrt{2}$，4，$-4\sqrt{2}$. 其中成等比数列的个数是（　　）.

A. 1　　B. 2　　C. 3　　D. 4

2. 在等比数列$\{a_n\}$中，$a_1=-3$，$q=2$，则 $a_5=$（　　）.

A. -24　　B. 24　　C. -48　　D. 12

3. 等比数列 $1,-\frac{1}{2},\frac{1}{4},-\frac{1}{8},\cdots$的第 10 项为（　　）.

A. $-\frac{1}{256}$　　B. $-\frac{1}{512}$　　C. $-\frac{1}{1024}$　　D. $-\frac{1}{2048}$

4. 在等比数列$\{a_n\}$中，已知 $a_3=4$，$a_8=32$，则 $a_{13}=$（　　）.

A. 128　　B. 256　　C. 512　　D. 1024

5. 在等比数列$\{a_n\}$中，已知 $a_2=-\frac{1}{25}$，$a_5=-5$，则-125 是数列的第（　　）项.

A. 5　　B. 6　　C. 7　　D. 8

6. 在等比数列$\{a_n\}$中，$a_1=-2$，$a_5=-128$，则 $q=$（　　）.

A. $\pm2\sqrt{2}$　　B. $2\sqrt{2}$　　C. ±2　　D. 4

7. 在公比为 2 的等比数列$\{a_n\}$中，$\frac{a_1+a_2+a_3}{a_4+a_5+a_6}=$（　　）.

A. 2　　B. $\frac{1}{2}$　　C. $\frac{1}{4}$　　D. $\frac{1}{8}$

8. 已知 x 为 2 与 18 的等比中项，则 $x=$（　　）.

A. 6　　B. ±6　　C. 4　　D. ±4

9. 在等比数列$\{a_n\}$中，已知 $a_1\cdot a_2\cdot a_3=8$，则 $a_2=$（　　）.

A. 1　　B. -1　　C. -2　　D. 2

10. 在等比数列$\{a_n\}$中，若 $a_1+a_2=324$，$a_3+a_4=36$，则 $a_5+a_6=$（　　）.

A. $\frac{1}{4}$　　B. 1　　C. 16　　D. 4

11. 在等比数列$\{a_n\}$中，$a_6=\frac{7}{32}$，$q=\frac{1}{2}$，则 $a_3=$（　　）.

A. 1　　B. 8　　C. $\frac{7}{4}$　　D. 2

12. 某工厂年初产量为 a，产量月平均增长率为 p，则该厂年末产量为(　　).

A. $a(1+p)$　　B. $a+12p$　　C. $a(1+p)^{12}$　　D. $a(1+p)^{11}$

二、填空题

13. 等比数列$\frac{1}{9}$，$\frac{2}{9}$，$\frac{4}{9}$，…的前 10 项的和为______.

14. 在数列$\{a_n\}$中，$a_{n+1}-2a_n=0$，且 $a_1=\frac{1}{3}$，则 $a_n=$______.

15. 等比数列$\{a_n\}$中，$a_5=\frac{3}{4}$，$q=-\frac{1}{2}$，则 $S_7=$______.

16. 将 3，7，10 各加上同一个常数组成等比数列，则这个常数等于______.

三、解答题

17. 已知数列$\{a_n\}$为等比数列，且 m、n、r、$s\in\mathbf{N}^*$，$m+n=r+s$，

求证：$a_m\cdot a_n=a_r\cdot a_s$.

18. 等比数列$\{a_n\}$中，已知

(1)$a_3=2$，$a_6=-\frac{1}{4}$，求通项 a_n；

(2)$a_2=\frac{1}{3}$，$a_4=3$，求通项 a_n.

19. 已知 $\log_2 b_n=n$，试证明 $\{b_n\}$ 为等比数列.

20. 等比数列 $\{a_n\}$ 中，求 $S_n=1+3+3^2+\cdots+3^{n-1}$.

21. 等比数列 $\{a_n\}$ 中，$a_1+a_2+a_3=6$，$a_2+a_3+a_4=-3$，求数列的首项 a_1 和公比 q.

22. 小王计划贷款购买一部汽车，贷款额为 10 万元，贷款期为 5 年，年利率为 5.7%，如果 5 年后一次性还款，小王共还银行多少钱？(精确到 0.000001 万元).

能力强化提高

一、选择题

1. 等比数列$\{a_n\}$中，已知$a_5=-2$，则该数列的前9项的积为(　　).

A. 512　　B. -512　　C. 1024　　D. -1024

2. 等比数列$\{a_n\}$中，已知$a_1=-\frac{1}{3}$，前3项的和$S_3=-\frac{13}{3}$，则$q=$(　　).

A. -4或3　　B. 4或-3　　C. -3　　D. 4

3. 在等比数列$\{a_n\}$中，已知$a_1a_3+2a_2a_5+a_4a_6=25$，且各项为正数，则$a_2+a_5=$(　　).

A. 6　　B. 5　　C. 4　　D. 3

4. 在等比数列$\{a_n\}$中，$a_1=\frac{1}{4}$，$q=2$，则a_4与a_8的等比中项为(　　).

A. 2　　B. 4　　C. 8　　D. 16

5. 若等比数列$\{a_n\}$的前n项和$S_n=2^n+k$，则k的值为(　　).

A. 2　　B. -2　　C. 1　　D. -1

6. 在等比数列$\{a_n\}$中，若$a_1+a_2=3$，$a_3+a_4=6$，则$S_6=$(　　).

A. 12　　B. 21　　C. 24　　D. 18

7. 在等比数列$\{a_n\}$中，$q=2$，$S_4=\frac{1}{2}$，则$S_8=$(　　).

A. 1　　B. 8　　C. $\frac{17}{2}$　　D. 2

8. $b^2=ac$是a,b,c成等比数列的(　　).

A. 充分不必要条件　　B. 必要不充分条件

C. 充要条件　　D. 既非充分又非必要条件

9. 已知$\{a_n\}$是等差数列，$a_1=-1$，且a_3,a_4,a_6成等比数列，则公差$d=$(　　).

A. 0或1　　B. 0　　C. 1　　D. -1

10. 某工厂在2013年底制订生产计划，要在2020年底的生产总量在原有的基础上翻两番，则每年的平均增长率为(　　).

A. $2^{\frac{1}{6}}-1$　　B. $4^{\frac{1}{6}}-1$　　C. $2^{\frac{1}{7}}-1$　　D. $4^{\frac{1}{7}}-1$

二、填空题

11. 若$\{a_n\}$为等比数列，$a_2=2$，$a_7=12$，则$a_{12}=$______.

12. 已知等比数列$1,2,2^2,\cdots,2^{n-1}$，从第四项到第十项的和为______.

13. 在等比数列$\{a_n\}$中，已知a_3,a_4是方程$x^2+x-4=0$的两根，则$a_2\cdot a_5=$______.

14. 在等比数列$\{a_n\}$中，$a_5\cdot a_6\cdot a_7\cdot a_8=81$，则$a_3\cdot a_{10}=$______.

三、解答题

15. 求数列$1,x,x^2,x^3,\cdots$的前n项和.

16. 求下列式子的和：

(1)$1\frac{1}{2}+3\frac{1}{4}+5\frac{1}{8}+\cdots+15\frac{1}{2^8}$；

(2)$\frac{1}{1\times3}+\frac{1}{3\times5}+\frac{1}{5\times7}+\cdots+\frac{1}{25\times27}$.

17. 在项数为 100 的等比数列中，已知 $a_1+a_3+a_5+\cdots+a_{99}=243$，且 $q=\frac{1}{3}$，求前 100 项的和.

18. 求数列$\left\{\frac{2n-1}{2^n}\right\}$的前 n 项和.

19. 在等比数列$\{a_n\}$中，已知$S_n=48$，$S_{2n}=60$，求S_{3n}的值.

20. 已知数列满足$a_1=1$，$a_{n+1}=\frac{1}{3}a_n+1$，$n\in\mathbf{N}^*$，

(1)求证：数列$\left\{a_n-\frac{3}{2}\right\}$是等比数列；

(2)求数列$\{a_n\}$的通项公式.

考试真题体验

1. (安徽2011年对口高考)在等比数列$\{a_n\}$中，$a_1=1$，$a_3=4$，则$a_5=$(　　).

A. 8　　B. 16　　C. 32　　D. 64

2. (安徽2007年对口高考)在等比数列$\{a_n\}$中，$a_2=9$，$a_5=243$，则$\{a_n\}$的前四项和为______.

3. (安徽2008年对口高考)在数列$\{a_n\}$中，已知$a_1=2$，对于任意的$n\in\mathbf{N}^*$，$a_{n+1}=\frac{2a_n}{a_n+1}$，

(1)证明：数列$\left\{\frac{1}{a_n}-1\right\}$为等比数列；

(2)求数列$\{a_n\}$的通项公式.

4.(安徽 2009 年对口高考)已知数列$\{a_n\}$的前四项依次为$a_1=\frac{1}{1\times2}$,

$a_2=\frac{1}{2\times3}$,$a_3=\frac{1}{3\times4}$,$a_4=\frac{1}{4\times5}$.

(1)猜想出数列$\{a_n\}$的通项公式;

(2)设数列$\{a_n\}$的前n项和为S_n,求S_n.

5.(安徽 2010 年对口高考)在各项均为正数的等比数列$\{a_n\}$中,$a_1=2$,$a_2+a_3=12$,求:

(1)数列$\{a_n\}$的通项公式;(2)数列$\{a_n\}$的前n和S_n.

6.(安徽 2010 年对口高考)在等比数列$\{a_n\}$中,$a_1=1$,$a_4=8$.

(1)求数列$\{a_n\}$的通项公式;(2)求数列$\{a_n\}$的前 6 项的和S_6.

第7章　平面向量

名师导读

向量是集“数”与“形”于一身的数学概念，体现了数形结合的思想，沟通了代数、几何与三角的联系. 向量为历年的必考内容之一，主要考查学生对向量基本概念的认识和理解，掌握向量的线性运算、坐标表示及向量共线、平行及内积等知识.

知识要点归纳

1. 平面向量的基本概念

(1)向量的定义：既有大小又有方向的量叫作向量.

(2)向量的表示法：

①字母表示法：如 $\vec{a}$,$\vec{b}$,$\vec{c}$ 等；

②几何表示法：用一条有向线段表示向量，如$\overrightarrow{AB}$,$\overrightarrow{CD}$等；

③坐标表示法：在平面直角坐标系中，设向量$\overrightarrow{OA}$的起点 O 为坐标原点，终点 A 坐标为(x,y)，则(x,y)称为$\overrightarrow{OA}$的坐标，记为$\overrightarrow{OA}=(x,y)$.

注：向量既有代数特征，又有几何特征，它是数形兼备的好工具.

(3)向量的模：向量的大小(长度)叫作向量的模，$\overrightarrow{AB}$的模记作$|\overrightarrow{AB}|$.

(4)零向量：模为 0 的向量叫零向量，记作 $\vec{0}$，零向量的方向不确定.

(5)单位向量：模为 1 个单位长度的向量叫单位向量，单位向量的方向不确定.

(6)平行向量：方向相同或相反的两个非零向量叫平行向量. 任一组平行向量都可以平移到同一直线上，故又称为“共线向量”. 规定：$\vec{0}$ 与任一向量共线.

(7)相等向量：模相等且方向相同的向量叫作相等向量，若 $\vec{a}$ 与 $\vec{b}$ 相等，则记作 $\vec{a}=\vec{b}$.

注：向量不能比较大小，因为向量有方向，而方向没有大小.

(8)负向量：模相等且方向相反的两个向量叫作互为负向量，向量 $\vec{a}$ 的相反向量记作 $-\vec{a}$.

2. 向量的线性运算

(1)向量的加法

①三角形法则：已知 $\vec{a}$、$\vec{b}$，作$\overrightarrow{AB}=\vec{a}$,$\overrightarrow{BC}=\vec{b}$，则$\overrightarrow{AC}$叫作 $\vec{a}$ 与 $\vec{b}$ 的和向量，即$\overrightarrow{AC}=\overrightarrow{AB}+\overrightarrow{BC}$，如图 7-1 所示.

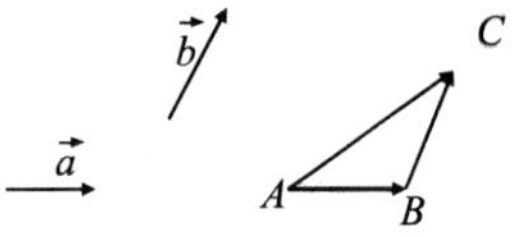

（图7-1）

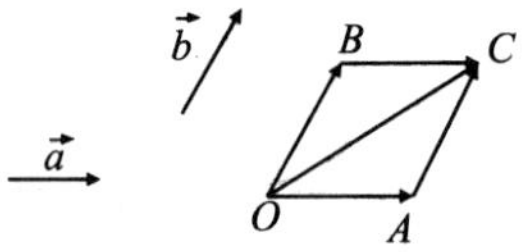

（图7-2）

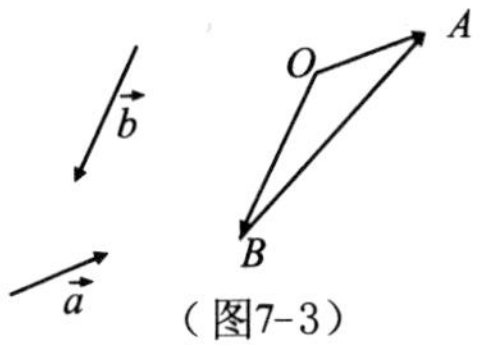

（图7-3）

②平行四边形法则：设 O 为任意一点，作 $\overrightarrow{OA}=\vec{a}$，$\overrightarrow{OB}=\vec{b}$，以 OA、OB 为邻边作平行四边形 $OACB$，则向量 $\overrightarrow{OC}$ 为 $\vec{a}$ 与 $\vec{b}$ 的和向量，如图 7-2 所示.

(2)向量的减法

三角形法则：已知向量 $\vec{a}$、$\vec{b}$，在平面内任取一点 O，作 $\overrightarrow{OA}=\vec{a}$，$\overrightarrow{OB}=\vec{b}$，则 $\overrightarrow{BA}=\overrightarrow{OA}-\overrightarrow{OB}=\vec{a}-\vec{b}$，如图 7-3 所示.

(3)数乘运算

Ⅰ.数乘的概念：实数 λ 与向量 $\vec{a}$ 的积是一个向量，记作 $\lambda\vec{a}$，$\lambda\vec{a}$ 与 $\vec{a}$ 的模与方向规定如下：

①$|\lambda\vec{a}||\lambda||\vec{a}|$；

②当 $\lambda>0$ 时，$\lambda\vec{a}$ 的方向与 $\vec{a}$ 的方向相同；当 $\lambda<0$ 时，$\lambda\vec{a}$ 的方向与 $\vec{a}$ 的方向相反；当 $\lambda=0$ 时，$\lambda\vec{a}=\vec{0}$.

Ⅱ.向量共线的充要条件：向量 $\vec{a}$ 与非零向量 $\vec{b}$ 共线的充要条件是有且只有一个实数 λ 使得 $\vec{a}=\lambda\vec{b}$.

Ⅲ.数乘的运算法则：

①$\lambda(\mu\vec{a})=(\lambda\mu)\vec{a}$；②$(\lambda+\mu)\vec{a}=\lambda\vec{a}+\mu\vec{a}$；③$\lambda(\vec{a}+\vec{b})=\lambda\vec{a}+\lambda\vec{b}$.

3. 向量的坐标运算

(1)若 $\vec{a}=(x_1,y_1)$，$\vec{b}=(x_2,y_2)$，则 $\vec{a}+\vec{b}=(x_1+x_2,y_1+y_2)$，$\vec{a}-\vec{b}=(x_1-x_2,y_1-y_2)$.

(2)设 $\vec{a}=(x_1,y_1)$，$\vec{b}=(x_2,y_2)$，若 $\vec{a}=\vec{b}$，则 $\begin{cases}x_1=x_2,\\y_1=y_2.\end{cases}$

(3)若 $\vec{a}=(x,y)$，λ 为实数，则 $\lambda\vec{a}=(\lambda x,\lambda y)$.

(4)若 $A(x_1,y_1)$，$B(x_2,y_2)$，则 $\overrightarrow{AB}=(x_2-x_1,y_2-y_1)$，

$|\overrightarrow{AB}|=\sqrt{(x_2-x_1)^2+(y_2-y_1)^2}$.

(5)若 $\vec{a}=(x_1,y_1)$，$\vec{b}=(x_2,y_2)$，则 $\vec{a}/\!/\vec{b}\Leftrightarrow x_1y_2-x_2y_1=0$；$\vec{a}\perp\vec{b}\Leftrightarrow x_1x_2+y_1y_2=0$.

4. 向量的内积及其坐标运算

(1)向量内积：$\vec{a}\cdot\vec{b}=|\vec{a}||\vec{b}|\cos\langle\vec{a},\vec{b}\rangle$（其中 $\langle\vec{a},\vec{b}\rangle$ 为 $\vec{a}$ 与 $\vec{b}$ 的夹角）.

(2)向量内积的应用：

①$\vec{a}\perp\vec{b}\Leftrightarrow\vec{a}\cdot\vec{b}=0$（垂直的判断）；

②$\vec{a}\cdot\vec{a}=|\vec{a}|^2$ 或 $|\vec{a}|=\sqrt{\vec{a}^2}$（求线段长度）；

③$\cos\langle\vec{a},\vec{b}\rangle=\dfrac{\vec{a}\cdot\vec{b}}{|\vec{a}|\cdot|\vec{b}|}$（求夹角）；

④$-|\vec{a}|\cdot|\vec{b}|\leqslant\vec{a}\cdot\vec{b}\leqslant|\vec{a}|\cdot|\vec{b}|$(求最值).

(3)向量内积的运算律：

①$\vec{a}\cdot\vec{b}=\vec{b}\cdot\vec{a}$；

②$(\lambda\vec{a})\cdot\vec{b}=\lambda(\vec{a}\cdot\vec{b})=\vec{a}\cdot(\lambda\vec{b})$；

③$(\vec{a}+\vec{b})\cdot\vec{c}=\vec{a}\cdot\vec{c}+\vec{b}\cdot\vec{c}$.

(4)向量内积的坐标表示：

设$\vec{a}=(x_1,y_1)$，$\vec{b}=(x_2,y_2)$，则

①$\vec{a}\cdot\vec{b}=x_1x_2+y_1y_2$；②$|\vec{a}|=\sqrt{{x_1}^2+{y_1}^2}$；

③$\cos<\vec{a},\vec{b}>=\dfrac{\vec{a}\cdot\vec{b}}{|\vec{a}|\cdot|\vec{b}|}=\dfrac{x_1x_2+y_1y_2}{\sqrt{{x_1}^2+{y_1}^2}\sqrt{{x_2}^2+{y_2}^2}}$.

典型题型解析

【例 1】给出下列四个命题：

(1)零向量没有方向；　　(2)单位向量的模一定相等；

(3)若$\vec{a}/\!/\vec{b}$，$\vec{b}/\!/\vec{c}$，则$\vec{a}/\!/\vec{c}$；(4)若$\vec{a}=\vec{b}$，则$\vec{a}/\!/\vec{b}$.

其中真命题的个数是(　　)

A. 1　　B. 2　　C. 3　　D. 4

【解析】零向量模长为0，方向不确定，所以(1)为假命题；单位向量的模都等于1，所以(2)为真命题；对于(3)，只要$\vec{b}=\vec{0}$，就不一定能得到$\vec{a}/\!/\vec{c}$，所以(3)为假命题；两个相等向量的方向一定相同，所以(4)为真命题，所以正确答案选B.

【方法点拨】做此类问题的关键是弄清向量的有关概念.

【例 2】如右图，$ABCD$是一个梯形，$\overrightarrow{AB}/\!/\overrightarrow{CD}$，$|\overrightarrow{AB}|=2|\overrightarrow{CD}|$，$M$，$N$分别是$\overrightarrow{DC}$，$\overrightarrow{AB}$的中点，已知$\overrightarrow{AB}=\vec{a}$，$\overrightarrow{AD}=\vec{b}$，试用$\vec{a}$、$\vec{b}$表示$\overrightarrow{DC}$，$\overrightarrow{BC}$和$\overrightarrow{MN}$.

【解析】$\because|\overrightarrow{AB}|=2|\overrightarrow{CD}|$　$\therefore\overrightarrow{AB}=2\overrightarrow{DC}$　$\therefore\overrightarrow{DC}=\frac{1}{2}\overrightarrow{AB}=\frac{1}{2}\vec{a}$

连接NC，$\overrightarrow{NC}=\overrightarrow{AD}$，

在$\triangle BCN$中，$\overrightarrow{BC}=\overrightarrow{NC}-\overrightarrow{NB}=\vec{b}-\frac{1}{2}\vec{a}$，

在$\triangle CMN$中，$\overrightarrow{MN}=\overrightarrow{MC}+\overrightarrow{CN}=\frac{1}{4}\vec{a}-\vec{b}$.

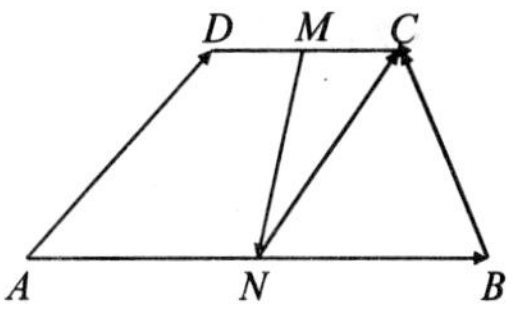

例2图

【例 3】已知向量$\vec{a}=(1,-1)$，$\vec{b}=(2,x)$，若$\vec{a}\cdot\vec{b}=1$，则$x=$(　　)

A. -1　　B. $\frac{1}{2}$　　C. $-\frac{1}{2}$　　D. 1

【解析】由$\vec{a}\cdot\vec{b}=1\times2+(-1)\times x=1$得$x=1$，故选D.

【方法点拨】本题主要考查向量的内积，若$\vec{a}=(x_1,y_1)$，$\vec{b}=(x_2,y_2)$，则$\vec{a}\cdot\vec{b}=x_1x_2+y_1y_2$.

【例 4】若向量$\vec{a}=(1,1)$，$\vec{b}=(1,-1)$，$\vec{c}=(-2,4)$，用$\vec{a}$，$\vec{b}$表示$\vec{c}=$______.

【解析】设 $\vec{c}=x\vec{a}+y\vec{b}$，则 $(-2,4)=(x+y,x-y)$，

$\therefore\begin{cases}x+y=-2,\\x-y=4,\end{cases}$ $\therefore\begin{cases}x=1,\\y=-3,\end{cases}$ $\therefore\vec{c}=\vec{a}-3\vec{b}$.

【方法点拨】本题考查向量的坐标运算和两个向量相等的条件.

【例5】若 $\overrightarrow{AB}\cdot\overrightarrow{BC}+\overrightarrow{AB}^2=0$，则 $\triangle ABC$ 必定是(　　).

A. 锐角三角形　　　　B. 直角三角形

C. 钝角三角形　　　　D. 等腰直角三角形

【解析】$\overrightarrow{AB}\cdot\overrightarrow{BC}+\overrightarrow{AB}^2=\overrightarrow{AB}\cdot(\overrightarrow{BC}+\overrightarrow{AB})=\overrightarrow{AB}\cdot\overrightarrow{AC}=0$，所以 $\overrightarrow{AB}\perp\overrightarrow{AC}$，$\therefore AB\perp AC$，$\therefore\triangle ABC$ 为直角三角形，故选 B.

【方法点拨】解此题的关键是对原等式进行变形，由两个向量垂直得到三角形的两条边垂直.

【例6】设单位向量______.

【解析】由已知可得 $2x-y=0$，又 $\vec{m}$ 为单位向量，所以 $x^2+y^2=1$，联立解得 $\begin{cases}x=\frac{\sqrt{5}}{5},\\y=\frac{2\sqrt{5}}{5}\end{cases}$ 或 $\begin{cases}x=-\frac{\sqrt{5}}{5},\\y=\frac{2\sqrt{5}}{5},\end{cases}$ 代入得 $|x+2y|=\sqrt{5}$.

【例7】若 $|\vec{a}|=4$，$|\vec{b}|=3$，$<\vec{a},\vec{b}>=120°$，则 $|\vec{a}+\vec{b}|=$(　　).

A. 37　　B. 13　　C. $\sqrt{37}$　　D. $\sqrt{13}$

【解析】$|\vec{a}+\vec{b}|=\sqrt{(\vec{a}+\vec{b})\cdot(\vec{a}+\vec{b})}=\sqrt{|\vec{a}|^2+|\vec{b}|^2+2\vec{a}\cdot\vec{b}}$

$=\sqrt{|\vec{a}|^2+|\vec{b}|^2+2|\vec{a}|\cdot|\vec{b}|\cos<\vec{a},\vec{b}>}=\sqrt{16+9-2\times4\times3\times\frac{1}{2}}=\sqrt{13}$，选 D.

【方法点拨】本题旨在考查灵活运用向量的模长公式和向量的内积公式，解决有关模的问题.

【例8】已知 $|\vec{a}|=5$，$\vec{b}=(1,2)$，且 $\vec{a}/\!/\vec{b}$，求 $\vec{a}$ 的坐标.

【解析】设 $\vec{a}=(x,y)$，$\because|\vec{a}|=5$，$\therefore x^2+y^2=25(1)$，又 $\because\vec{a}/\!/\vec{b}$，

$\therefore 2x-y=0(2)$，由(1)(2)解得 $\begin{cases}x=\sqrt{5},\\y=2\sqrt{5}\end{cases}$ 或 $\begin{cases}x=-\sqrt{5},\\y=-2\sqrt{5},\end{cases}$

$\therefore\vec{a}$ 的坐标为 $(\sqrt{5},2\sqrt{5})$ 或 $(-\sqrt{5},2\sqrt{5})$.

【方法点拨】运用模长公式和向量平行的充要条件联立方程组.

【例9】已知 $\vec{a}=(2,1)$，$\vec{b}=(1,2)$，问 t 取何值时，$|\vec{a}+t\vec{b}|$ 最小，并求出它的最小值.

【解析】$\because\vec{a}+t\vec{b}=(2,1)+t(1,2)=(2+t,1+2t)$，

$\therefore|\vec{a}+t\vec{b}|=\sqrt{(2+t)^2+(1+2t)^2}=\sqrt{5t^2+8t+5}=\sqrt{5(t^2+\frac{8}{5}t)+5}$

$=\sqrt{5\left(t+\frac{4}{5}\right)^2+\frac{9}{5}}$，$\therefore$ 当 $t=-\frac{4}{5}$ 时，$|\vec{a}+t\vec{b}|$ 的最小值为 $\frac{3\sqrt{5}}{5}$.

【方法点拨】解此题的关键是运用向量的模长公式和二次函数求最值问题.

【例 10】已知 $\vec{a}=(\sqrt{3}\sin x,m+\cos x)$,$\vec{b}=(\cos x,-m+\cos x)$,且 $f(x)=\vec{a}\cdot\vec{b}$.

(1) 求函数 $f(x)$的解析式;

(2) 当 $x\in\left[-\frac{\pi}{6},\frac{\pi}{3}\right]$时, $f(x)$的最小值是-4 ,求此时函数 $f(x)$的最大值,并求出相应的 x 的值.

【解析】(1) $f(x)=\vec{a}\cdot\vec{b}=(\sqrt{3}\sin x,m+\cos x)\cdot(\cos x-m+\cos x)$,

所以 $f(x)=\sqrt{3}\sin x\cos x+\cos^2 x-m^2$.

(2) $f(x)=\frac{\sqrt{3}\sin 2x}{2}+\frac{1+\cos 2x}{2}-m^2=\sin(2x+\frac{\pi}{6})+\frac{1}{2}-m^2$,

由 $x\in\left[-\frac{\pi}{6},\frac{\pi}{3}\right]$,$\therefore 2x+\frac{\pi}{6}\in\left[-\frac{\pi}{6},\frac{5\pi}{6}\right]$,$\therefore \sin(2x+\frac{\pi}{6})\in\left[-\frac{1}{2},1\right]$,

$\therefore -\frac{1}{2}+\frac{1}{2}-m^2=-4$,$\therefore m^2=4$,$\therefore f(x)_{\max}=1+\frac{1}{2}-4=-\frac{5}{2}$,$2x+\frac{\pi}{6}=\frac{\pi}{2}$, $x=\frac{\pi}{6}$.

【方法点拨】本题把向量与三角函数有机地结合在一起,首先利用向量的坐标运算得出 $f(x)$的解析式,然后再利用三角函数相关公式对解析式进行变形,最后根据自变量的范围求出最大值.

规律方法探究

1. 数形结合. 由于向量本身具有代数形式(有序实数对表示)和几何形式(有向线段表示)的双重特点,所以在向量知识学习的整个过程中都体现了数形结合思想.

2. 化归转化. 向量的夹角问题、向量的平行与向量的垂直方面的研究均可化归为它们的对应向量或向量坐标的运算问题.

3. 分类讨论. 如向量平行分为同向和反向;在研究 $\lambda\vec{a}$ 与 $\vec{a}$ 的关系时,要把 λ 分三种情况讨论;另外,在研究两个向量内积时也要对它们的夹角进行讨论等.

配 套 练 习

基础知识巩固

一、选择题

1. 两列火车从同一站台沿相反方向开去,走了相同的路程,设两列火车的位移向量分别为 $\vec{a}$ 和 $\vec{b}$,那么下列命题中错误的一个是(　　).

A. $\vec{a}$ 与 $\vec{b}$ 为平行向量　　B. $\vec{a}$ 与 $\vec{b}$ 为模相等的向量

C. $\vec{a}$ 与 $\vec{b}$ 为共线向量　　D. $\vec{a}$ 与 $\vec{b}$ 为相等的向量

2. 如右图，四边形 $ABCD$ 中，$\overrightarrow{AB}=\overrightarrow{DC}$，则相等的向量是（　　）.

A. $\overrightarrow{AD}=\overrightarrow{CB}$

B. $\overrightarrow{OB}=\overrightarrow{OD}$

C. $\overrightarrow{AC}=\overrightarrow{BD}$

D. $\overrightarrow{AO}=\overrightarrow{OC}$

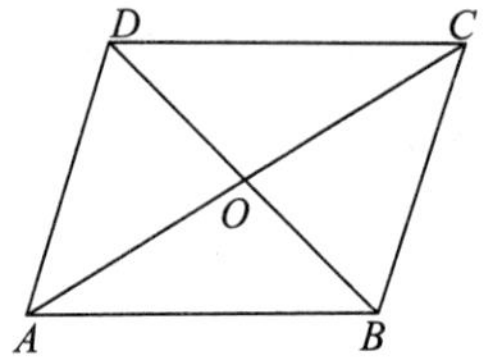

第 2 题图

3. 若向量 $\vec{a}=(x-2,3)$ 与向量 $\vec{b}=(1,y+2)$ 相等，则（　　）.

A. $x=1,y=3$　　B. $x=3,y=1$

C. $x=1,y=-5$　　D. $x=5,y=-1$

4. 已知向量 $\vec{a}=(-3,2)$，$\vec{b}=(x,-4)$，若 $\vec{a}/\!/\vec{b}$，则 $x=$（　　）.

A. 4　　B. 5　　C. 6　　D. 7

5. 下列向量中，与(3,2)垂直的向量是（　　）.

A. $(3,-2)$　　B. $(2,3)$　　C. $(-3,2)$　　D. $(-4,6)$

6. 下列命题中，正确的是（　　）.

A. $\vec{a}=\vec{b}\Rightarrow\vec{a}/\!/\vec{b}$　　B. $|\vec{a}|>|\vec{b}|\Rightarrow\vec{a}>\vec{b}$

C. $|\vec{a}|=|\vec{b}|\Rightarrow\vec{a}=\vec{b}$　　D. $\vec{a}/\!/\vec{b}\Rightarrow\vec{a}$ 与 $\vec{b}$ 同向

7. 若 $|\vec{m}|=4$，$|\vec{n}|=6$，$\vec{m}$ 与 $\vec{n}$ 的夹角是 $135°$，则 $\vec{m}\cdot\vec{n}$ 等于（　　）.

A. 12　　B. $12\sqrt{2}$　　C. $-12\sqrt{2}$　　D. -12

8. 点(−3,4)关于点 $B(-6,5)$ 的对称点是（　　）.

A. $(-3,5)$　　B. $(0,\frac{9}{2})$　　C. $(-9,6)$　　D. $(3,-\frac{1}{2})$

9. 已知向量 $\vec{a}=(3,-1)$，$\vec{b}=(-1,2)$，则 $-3\vec{a}-2\vec{b}$ 的坐标是（　　）.

A. $(7,1)$　　B. $(-7,-1)$　　C. $(-7,1)$　　D. $(7,-1)$

10. 若向量 $\vec{a}=(1,1)$，$\vec{b}=(1,-1)$，$\vec{c}=(-1,2)$，则 $\vec{c}$ 等于（　　）.

A. $-\frac{1}{2}\vec{a}+\frac{3}{2}\vec{b}$　　B. $\frac{1}{2}\vec{a}-\frac{3}{2}\vec{b}$

C. $\frac{3}{2}\vec{a}-\frac{1}{2}\vec{b}$　　D. $-\frac{3}{2}\vec{a}+\frac{1}{2}\vec{b}$

11. 若 $\vec{a}=(3,4)$，$\vec{b}=(5,12)$，则 $\vec{a}$ 与 $\vec{b}$ 的夹角的余弦值为（　　）.

A. $\frac{63}{65}$　　B. $\frac{33}{65}$　　C. $-\frac{33}{65}$　　D. $-\frac{63}{65}$

12. 有 5 个式子：(1)$\vec{0}\cdot\vec{a}=\vec{0}$；(2) $\vec{0}\cdot\vec{a}=0$；(3) $\vec{0}-\overrightarrow{AB}=\overrightarrow{BA}$；(4)$|\vec{a}\cdot\vec{b}|=|\vec{a}|\cdot|\vec{b}|$；(5)$(\vec{a}\cdot\vec{b})\cdot\vec{c}=\vec{a}\cdot(\vec{b}\cdot\vec{c})$，其中正确的个数为（　　）.

A. 4 个　　B. 3 个　　C. 2 个　　D. 1 个

二、填空题

13. 已知 $A(3,-5)$，$B(1,-7)$，则 $|\overrightarrow{AB}|=$______.

14. $\overrightarrow{AC}+\overrightarrow{DB}+\overrightarrow{CD}+\overrightarrow{BA}=$______.

15. 已知 $\vec{a}=(2,3)$，$\vec{b}=(-5,6)$，则 $|\vec{a}+\vec{b}|=$______，$|\vec{a}-\vec{b}|=$______.

16. 设 $\vec{a}=(2,9)$，$\vec{b}=(\lambda,6)$，$\vec{c}=(-1,\mu)$，若 $\vec{a}+\vec{b}=\vec{c}$，则 $\lambda=$______；$\mu=$______.

17. 已知等边△ABC 的边长为 1，则 $\overrightarrow{AB}\cdot\overrightarrow{BC}=$______.

18. 若向量 $\vec{a}=(-3,4)$，则与 $\vec{a}$ 平行的单位向量的坐标为______；与 $\vec{a}$ 垂直的单位向量的坐标为______.

19. 已知 $|\vec{a}|=5$，$|\vec{b}|=2$，$\vec{a}\cdot\vec{b}=-3$，则 $|\vec{a}-\vec{b}|=$______.

三、解答题

20. 如图所示，在平行四边形 $ABCD$ 中，对角线 AC 与 BD 交于点 O，设 $\overrightarrow{OA}=\vec{a}$，$\overrightarrow{OB}=\vec{b}$ 用 $\vec{a}$ 和 $\vec{b}$ 表示 $\overrightarrow{AB}$ 和 $\overrightarrow{AD}$.

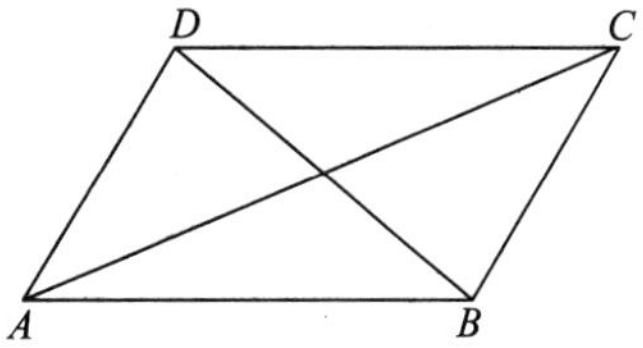

第 20 题图

21. 已知 $\vec{a}=(1,2)$，$\vec{b}=(-3,2)$，当 k 为何值时，

(1) $k\vec{a}+\vec{b}$ 与 $\vec{a}-3\vec{b}$ 垂直；

(2) $k\vec{a}+\vec{b}$ 与 $\vec{a}-3\vec{b}$ 平行，平行时它们是同向还是反向.

22. 平面向量 $\vec{a}=(3,-4)$，$\vec{b}=(2,x)$，$\vec{c}=(2,y)$，已知 $\vec{a}/\!/\vec{b}$，$\vec{a}\perp\vec{c}$，求 $\vec{b}$，$\vec{c}$ 及 $\langle\vec{b},\vec{c}\rangle$.

能力强化提高

一、选择题

1. 判断下列各命题的真假：

(1)向量$\overrightarrow{AB}$的长度与向量$\overrightarrow{BA}$的长度相等；(2)单位向量的模长一定相等；(3)两个有共同起点的而且相等的向量，其终点必相同；(4)两个有共同终点的向量，一定是共线向量；(5)向量$\overrightarrow{AB}$和向量$\overrightarrow{CD}$是共线向量，则点 A、B、C、D 必在同一条直线上；(6)有向线段就是向量，向量就是有向线段. 其中假命题的个数为(　　).

A. 2 个　　B. 3 个　　C. 4 个　　D. 5 个

2. 已知向量 $\vec{a}=(1,n)$，$\vec{b}=(-1,n)$，若 $\vec{a}$ 与 $\vec{b}$ 垂直，则 $|\vec{a}|=$(　　).

A. 1　　B. $\sqrt{2}$　　C. 2　　D. 4

3. 已知向量 $\vec{a}=(1,1)$，$\vec{b}=(1,-1)$，则向量 $\frac{1}{2}\vec{a}-\frac{3}{2}\vec{b}$ 等于(　　).

A. $(-2,-1)$　　B. $(-2,1)$　　C. $(-1,0)$　　D. $(-1,2)$

4. 在四边形 $ABCD$ 中，若$\overrightarrow{AC}=\overrightarrow{AB}+\overrightarrow{AD}$，则四边形 $ABCD$ 的形状一定是(　　).

A. 平行四边形　　B. 菱形　　C. 矩形　　D. 正方形

5. 已知 $\vec{a}=(1,-2)$，$\vec{b}=(-3,4)$，$\vec{c}=(3,2)$，则$(\vec{a}+2\vec{b})\cdot\vec{c}$－(　　).

A. $(-15,12)$　　B. 0

C. -3　　D. -11

6. 如图，$\overrightarrow{AB}=\vec{a}$，$\overrightarrow{AC}=\vec{b}$，$\overrightarrow{BD}=3\ \overrightarrow{DC}$，用 $\vec{a}$，$\vec{a}$ 表示$\overrightarrow{AD}$，则$\overrightarrow{AD}$ =(　　).

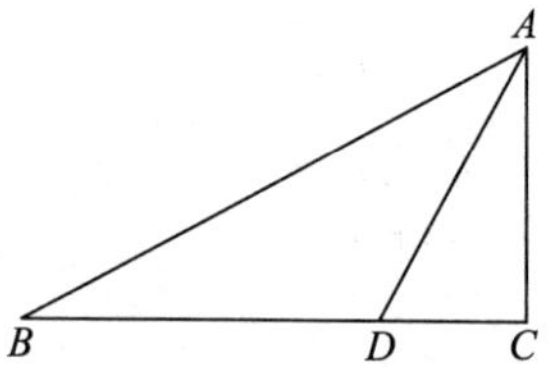

第 6 题图

A. $\vec{a}+\frac{3}{4}\vec{b}$　　B. $\frac{1}{4}\vec{a}+\frac{3}{4}\vec{b}$

C. $\frac{1}{4}\vec{a}+\frac{1}{4}\vec{b}$　　D. $\frac{3}{4}\vec{a}+\frac{1}{4}\vec{b}$

7. 已知 $\vec{a}=(3,2)$，$\vec{b}=(-6,1)$，而$(\lambda\vec{a}+\vec{b})\perp(\vec{a}-\lambda\vec{b})$，则 λ 等于(　　).

A. 1 或 2　　B. 2 或 $-\frac{1}{2}$　　C. 2　　D. 以上都不对

8. 当$|\vec{a}|=|\vec{b}|\neq0$ 且 $\vec{a}$，$\vec{b}$ 不共线时，$\vec{a}+\vec{b}$ 与 $\vec{a}-\vec{b}$ 的关系是(　　).

A. 平行　　B. 垂直　　C. 相交但不垂直　　D. 相等

9. 已知向量 $\vec{a},\vec{b}$ 反向，下列等式中成立的是(　　).

A. $|\vec{a}|-|\vec{b}|=|\vec{a}-\vec{b}|$　　B. $|\vec{a}+\vec{b}|=|\vec{a}-\vec{b}|$

C. $|\vec{a}|+|\vec{b}|=|\vec{a}-\vec{b}|$　　D. $|\vec{a}|+|\vec{b}|=|\vec{a}+\vec{b}|$

10. 已知四边形 $ABCD$ 三个顶点 $A(0,2)$，$B(-1,-2)$，$C(3,1)$ 且 $\overrightarrow{BC}=2\overrightarrow{AD}$，则顶点 D 的坐标为(　　).

A. $(2,\frac{7}{2})$　　B. $(2,-\frac{1}{2})$　　C. $(3,2)$　　D. $(1,3)$

11. 已知向量 $\vec{a}=(3,4)$，$\vec{b}=(\sin\alpha,\cos\alpha)$ 且 $\vec{a}/\!/\vec{b}$，则 $\tan\alpha=$(　　).

A. $\frac{3}{4}$　　B. $-\frac{3}{4}$　　C. $\frac{4}{3}$　　D. $-\frac{4}{3}$

12. 已知向量 $|\vec{a}|=3$，$|\vec{b}|=4$ 则 $\vec{a}\cdot\vec{b}$ 的最大值与最小值分别是(　　).

A. 6，0　　B. 6，−6　　C. 12，0　　D. 12，−12

二、填空题

13. $(\overrightarrow{AB}-\overrightarrow{CD})-(\overrightarrow{AC}-\overrightarrow{BD})=$______.

14. 已知 $\vec{a}=(3,-4)$，$\vec{a}+\vec{b}=(-2,2)$ 则 $\vec{b}=$______.

15. 已知线段 AB 的中点为 M，且 $A(1,-3)$，$M(2,1)$，则 B 点坐标为______.

16. 平面内三点 $A(2,2)$，$B(1,3)$，$C(7,x)$ 满足 $\overrightarrow{BA}\perp\overrightarrow{AC}$，则 $x=$______.

17. 已知正方形 $ABCD$ 的边长为 1，则 $|\overrightarrow{AB}+\overrightarrow{BC}+\overrightarrow{DC}+\overrightarrow{AD}|=$______.

18. 已知 $|\vec{a}|=2$，$|\vec{b}|=3$，$\vec{a},\vec{b}$ 的夹角为 $120°$，则 $|\vec{a}-\vec{b}|=$______.

三、解答题

19. 已知向量 $\vec{a}=(3,-2)\vec{b}=(4,1)$，

(1)求 $\vec{a}\cdot\vec{b}$，$|\vec{a}+\vec{b}|$；(2)求 $\vec{a}$ 与 $\vec{b}$ 的夹角的余弦值；(3)求 $3\vec{a}-2\vec{b}$ 的坐标；

(4)若 $x\vec{a}+3\vec{b}$ 与 $3\vec{a}-2\vec{b}$ 平行，求 x 的值.

20. 已知 $|\vec{a}|=4$，$|\vec{b}|=3$，$(2\vec{a}-3\vec{b})\cdot(2\vec{a}+\vec{b})=61$，

(1)求 $\vec{a}$ 与 $\vec{b}$ 的夹角；　　(2)求 $|\vec{a}+\vec{b}|$ 的值.

考试真题体验

1.(安徽2010年对口高考)已知向量$\vec{a}=(x,4)$,$\vec{b}=(2,-1)$垂直,则$x=$(　　).

A. -8　　B. 8　　C. -2　　D. 2

2.(安徽2010年对口高考)如图,已知E、F分别是$\square ABCD$的边AB、BC的中点,$\overrightarrow{AB}=\vec{a}$,$\overrightarrow{AD}=\vec{b}$,则$\overrightarrow{EF}=$(　　).

A. $\frac{1}{2}\vec{a}+\vec{b}$　　B. $\frac{1}{2}\vec{a}-\vec{b}$

C. $\frac{1}{2}(\vec{a}+\vec{b})$　　D. $\frac{1}{2}(\vec{a}-\vec{b})$

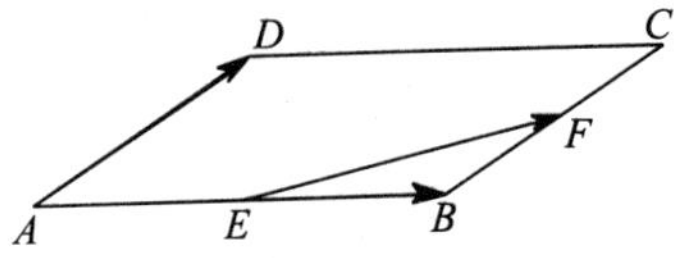

第2题图

3.(安徽2011年对口高考)已知向量$\vec{a}=(1,2)$,$\vec{b}=(x,4)$,则"$x=2$"是"$\vec{a}\parallel\vec{b}$"的(　　).

A. 充分不必要条件　　B. 必要不充分条件

C. 充要条件　　D. 既不充分也不必要条件

4.(安徽2011年对口高考)若四边形$ABCD$满足$\overrightarrow{BC}=2\overrightarrow{AD}$,则四边形$ABCD$是(　　)

A. 梯形　　B. 平行四边形　　C. 菱形　　D. 矩形

5.(安徽2011年对口高考)已知向量$\vec{a}=(1,0)$,$\vec{b}=(1,\sqrt{3})$,则$\langle\vec{a},\vec{b}\rangle=$______.

6.(安徽2012年对口高考)已知向量$\vec{a}=(1,4)$,$\vec{b}=(x,2)$,要使$\vec{a}\perp\vec{b}$,则x的值为(　　).

A. $\frac{1}{2}$　　B. $-\frac{1}{2}$　　C. 8　　D. -8

7.(安徽2012年对口高考)如果点$A(2,-8)$,$B(-1,4)$,那么向量$\frac{1}{3}\overrightarrow{AB}$的坐标为______.

8.(安徽2013年对口高考)已知$|\vec{a}|=1$,$|\vec{b}|=2$,$\vec{a}\cdot\vec{b}=\sqrt{2}$,则向量$\vec{a}$,$\vec{b}$的夹角为(　　).

A. 30°　　B. 45°　　C. 60°　　D. 90°

第 8 章　平面解析几何

第 1 节　直线和圆

名师导读

本节考查的内容主要包括直线的倾斜角和斜率的关系、斜率公式、两条直线的位置关系、直线与圆的方程及直线与圆的位置关系.

知识要点归纳

1. 两点间的距离公式

若两点坐标分别为 $P_1(x_1,y_1)$，$P_2(x_2,y_2)$，则两点间的距离公式为 $|P_1P_2|=\sqrt{(x_2-x_1)^2+(y_2-y_1)^2}$.

2. 中点坐标公式

若线段 AB 的两个端点坐标分别为 $A(x_1,y_1)$，$B(x_2,y_2)$，线段的中点坐标为 $M(x_0,y_0)$，则有：$x_0=\frac{x_1+x_2}{2}$，$y_0=\frac{y_1+y_2}{2}$.

3. 直线的倾斜角与斜率

(1)直线的倾斜角：设直线 l 与 x 轴相交于点 P，A 是 x 轴上位于点 P 右方的一点，B 是位于上半平面的 l 上的一点，则 $\angle APB$ 叫作直线 l 对 x 轴的倾斜角(如图 8-1 所示). 当直线 l 与 x 轴平行或重合时，规定直线的倾斜角为 $0°$，倾斜角的取值范围是：$0°\leqslant\alpha<180°$.

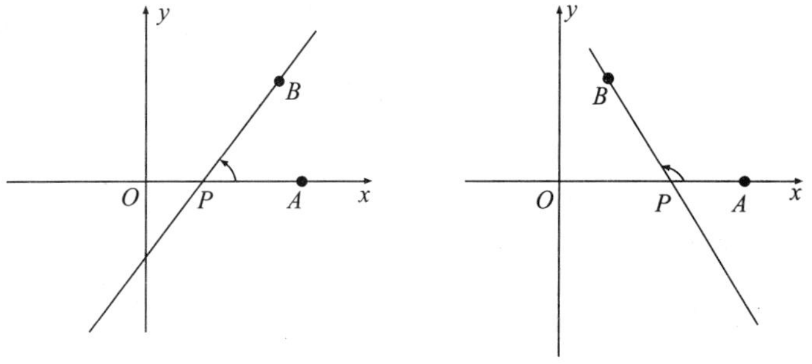

图 8-1

(2)直线的斜率：

①$k=\tan\alpha(\alpha\neq 90°)$；②$k=\frac{y_2-y_1}{x_2-x_1}\ (x_1\neq x_2)$.

注：P_1、P_2 为直线上的两点且 $P_1(x_1,y_1)$，$P_2(x_2,y_2)$.

4. 直线方程的几种形式

形式	已知条件	方程形式	备注
点斜式	直线过点 $P(x_0,y_0)$且斜率为 k	$y-y_0=k(x-x_0)$	不表示与 x 轴垂直的直线
斜截式	直线的斜率为 k，纵截距为 b	$y=kx+b$	不表示与 x 轴垂直的直线
一般式	A、B、C 为常数	$Ax+By+C=0$	A、B 不全为 0

5. 两条直线的位置关系

(1)当两条直线不平行坐标轴时：

关系	$l_1:y=k_1x+b_1$　　$l_2:y=k_2x+b_2$
平行	$k_1=k_2$ 且 $b_1\neq b_2$
重合	$k_1=k_2$ 且 $b_1=b_2$
相交	$k_1\neq k_2$
垂直	$k_1k_2=-1$

(2)当直线平行于坐标轴时，可结合图形进行判断.

(3)判断两条直线位置关系的一般步骤：

①判断两条直线的斜率是否存在，若都不存在，则平行(或重合)；若只有一个不存在，则相交；若一个不存在，一个为 0，则垂直；

②若两条直线斜率都存在，则将它们化为斜截式方程，根据上表判断.

6. 两条相交直线的交点

若直线 $l_1:A_1x+B_1y+C_1=0$ 与直线 $l_2:A_2x+B_2y+C_2=0$ 相交，则方程组 $\begin{cases}A_1x+B_1y+C_1=0,\\A_2x+B_2y+C_2=0\end{cases}$ 的解即为两直线的交点坐标.

7. 距离公式

(1)点到直线的距离公式

点 $P(x_0,y_0)$到直线 $Ax+By+C=0$ 的距离 $d=\frac{|Ax_0+By_0+C|}{\sqrt{A^2+B^2}}$.

(2)平行线间的距离公式

两条平行直线的方程分别为 $l_1: Ax+By+C_1=0$，$l_2: Ax+By+C_2=0(C_1\neq C_2)$，则 l_1 与 l_2 的距离为 $d=\dfrac{|C_1-C_2|}{\sqrt{A^2+B^2}}$，$(A^2+B^2\neq 0)$.

8. 圆的方程

(1)圆的标准方程：$(x-a)^2+(y-b)^2=r^2$，其中圆心坐标为 (a,b)，半径为 r.

(2)圆的一般方程：$x^2+y^2+Dx+Ey+F=0$，$(D^2+E^2-4F>0)$，其中圆心坐标为 $\left(-\dfrac{D}{2},-\dfrac{E}{2}\right)$，半径为 $\dfrac{1}{2}\sqrt{D^2+E^2-4F}$.

9. 直线与圆的位置关系

(1)直线与圆的位置关系有三种：相交、相切、相离.

(2)判断直线与圆的位置关系的常见方法有如下两种：

①几何法：比较圆心到直线的距离 d 和圆的半径 r 的大小关系

$d<r\Leftrightarrow$ 直线与圆相交；$d=r\Leftrightarrow$ 直线与圆相切；$d>r\Leftrightarrow$ 直线与圆相离.

②代数法：利用判别式 $\Delta=b^2-4ac$

$\Delta>0\Leftrightarrow$ 直线与圆相交；$\Delta=0\Leftrightarrow$ 直线与圆相切；$\Delta<0\Leftrightarrow$ 直线与圆相离.

典型题型解析

【例 1】求满足下列条件的直线的斜率：

(1)直线经过 $A(-2,0)$、$B(-5,3)$；

(2)直线倾斜角的正弦值为 $\dfrac{3}{5}$.

【解析】(1) $k=\dfrac{3-0}{-5-(-2)}=-1$，　即 $\tan\alpha=-1$.

(2) $\because \sin\alpha=\dfrac{3}{5}$，又 $\because \alpha\in[0°,180°)$，$\therefore \cos\alpha=\pm\sqrt{1-\sin^2\alpha}=\pm\dfrac{4}{5}$，

$\therefore \tan\alpha=\dfrac{\sin\alpha}{\cos\alpha}=\pm\dfrac{3}{4}$.

【方法点拨】直线斜率的求法通常有两种：一是已知直线上两点 $A(x_1,y_1)$、$B(x_2,y_2)$ 求斜率，则 $k=\dfrac{y_2-y_1}{x_2-x_1}(x_1\neq x_2)$；二是已知直线的倾斜角 α 求斜率，即 $k=\tan\alpha(\alpha\neq 90°)$.

【例 2】已知 $\triangle ABC$ 的三个顶点分别为 $A(2,0)$、$B(-3,2)$、$C(1,4)$，求 BC 边上中线 AD 的长度.

【解析】设 BC 中点坐标为 $D(x_0,y_0)$，则 $x_0=\dfrac{-3+1}{2}=-1$，

$y_0=\dfrac{2+4}{2}=3$，　$\therefore |AD|=\sqrt{(-1-2)^2+(3-0)^2}=3\sqrt{2}$，

$\therefore BC$ 边上中线 AD 的长度为 $3\sqrt{2}$.

【方法点拨】解决此题关键要掌握两个公式：中点坐标公式和两点间的距离公式.

【例 3】求满足下列条件的直线方程：

(1)直线经过点 $A(-1,4)$，倾斜角为$135°$；

(2)直线倾斜角的余弦值为$\frac{4}{5}$，横截距为-4.

【解析】(1)由题意可得，$k=\tan 135°=-1$，∴直线方程为：$y-4=-(x+1)$，即 $x+y-3=0$.

(2)设所求直线方程为：$y=kx+b$，∵ $\cos\alpha=\frac{4}{5}$，又∵ $\alpha\in[0°,180°)$，∴ $\sin\alpha=\sqrt{1-\cos^2\alpha}=\frac{3}{5}$，∴ $\tan\alpha=\frac{\sin\alpha}{\cos\alpha}=\frac{3}{4}$，∴ $k=\frac{3}{4}$，因为横截距为-4，所以直线过点$(-4,0)$，将$(-4,0)$代入 $y=\frac{3}{4}x+b$，得 $b=3$，∴直线方程为：$y=\frac{3}{4}x+3$.

【方法点拨】通常求直线方程用点斜式和斜截式，但这两种形式都不能表示斜率不存在的直线，所以在用这两种形式求直线方程时一定要注意所求直线的斜率是否存在.

【例 4】已知直线 $l_1: y=3x+1$，$l_2: x+my-2=0$.

(1)若 $l_1 /\!/ l_2$，求实数 m 的值；(2)若 $l_1\perp l_2$，求实数 m 的值.

【解析】若 $m=0$，则直线 l_2 的方程变为：$x=2$，很显然 l_1 与 l_2 既不平行也不垂直；若 $m\neq0$，则直线 l_2 的方程可变为：$y=-\frac{1}{m}x+\frac{2}{m}$，所以 $k_1=3$，$k_2=-\frac{1}{m}$.

(1)若 $l_1 /\!/ l_2$，则$\begin{cases}3=-\frac{1}{m},\\ \frac{2}{m}\neq1,\end{cases}$ 解得：$m=-\frac{1}{3}$.

(2)若 $l_1\perp l_2$，则 $k_1\cdot k_2=-1$，即 $3\times(-\frac{1}{m})=-1$，∴$m=3$.

【方法点拨】本题要对 m 进行分类讨论，分 $m=0$ 和 $m\neq0$ 两种情况，然后运用两直线平行和垂直的充要条件求解.

【例 5】已知直线 $l: 3x-y+3=0$，求点 $P(4,5)$ 关于直线 l 的对称点.

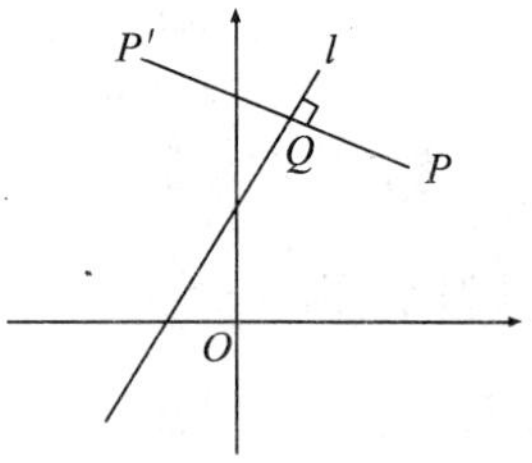

例 5 图

【解析】设 P 关于 l 的对称点为 $P'(a,b)$，直线 l 的斜率为 3.

∵$PP'\perp l$，∴$k_{PP'}\cdot k=-1$ 即$\frac{b-5}{a-4}\times3=-1$ ①

线段 PP'的中心点Q 的坐标为$(\frac{a+4}{2},\frac{b+5}{2})$，因为 Q 在直线 l 上，所以：$3\times\frac{a+4}{2}-\frac{b+5}{2}+3=0$②，联立①②解得 $a=-2$，$b=7$，

∴所求对称点为$(-2-7)$.

【方法点拨】本题考查了平面内两点关于直线对称的相关知识，一般情况下利用两个特点：一是两对称点的连线与已知直线垂直；二是两对称点连线的中点在已知直线上，联

立方程组求解.

【例 6】判断直线 $3x+y-5=0$ 与圆 $x^2+(y-5)^2=25$ 的位置关系.

【解析】由题意可得,圆心坐标为(0,5),半径 $r=5$,则圆心到直线 $3x+y-5=0$ 的距离 $d=\frac{|3\times0+1\times5-5|}{\sqrt{3^2+1^2}}=0$,

$\because d<r$,$\therefore$ 直线与圆相交,而且直线经过该圆的圆心.

【方法点拨】本题考查直线与圆的位置关系,利用几何法来判断,即求出圆心到直线的距离,再与半径相比较.

【例 7】求经过直线 $x+2y+1=0$ 与 $2x+y-1=0$ 的交点,且圆心坐标为(2,-3)的圆的标准方程.

【解析】由圆心坐标可设所求圆的方程为:$(x-2)^2+(y+3)^2=r^2$.

联立方程组:$\begin{cases}x+2y+1=0,\\2x+y-1=0,\end{cases}$ 解得 $\begin{cases}x=1,\\y=-1,\end{cases}$

因为圆经过交点(1,-1),所以 $(1-2)^2+(-1+3)^2=r^2$,解得 $r^2=5$.

故所求圆的标准方程为:$(x-2)^2+(y+3)^2=5$.

【例 8】过点 $P(2,3)$ 向圆 $(x-1)^2+(y-1)^2=1$ 引切线,求切线方程.

【解析】由题意得,圆心为(1,1),半径 $r=1$.

$\because (2-1)^2+(3-1)^2>1$, $\therefore$ 点 P 在圆外,故切线有两条.

当 k 存在时,设切线方程为:$y-3=k(x-2)$,即 $kx-y+3-2k=0$,

则圆心到切线的距离 $d=\frac{|2-k|}{\sqrt{k^2+1}}=1$,解得:$k=\frac{3}{4}$,$\therefore$ 切线方程为:$y-3=\frac{3}{4}(x-2)$,即 $3x-4y+6=0$;当 k 不存在时,另一条切线方程为 $x=2$.

所以所求切线方程为:$3x-4y+6=0$ 或 $x=2$.

【方法点拨】解此类问题时,首先要判断点与圆的位置关系,明确所求的切线有几条,然后再设切线的方程,利用圆心到切线的距离等于半径来求切线的斜率. 此题一定要注意切线的斜率不存在的情形,防止漏解.

【例 9】已知圆经过点 $A(2,-3)$,$B(-2,-5)$,且圆心在直线 l:$x-2y-3=0$ 上,求此圆的方程.

【解析】方法一:设圆的方程为 $(x-a)^2+(y-b)^2=r^2$,

由题意可列方程组得:$\begin{cases}(2-a)2+(-3-b)2=r^2,\\(-2-a)^2+(-5-b)^2=r^2,\\a-2b-3=0.\end{cases}$

解得 $a=-1,b=-2,r^2=10$,故所求圆的方程为:$(x+1)^2+(y+2)^2=10$.

方法二:由已知条件知圆心在线段 AB 的垂直平分线上,求得线段 AB 中点为 $(0,-4)$, $k_{AB}=\frac{1}{2}$. 所以线段 AB 中垂线方程为 $y+4=-2(x-0)$,即 $2x+y+4=0$.

解方程组$\begin{cases}2x+y+4=0,\\x-2y-3=0,\end{cases}$解得$\begin{cases}x=-1,\\y=-2,\end{cases}$设圆心为$C$，则$C(-1,-2)$，

所以$r=\sqrt{[2-(-1)]^2+[-3-(-2)]^2}=\sqrt{10}$，故所求圆的方程为：$(x+1)^2+(y+2)^2=10$.

【方法点拨】求圆的方程主要是用待定系数法，当圆经过三个定点时，可设圆的一般方程，即$x^2+y^2+Dx+Ey+F=0$，求出D、E、F；其他情况下可设圆的标准方程，即$(x-a)^2+(y-b)^2=r^2$，求出a,b,r.

【例10】已知圆C：$x^2+(y-1)^2=5$，直线l：$mx-y+1-m=0$.

(1)求证：对$m\in\mathbf{R}$，直线l与圆C总有两个不同的交点；

(2)设l与圆C交于A、B两点，若$|AB|=\sqrt{17}$，求l的倾斜角大小.

【解析】(1)证法1：由已知得l：$y-1=m(x-1)$，$\therefore$ 直线l恒过定点$P(1,1)$，又圆C的圆心为$(0,1)$，$\because (1-0)^2+(1-1)^2=1<5$，$\therefore$ 点P在圆C内，则直线l与圆C总有两个不同交点.

证法2：圆心$C(0,1)$到直线l的距离，$d=\dfrac{|m|}{\sqrt{m^2+1}}=\sqrt{\dfrac{m^2}{m^2+1}}<1<\sqrt{5}$，对$m\in\mathbf{R}$成立，$\therefore$ 对$m\in\mathbf{R}$，直线l与圆C总有两个不同的交点.

证法3：将$y-1=m(x-1)$代入圆C方程，消去y，得$(1+m^2)x^2-2m^2x+m^2-5=0$，$\because\Delta=16m^2+20>0$恒成立，$\therefore$ 对$m\in\mathbf{R}$，直线l与圆C总有两个不同的交点.

(2)$\because\ |AB|=2\sqrt{r^2-d^2}$，$\therefore\ 17=4(5-d^2)$，$\therefore\ d^2=\dfrac{3}{4}$，由题(1)证法2得，$d=\dfrac{|m|}{\sqrt{m^2+1}}$，则$\dfrac{m^2}{1+m^2}=\dfrac{3}{4}$，$\therefore\ m=\pm\sqrt{3}$，而直线$l$的斜率$k=m$，$\therefore\ l$的倾斜角为$60°$或$120°$.

【方法点拨】(1)判断直线与圆相交，一般有以下三种方法：①直线过圆内一定点；②圆心到直线的距离小于半径；③直线与圆的方程组成的方程组有两个不等实根.(2)求圆的弦长$|AB|$一般有两种方法：① 代数法：$|AB|=\sqrt{1+k^2}\,|x_1-x_2|$；② 几何法：$|AB|=2\sqrt{r^2-d^2}$.

规律方法探究

1.数形结合.平面解析几何是用代数方法来研究几何图形，体现着数形结合的重要数学思想.例如在研究直线与圆的位置关系时，采用“数”与“形”相结合的方式，利用比较圆的半径与圆心到直线的距离的大小关系来讨论直线与圆的位置关系.

2.分类讨论.当涉及直线斜率时，往往要分斜率存在和不存在两种形式进行分析，另外，点与圆、直线与圆、圆与圆的位置关系都涉及了分类讨论的方法和思想.

3.待定系数法.根据给定条件求直线和圆的方程时，待定系数法是常用的方法.

配套练习

基础知识巩固

一、选择题

1. 直线倾斜角的范围是(　　).

A. $(0°,90°)$　　B. $[0°,90°)$　　C. $(0°,180°)$　　D. $[0°,180°)$

2. 已知直线过点 $M(-1,0)$,并且斜率为 1,则直线的方程是(　　).

A. $x+y+1=0$　　B. $x-y+1=0$　　C. $x+y-1=0$　　D. $x-y-1=0$

3. 经过 $A(-2\sqrt{3},2)$,$B(-\sqrt{3},-1)$两点的直线的倾斜角 α 为(　　).

A. $\frac{\pi}{3}$　　B. $-\frac{\pi}{3}$　　C. $\frac{7\pi}{6}$　　D. $\frac{2\pi}{3}$

4. 两平行线 $3x-4y+1=0$ 与 $3x-4y-9=0$ 的距离为(　　).

A. 2　　B. 8　　C. 10　　D. $\frac{8}{5}$

5. 直线 $3x-4y+6=0$ 与圆$(x-2)^2+(y-3)^2=4$ 的位置关系是(　　).

A. 相交且过圆心　　B. 相切　　C. 相离　　D. 相交但不过圆心

6. 已知圆的方程为 $x^2+y^2+4x-6y+8=0$,则圆心坐标和半径分别为(　　).

A. $(2,-3)$,5　　B. $(-2,3)$,5　　C. $(2,-3)$,$\sqrt{5}$　　D. $(-2,3)$,$\sqrt{5}$

7. 若直线 l_1:$x+ay=2a+2$ 与直线 l_2:$ax+y=a+1$ 平行,则 a 的值为(　　).

A. ±1　　B. 0　　C. 1　　D. -1

8. 若直线 l_1 和 l_2 的斜率分别是一元二次方程 $x^2-4x-1=0$ 的两根,那么 l_1 和 l_2 的位置关系是(　　).

A. 平行　　B. 相交但不垂直　　C. 垂直　　D. 无法判断

9. 若圆 $x^2+y^2-2x-4y=0$ 的圆心到直线 $x-y+m=0$ 的距离为$\frac{\sqrt{2}}{2}$,则 m 的值为(　　).

A. -2 或 2　　B. $\frac{1}{2}$或$\frac{3}{2}$　　C. 2 或 0　　D. -2 或 0

10. 过点 $A(2,1)$与直线 $x+y=1$ 垂直的直线的方程为(　　).

A. $x+y-3=0$　　B. $x-y-1=0$　　C. $x+y-1=0$　　D. $x-y-3=0$

11. 若直线 $2x-y-1=0$ 和圆 C:$x^2+y^2-2y-1=0$ 相交于 A、B 两点,弦长 $|AB|=$(　　).

A. $\frac{\sqrt{30}}{5}$　　B. $\frac{2\sqrt{30}}{5}$　　C. $\frac{\sqrt{30}}{3}$　　D. $\frac{2\sqrt{30}}{3}$

12. 方程 $y=-\sqrt{25-x^2}$ 表示的曲线为(　　).

A. 一条射线　　B. 半个圆　　C. 两条射线　　D. 一个圆

二、填空题

13. 过圆 $x^2+y^2=10$ 上一点 $M(3,-1)$ 的切线方程是______.

14. 倾斜角为45°直线将圆 $x^2+y^2-2x-4y=0$ 平分,则直线 l 的方程为______.

15. 圆 $(x-1)^2+(y+2)^2=4$ 关于点(2,4)对称的圆的方程为______.

16. 若曲线 $y=\sqrt{1-x^2}$ 与直线 $y=x+b$ 始终有交点,则 b 的取值范围是______.

三、解答题

17. 已知△ABC 的三个顶点为 $A(6,1)$、$B(3,3)$、$C(2,5)$,求:

(1)过点 A 且与 BC 平行的直线方程;

(2)BC 边上的高所在直线的方程.

18. 分别求满足下列条件的圆的方程:

(1) 圆心在点 $C(1,2)$,半径是$\sqrt{2}$;

(2) 经过点 $P(-2,1)$,圆心在(3,-2);

(3) 过点 $A(-1,5)$、$B(5,5)$、$C(6,-2)$.

19. 光线从点 $A(-2,4)$ 射出,经直线 l:$2x-y-7=0$ 反射,若反射光线过点 $B(5,8)$,求反射光线所在的直线方程.

20. 已知圆的方程是 $x^2+y^2=2$，直线 l：$y=x+b$，当 b 为何值时，圆与直线 l 相交、相切、相离？

21. 在圆 C：$(x-1)^2+y^2=9$ 内有一点 $P(2,2)$，过点 P 作直线 l 交圆 C 于 A、B 两点.

(1)当 l 经过圆心 C 时，求直线 l 的方程；

(2)当直线 l 的倾斜角为45°时，求弦 AB 的长；

(3)当弦 AB 被点 P 平分时，求直线 l 的方程.

22. 过点$(-5,-4)$作一直线 l，使它与两坐标轴相交且与两轴所围成的三角形面积为 5，求直线 l 的方程.

能力强化提高

一、选择题

1. 过直线 $x+y=9$ 和 $2x-y=18$ 的交点且与直线 $3x-2y+8=0$ 平行的直线的方程为(　　).

A. $3x-2y=0$　　B. $3x-2y+9=0$

C. $3x-2y+18=0$　　D. $3x-2y-27=0$

2. 若直线 $3x+y+a=0$ 过圆 $x^2+y^2+2x-4y=0$ 的圆心，则 a 的值为(　　).

A. $9<k<251$　　B. 1　　C. 3　　D. -3

3. 若三点 $A(3,3)$，$B(2,4)$，$C(a,10)$ 在一条直线上，则 a 的值为(　　).

A. -4　　B. -3　　C. -2　　D. 4

4. 直线 $k^2x+2y+3=0$ 与直线 $2x+4y=5$ 没有公共点，则 k 为(　　).

A. ±1　　B. ±2　　C. $\pm\frac{\sqrt{2}}{2}$　　D. 0

5. 圆 $(x+2)^2+y^2=4$ 与圆 $(x-2)^2+(y-1)^2=9$ 的位置关系为(　　).

A. 内切　　B. 相交　　C. 外切　　D. 相离

6. 若直线 $mx+y+1=0$ 与直线 $x+ny-5=0$ 的交点为 $(1,-3)$，则 $m+n$ 的值为(　　).

A. 2　　B. -2　　C. $\frac{2}{3}$　　D. $\frac{4}{3}$

7. 已知圆 C：$x^2+y^2-4x=0$，l 是过点 $P(3,0)$ 的直线，则(　　).

A. l 与 C 相交　　B. l 与 C 相切

C. l 与 C 相离　　D. 以上三个选项均有可能

8. 自点 $A(-1,4)$ 作圆 $(x-2)^2+(y-3)^2=1$ 的切线，则切线长为(　　).

A. $\sqrt{5}$　　B. 3　　C. $\sqrt{10}$　　D. 5

9. 若直线 $(1+a)x+y+1=0$ 与圆 $x^2+y^2-2x=0$ 相切，则 a 的值为(　　).

A. $1,-1$　　B. $2,-2$　　C. 1　　D. -1

10. 若直线 $x-y+1=0$ 与圆 $(x-a)^2+y^2=2$ 有公共点，则实数 a 取值范围是(　　).

A. $[-3,-1]$　　B. $[-1,3]$

C. $[-3,1]$　　D. $(-\infty,-3]\cup[1,+\infty)$

二、填空题

11. 已知直线 $x+ay-1=0$ 与直线 $2x-2ay-1=0$ 垂直，则 $a=$______.

12. 已知直线 l_1 的斜率是 2，直线 l_2 过点 $A(-1,-2)$，$B(x,6)$，且 $l_1 /\!/ l_2$，则 $\log_3 x=$______.

13. 与圆 C：$x^2+y^2-x+2y=0$ 关于直线 l：$x-y+1=0$ 对称的圆的方程为______.

14. 点 $M(3,0)$ 在圆 $x^2+y^2-8x-2y+10=0$ 内，过 M 点最长的弦所在的直线方程是______.

15. 过点 $P(-1,6)$ 且与圆 $(x+3)^2+(y-2)^2=4$ 相切的直线方程是______.

16. 圆 C：$(x-2)^2+(y-1)^2=4$ 上的点到直线 l：$4x-3y+25=0$ 的距离为 d，则 d 的取值范围为______.

三、解答题

17. 求经过点 $A(-1,4)$、$B(3,2)$ 且圆心在 y 轴上的圆的方程.

18. 求斜率为$\frac{3}{4}$，且与坐标轴围成的三角形周长为12的直线方程.

19. 已知方程$x^2+y^2-2x-4y+m=0$.

(1)若此方程表示圆，求m的取值范围；

(2)若(1)中的圆与直线$x+2y-4=0$相交于M,N两点，且$OM\perp ON$(O为坐标原点)，求m的值；

(3)在(2)的条件下，求以MN为直径的圆的方程.

20. 已知圆C：$x^2+y^2-2x+4y-4=0$，是否存在斜率为1的直线m，使以m被圆C截得的弦AB为直径的圆过原点？若存在，求出直线m的方程；若不存在，说明理由.

考试真题体验

1.(安徽2010年对口高考)“$m=1$”是“直线$mx+y+1=0$和$x+my+2=0$平行”的(　　).

A. 充分不必要条件　　B. 必要不充分条件

C. 充要条件　　D. 既不充分又不必要条件

2.(安徽2010年对口高考)直线$x+y-4=0$与圆$(x-3)^2+(y-3)^2=4$相交于A、B两点,则$|AB|=$______.

3.(安徽2011年对口高考)已知直线$l:3x+4y=25$与圆$O:x^2+y^2=25$,则直线l与圆O的位置关系是______.

4.(安徽2012年对口高考)圆$x^2+y^2-2x+4y-4=0$的圆心坐标为______.

5.(安徽2013年对口高考)已知直线$l_1:3x-y+1=0$,直线$l_2:ax+y+1=0$且$l_1//l_2$,则a的值为(　　).

A. $\frac{1}{3}$　　B. $-\frac{1}{3}$　　C. 3　　D. -3

第2节　椭圆

名师导读

椭圆是解析几何中高考的重点内容,主要考查椭圆的定义、标准方程及简单几何性质,考查形式主要有三种:一是求椭圆的标准方程,二是根据椭圆的方程研究椭圆的性质,三是直线与椭圆的位置关系,有时还与向量、三角等知识进行交叉综合.

知识要点归纳

<table>
<tr><td>定义</td><td colspan="2">平面内与两个定点F_1、F_2的距离和为常数$2a$(其中$2a>|F_1F_2|$)的点的轨迹(或集合)叫作椭圆,其中F_1、F_2为椭圆的焦点,两个定点间的距离称为焦距.</td></tr>
<tr><td>标准方程</td><td>$\frac{x^2}{a^2}+\frac{y^2}{b^2}=1(a>b>0)$</td><td>$\frac{y^2}{a^2}+\frac{x^2}{b^2}=1(a>b>0)$</td></tr>
</table>

续表

图形		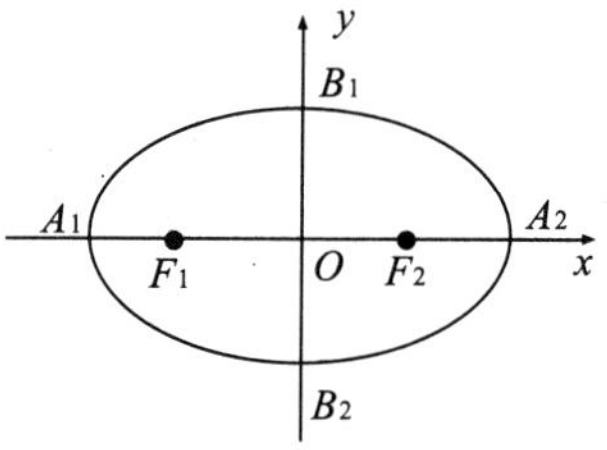	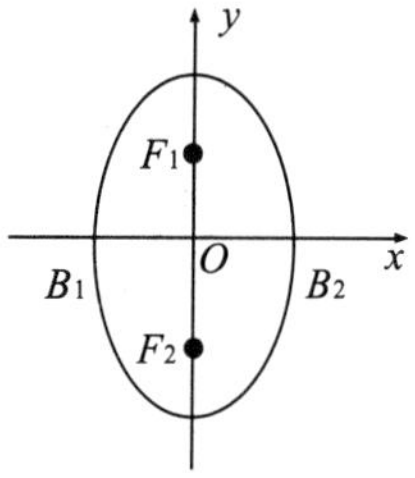
性质	范围	$\|x\|\leqslant a,\|y\|\leqslant b$	$\|x\|\leqslant b,\|y\|\leqslant a$
	对称性	关于 x 轴、y 轴对称，关于坐标原点对称，椭圆中心在坐标原点	
	顶点坐标	$A_1(-a,0)$、$A_2(a,0)$ $B_1(0,b)$，$B_2(0,-b)$	$A_1(0,a)$、$A_2(0,-a)$ $B_1(-b,0)$，$B_2(b,0)$
	焦点坐标	$F_1(-c,0)$，$F_2(c,0)$	$F_1(0,c)$，$F_2(0,-c)$
	离心率	$e=\dfrac{c}{a}(0<e<1)$	
	a,b,c 关系	长轴长：$\|A_1A_2\|=2a$；短轴长：$\|B_1B_2\|=2b$； 焦距：$\|F_1F_2\|=2c$，$c=\sqrt{a^2-b^2}$.	

典型题型解析

【例 1】求椭圆 $\dfrac{x^2}{25}+\dfrac{y^2}{16}=1$ 的长轴长、短轴长、离心率、顶点坐标和焦点坐标.

【解析】由题意得：$a=5$，$b=4$，焦点在 x 轴上，因此椭圆长轴长 $2a=10$，短轴长 $2b=8$，$c=\sqrt{a^2-b^2}=3$，离心率 $e=\dfrac{c}{a}=\dfrac{3}{5}$，四个顶点分别为：$(-5,0)$，$(5,0)$，$(0,4)$，$(0,-4)$，两个焦点分别为：$(-3,0)$，$(3,0)$.

【例 2】方程 $\dfrac{x^2}{25-m}+\dfrac{y^2}{16+m}=1$ 表示焦点在 y 轴上的椭圆，则 m 的取值范围是(　　).

A. $-16<m<25$　　B. $-16<m<\dfrac{9}{2}$　　C. $\dfrac{9}{2}<m<25$　　D. $m>\dfrac{9}{2}$

【解析】由题意可得：$\begin{cases}25-m>0,\\16+m>0,\\16+m>25-m,\end{cases}$ 解得 $\dfrac{9}{2}<m<25$，所以选 C.

【例 3】椭圆为 $5x^2+ky^2=5$ 的一个焦点坐标为 $(0,2)$，那么 k 等于(　　).

A. 1　　B. -1　　C. $\sqrt{5}$　　D. $-\sqrt{5}$

【解析】椭圆方程可变形为：$x^2+\dfrac{y^2}{\frac{5}{k}}=1$，由椭圆的焦点坐标可知椭圆的焦点在 y 轴上，所以 $a^2=\frac{5}{k}$，$b^2=1$，故 $c^2=a^2-b^2=\frac{5}{k}-1$，所以 $\frac{5}{k}-1=4$，解得：$k=1$，所以选 A.

【例 4】求满足下列条件椭圆的标准方程：

(1)两个焦点坐标分别为 $(0,-3)$，$(0,3)$，椭圆的短轴长为 8；

(2)两个焦点坐标分别为 $(-\sqrt{5},0)$，$(\sqrt{5},0)$，并且椭圆经过点 $(2\sqrt{2},\frac{2}{3})$.

【解析】(1)解：由题意得，椭圆的焦点在 y 轴上，设椭圆的标准方程为：$\frac{y^2}{a^2}+\frac{x^2}{b^2}=1(a>b>0)$，由焦点坐标可得 $c=3$，短轴长为 8，即 $2b=8$，$b=4$，所以 $a^2=b^2+c^2=25$.

∴椭圆的标准方程为 $\frac{y^2}{25}+\frac{x^2}{16}=1$.

(2)由题意，椭圆的焦点在 x 轴上，设椭圆的标准方程为 $\frac{x^2}{a^2}+\frac{y^2}{b^2}=1(a>b>0)$，由焦点坐标可得：$c=\sqrt{5}$，所以 $a^2=b^2+5$，则椭圆的方程可变为：$\frac{x^2}{b^2+5}+\frac{y^2}{b^2}=1$，将点 $(2\sqrt{2},\frac{2}{3})$ 代入此方程得：$\frac{8}{b^2+5}+\frac{4}{9b^2}=1$，化简得 $9b^4-31b^2-20=0$，解得 $b^2=4$ 或 $b^2=-\frac{5}{9}$ (舍去)，所以椭圆的标准方程为：$\frac{x^2}{9}+\frac{y^2}{4}=1$.

【方法点拨】椭圆的标准方程分两种：焦点在 x 轴上或焦点在 y 轴上，所以在求椭圆的标准方程时首先应根据所给条件确定焦点的位置，若不能明确焦点的位置，则应分两种情况来讨论.

【例 5】椭圆 $\frac{x^2}{4}+\frac{y^2}{m}=1$ 的离心率为 $\frac{1}{2}$，则 $m=$______.

【解析】因为原方程表示椭圆，所以 $0<m<4$ 或 $m>4$.

(1)若 $0<m<4$，则 $a^2=4$，$b^2=m$，　∴$c=\sqrt{4-m}$，

∴$e=\frac{\sqrt{4-m}}{\sqrt{m}}=\frac{1}{2}$，得 $m=3$；

(2)若 $m>4$，则 $b^2=4$，$a^2=m$　∴$c=\sqrt{m-4}$，

∴$e=\frac{\sqrt{m-4}}{\sqrt{m}}=\frac{1}{2}$，得 $m=\frac{16}{3}$；

综上：$m=3$ 或 $m=\frac{16}{3}$.

【方法点拨】首先由题意确定 m 的范围，因为 4 与 m 的大小关系不定，所以椭圆的焦点可能在 x 轴上，也可能在 y 轴上，故要分两种情况讨论，否则会漏解.

【例 6】当 m 取何值时，直线 $l:y=x+m$ 与椭圆 $9x^2+16y^2=144$ 相切，相交，相离?

【解析】联立方程组：$\begin{cases}y=x+m,\\9x^2+16y^2=144,\end{cases}$

化简得：$9x^2+16(x+m)^2=144$，即 $25x^2+32mx+16m^2-144=0$.

$\Delta=(32m)^2-4\times25(16m^2-144)=-576m^2+14400$

当 $\Delta=0$，即 $m=\pm5$ 时，直线 l 与椭圆相切；

当 $\Delta>0$，即 $-5<m<5$ 时，直线与椭圆相交；

当 $\Delta<0$，即 $m<-5$ 或 $m>5$ 时，直线与椭圆相离.

【方法点拨】判断直线与椭圆的位置关系一般采用代数法，即联立直线和椭圆的方程，消去 x(或 y)，得到关于 y(或 x)的一元二次方程，然后用 Δ 来判定直线与椭圆的位置关系：当 $\Delta>0$ 时，直线与椭圆相交；当 $\Delta=0$ 时，直线与椭圆相切；当 $\Delta<0$ 时，直线与椭圆相离.

【例 7】已知点 P 是椭圆$\frac{x^2}{25}+\frac{y^2}{16}=1$ 上的点，F_1、F_2 是椭圆的两焦点，若$\angle F_1PF_2=60°$，求$\triangle PF_1F_2$ 的面积.

【解析】由椭圆的方程得：$2a=10$，$2b=8$，$2c=6$，由椭圆的定义知，$|PF_1|+|PF_2|=10$，$|F_1F_2|=6$，在$\triangle PF_1F_2$ 中，由余弦定理得：

$|F_1F_2|^2=|PF_1|^2+|PF_2|^2-2|PF_1|\cdot|PF_2|\cos 60°$，可变形为：

$36=|PF_1|^2+|PF_2|^2-|PF_1|\cdot|PF_2|=(|PF_1|+|PF_2|)^2-3|PF_1|\cdot|PF_2|$，

将$|PF_1|+|PF_2|=10$ 代入上式得$|PF_1|\cdot|PF_2|=\frac{64}{3}$，

$\therefore S_{\triangle F_1PF_2}=\frac{1}{2}|PF_1|\cdot|PF_2|\sin 60°=\frac{16\sqrt{3}}{3}$.

【方法点拨】本题考查了椭圆的定义、余弦定理和三角形的面积公式等知识，难度较大.

【例 8】已知椭圆 C 的中心在坐标原点 O，两个焦点坐标分别为 $F_1(-2,0)$、$F_2(2,0)$，离心率为$\frac{2\sqrt{5}}{5}$.

(1) 求椭圆 C 的标准方程；

(2) 设直线 l：$y=x-2$ 与椭圆 C 交于 A、B 两点，求$\triangle AOB$ 的面积.

【解析】(1) 由焦点坐标可知椭圆的焦点在 x 轴上，故可设椭圆方程为：$\frac{x^2}{a^2}+\frac{y^2}{b^2}=1(a>b>0)$，$\because c=2$，$e=\frac{c}{a}=\frac{2\sqrt{5}}{5}$，$\therefore a=\sqrt{5}$，由 $b^2=a^2-c^2$ 得 $b^2=1$，$\therefore$ 椭圆标准方程为：$\frac{x^2}{5}+y^2=1$.

(2)设 $A(x_1,y_1)$，$B(x_2,y_2)$，由$\begin{cases}y=x-2\\ \frac{x^2}{5}+y^2=1\end{cases}$，得 $6x^2-20x+15=0$，

$\therefore x_1+x_2=\frac{10}{3}$，　$x_1\cdot x_2=\frac{5}{2}$，

$\therefore |AB|=\sqrt{1+k^2}|x_1-x_2|=\sqrt{1+k^2}\cdot\sqrt{(x_1+x_2)^2-4x_1x_2}$

$=\sqrt{1+1^2}\cdot\sqrt{\left(\frac{10}{3}\right)^2-4\times\frac{5}{2}}=\frac{2\sqrt{5}}{3}$，从而原点 O 到 l 的距离为 $d=\frac{|-2|}{\sqrt{1^2+1^2}}=\sqrt{2}$，

$\therefore S_{\triangle AOB}=\frac{1}{2}|AB|\times d=\frac{1}{2}\times\frac{2\sqrt{5}}{3}\times\sqrt{2}=\frac{\sqrt{10}}{3}$.

【方法点拨】直线与椭圆位置关系是高考的重点也是难点，解题时往往要联立直线与椭圆方程，消元得一元二次方程. 本题是 2009 年安徽省对口高考试题，涉及了韦达定理、弦长公式和点到直线的距离公式等内容，是一道综合性较强的题目.

规律方法探究

1. 分类讨论. 当椭圆的焦点位置不确定时，进行分类讨论，另外，在研究直线与椭圆的位置关系时也需对“Δ”进行讨论.

2. 整体思想. 在解题过程中把一个式子视为一个整体去思考和处理，通过整体分析、化简等手段有效地绕过许多环节，使运算直指结论，优化解题过程. 在直线与椭圆的位置关系中，经常使用“设而不求”的整体思想.

3. 方程思想. 方程思想是分析数学问题中变量间的等量关系，建立方程或方程组，通过解方程或运用方程的性质去分析或转化问题，使问题得以解决. 此思想在解决直线与椭圆的位置关系中经常使用.

配套练习

基础知识巩固

一、选择题

1. 椭圆 $\frac{x^2}{16}+\frac{y^2}{9}=1$ 的长轴长为（　　）.

A. 3　　B. 44　　C. 6　　D. 8

2. 椭圆 $\frac{x^2}{4}+\frac{y^2}{20}=1$ 的焦距为（　　）.

A. 2　　B. 44　　C. 6　　D. 8

3. 动点 P 到两个定点 $F_1(-4,0)$，$F_2(4,0)$ 的距离之和为 8，则 P 点的轨迹为（　　）.

A. 椭圆　　B. 线段 F_1F_2　　C. 直线 F_1F_2　　D. 不能确定

4. 已知椭圆的标准方程 $x^2+\frac{y^2}{10}=1$，则椭圆的焦点坐标为（　　）.

A. $(\pm\sqrt{10},0)$　　B. $(0,\pm\sqrt{10})$　　C. $(0,\pm3)$　　D. $(\pm3,0)$

5. 椭圆 $x^2+4y^2=1$ 的离心率为（　　）.

A. $\frac{\sqrt{3}}{2}$　　B. $\frac{\sqrt{2}}{2}$　　C. $\frac{\sqrt{5}}{2}$　　D. $\sqrt{2}$

6. 焦点在 y 轴上，且长半轴为 5，离心率为 $\frac{3}{5}$ 的椭圆的标准方程为(　　).

A. $\frac{x^2}{25}+\frac{y^2}{16}=1$　　B. $\frac{x^2}{16}+\frac{y^2}{25}=1$

C. $\frac{x^2}{25}+\frac{y^2}{9}=1$　　D. $\frac{x^2}{25}+\frac{y^2}{16}=1$

7. 设椭圆的标准方程为 $\frac{x^2}{6}+\frac{y^2}{m}=1$，若其焦点在 x 轴上，则 m 的取值范围是(　　).

A. $m>0$　　B. $m>6$

C. $m<6$　　D. $0<m<6$

8. 过两点 $A(3,0)$，$B(0,5)$ 的椭圆的标准方程是(　　).

A. $\frac{x^2}{25}+\frac{y^2}{16}=1$　　B. $\frac{x^2}{16}+\frac{y^2}{25}=1$

C. $\frac{x^2}{25}+\frac{y^2}{9}=1$　　D. $\frac{x^2}{9}+\frac{y^2}{25}=1$

9. 过椭圆 $4x^2+2y^2=1$ 的一个焦点 F_1 的直线与椭圆交于 A、B 两点，则 A、B 与椭圆的另一焦点 F_2 构成 $\triangle ABF_2$，那么 $\triangle ABF_2$ 的周长是(　　).

A. $2\sqrt{2}$　　B. 2　　C. $\sqrt{2}$　　D. 1

10. 椭圆 $\frac{x^2}{4}+\frac{y^2}{3}=1$ 的右焦点到直线 $y=\sqrt{3}x$ 的距离是(　　).

A. $\frac{1}{2}$　　B. $\frac{\sqrt{3}}{2}$　　C. 1　　D. $\sqrt{3}$

11. 已知椭圆长半轴与短半轴之比是 5∶3，焦距是 8，焦点在 x 轴上，则此椭圆的标准方程是(　　).

A. $\frac{x^2}{5}+\frac{y^2}{3}=1$　　B. $\frac{x^2}{25}+\frac{y^2}{9}=1$

C. $\frac{x^2}{3}+\frac{y^2}{5}=1$　　D. $\frac{x^2}{9}+\frac{y^2}{25}=1$

12. 与椭圆 $9x^2+4y^2=36$ 有相同焦点，且短轴长为 $4\sqrt{5}$ 的椭圆方程是(　　).

A. $\frac{x^2}{25}+\frac{y^2}{20}=1$　　B. $\frac{x^2}{20}+\frac{y^2}{25}=1$

C. $\frac{x^2}{20}+\frac{y^2}{45}=1$　　D. $\frac{x^2}{80}+\frac{y^2}{85}=1$

二、填空题

13. 椭圆 $16x^2+25y^2=400$ 的长轴长为______，离心率为______，焦点坐标分别为______，四个顶点坐标分别为______.

14. 已知椭圆 $\frac{x^2}{25}+\frac{y^2}{16}=1$ 上一点 P 到椭圆一个焦点的距离为 3，则 P 到另一焦点距离为

______.

15. 椭圆的长轴长是短轴长的 2 倍,则它的离心率为______.

16. 已知椭圆$\frac{x^2}{5}+\frac{y^2}{m}=1$的离心率$e=\frac{\sqrt{10}}{5}$,则$m$的值为______.

三、解答题

17. 求焦点为$(-2,0)$,$(2,0)$,离心率为$\frac{1}{3}$的椭圆方程,并写出顶点坐标.

18. 求过点$(3,-2)$且与$\frac{x^2}{9}+\frac{y^2}{4}=1$有相同焦点的椭圆方程.

19. 求以椭圆$\frac{x^2}{4}+\frac{y^2}{16}=1$的焦点为顶点,且与该椭圆的离心率相同的椭圆的标准方程.

20. 椭圆的两焦点分别为$F_1(-4,0)$,$F_2(4,0)$,点P在椭圆上,已知$\triangle PF_1F_2$的面积最大值为 12,求此椭圆的标准方程.

21. 已知椭圆 C 的焦点分别为 $F_1(-2\sqrt{2},0)$，$F_2(2\sqrt{2},0)$，长轴长为 6，设直线 $y=x+2$ 交椭圆 C 于 A、B 两点，求线段 AB 的中点坐标.

22. 过椭圆 $\frac{x^2}{16}+\frac{y^2}{4}=1$ 内一点 $M(2,1)$ 引一条弦，使弦被 M 点平分，求这条弦所在直线的方程.

能力强化提高

一、选择题

1. 椭圆 $3x^2+4y^2=12$ 的焦点坐标为(　　).

A. $(-1,0)$，$(1,0)$　　B. $(0,1)$，$(0,-1)$

C. $(-\sqrt{7},0)$，$(\sqrt{7},0)$　　D. $(0,\sqrt{7})$，$(0,-\sqrt{7})$

2. 椭圆的短轴长是 4，长轴长是短轴长的 $\frac{3}{2}$ 倍，则椭圆的焦距是(　　).

A. $\sqrt{5}$　　B. 4　　C. 6　　D. $2\sqrt{5}$

3. 若椭圆的两焦点分别为 $(-2,0)$ 和 $(2,0)$ 且椭圆过点 $\left(\frac{5}{2},-\frac{3}{2}\right)$，则椭圆方程是(　　).

A. $\frac{y^2}{8}+\frac{x^2}{4}=1$　　B. $\frac{y^2}{10}+\frac{x^2}{6}=1$

C. $\frac{y^2}{4}+\frac{x^2}{8}=1$　　D. $\frac{x^2}{10}+\frac{y^2}{6}=1$

4. 方程 $x^2+ky^2=2$ 表示焦点在 y 轴上的椭圆，则 k 的取值范围是(　　).

A. $(0,+\infty)$　　B. $(0,2)$　　C. $(1,+\infty)$　　D. $(0,1)$

5. 已知 $k<4$,则曲线 $\frac{x^2}{9}+\frac{y^2}{4}=1$ 和 $\frac{x^2}{9-k}+\frac{y^2}{4-k}=1$ 有(　　).

A. 相同的短轴　　B. 相同的焦点

C. 相同的离心率　　D. 相同的长轴

6. 椭圆 $\frac{x^2}{25}+\frac{y^2}{9}=1$ 的焦点 F_1、F_2,P 为椭圆上的一点,已知 $PF_1\perp PF_2$,则 $\triangle F_1PF_2$ 的面积为(　　).

A. 9　　B. 12　　C. 10　　D. 8

7. 椭圆的一焦点与两顶点为等边三角形的三个顶点,则椭圆的长轴长是短轴长的(　　).

A. $\sqrt{3}$ 倍　　B. 2 倍　　C. $\sqrt{2}$ 倍　　D. $\frac{3}{2}$ 倍

8. 设 $0<\alpha<\frac{\pi}{4}$,则方程 $\frac{x^2}{\cos\alpha}+\frac{y^2}{\sin\alpha}=1$ 表示(　　).

A. 焦点在 x 轴上的椭圆　　B. 焦点在 y 轴上的椭圆

C. 焦点在 x 轴上的双曲线　　D. 焦点在 y 轴上的双曲线

9. 已知椭圆的短轴长为 6,左焦点 F 到右顶点的距离等于 9,这椭圆的离心率为(　　).

A. $\frac{4}{5}$　　B. $\frac{3}{5}$　　C. $\frac{5}{13}$　　D. $\frac{12}{13}$

10. 直线 $y=kx+2$ 和椭圆 $\frac{x^2}{4}+y^2=1$ 有且仅有一个公共点,则 k 等于(　　).

A. $\frac{\sqrt{3}}{2}$　　B. $\pm\frac{\sqrt{3}}{2}$　　C. $\frac{3}{4}$　　D. $\pm\frac{3}{4}$

二、填空题

11. 若椭圆 $\frac{x^2}{m^2}+\frac{y^2}{4}=1$ 过点 $(-2,\sqrt{3})$,则其焦距等于______.

12. 顺次联结椭圆 $\frac{x^2}{16}+\frac{y^2}{9}=1$ 的四个顶点形成的四边形面积为______.

13. 过圆 $(x-1)^2+(y+2)^2=9$ 的圆心且斜率等于椭圆 $\frac{x^2}{16}+\frac{y^2}{4}=1$ 的离心率的直线方程为______.

14. 直线 $2x-3y+6=0$ 与两坐标轴的交点分别是椭圆的一个顶点和一个焦点,则该椭圆方程为______.

15. 若椭圆的其中一个短轴端点与两个焦点连线成 $120°$,则该椭圆的离心率等于______.

三、解答题

16. 椭圆的一个顶点为 $A(2,0)$,其长轴长是短轴长的 2 倍,求椭圆的标准方程.

17. 已知椭圆的一个顶点为$A(0,-1)$,焦点在x轴上,若右焦点到直线$\frac{x^2}{9}-\frac{y^2}{16}=1$的距离为3,求椭圆的方程.

18. 过椭圆$\frac{x^2}{9}+y^2=1$的右焦点且倾斜角为$\frac{\pi}{6}$的直线交椭圆于M、N两点,求弦长$|AB|$.

19. 椭圆$\frac{x^2}{a^2}+\frac{y^2}{b^2}=1(a>b>0)$与直线$x+y=1$交于$P$、$Q$两点,且$OP\perp OQ$,其中$O$为坐标原点.

(1)求$\frac{1}{a^2}+\frac{1}{b^2}$的值;

(2)若椭圆的离心率e满足$\frac{\sqrt{3}}{3}\leqslant e\leqslant\frac{\sqrt{2}}{2}$,求椭圆长轴的取值范围.

20. 点 A、B 分别是椭圆$\frac{x^2}{36}+\frac{y^2}{20}=1$长轴的左、右端点，点 F 是椭圆的右焦点，点 P 在椭圆上，且位于 x 轴上方，$PA\perp PF$.

(1)求点 P 的坐标；

(2)设 M 是椭圆长轴 AB 上的一点，M 到直线 AP 的距离等于 $|MB|$，求椭圆上的点到点 M 的距离 d 的最小值.

考试真题体验

1.(安徽 2011 年对口高考)如下图，已知椭圆的$\frac{x^2}{a^2}+\frac{y^2}{b^2}=1(a>b>0)$右焦点为 $F(1,0)$，右顶点为 $M(\sqrt{2},0)$.

(1)求此椭圆的方程；

(2)设点 $P(2,0)$，点 A 是已知椭圆上的任意一点，点 C 是点 A 关于 x 轴的对称点，直线 PA 交椭圆于另一不同的点 B(不考虑直线 PA 的斜率为 0 的情形)，求证：直线 BC 经过焦点 F.

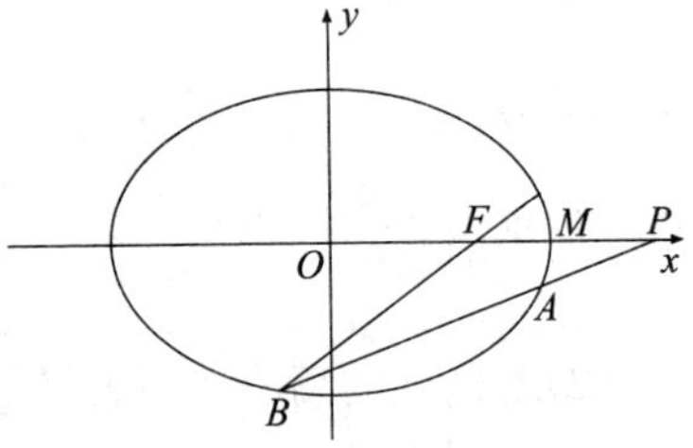

第 1 题图

2.(安徽2013年对口高考)已知椭圆 $C:\frac{x^2}{a^2}+\frac{y^2}{b^2}=1\ (a>b>0)$ 的长半轴长 $a=\sqrt{2}$,右焦点为 $F(1,0)$.

(1)求椭圆 C 的标准方程;

(2)设 $A(x_1,y_1)$,$B(x_2,y_2)$是椭圆 C 上的任意两点,$M(x_0,y_0)$是线段 AB 的中点,当 AB,OM 的斜率都存在时,分别记为 k_1,k_2,求证:$k_1\cdot k_2=-\frac{1}{2}$.

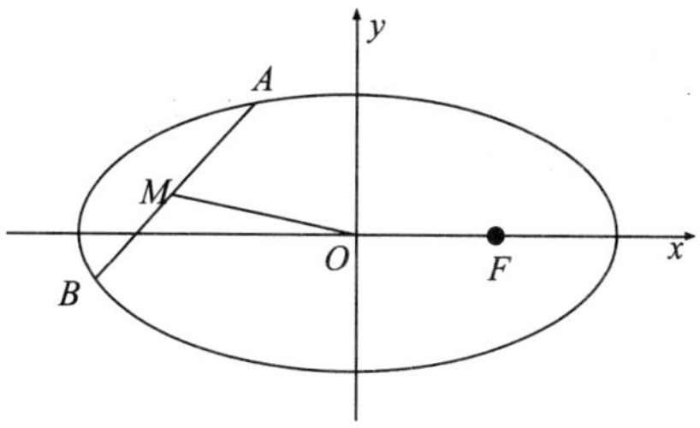

第2题图

第3节　双曲线

名师导读

本节主要考查双曲线的定义、标准方程及简单几何性质.考查形式主要有两种:一是求双曲线的标准方程,二是根据双曲线的方程研究双曲线的性质.

知识要点归纳

<table>
<tr><td colspan="2">定义</td><td colspan="2">平面内与两个定点 F_1，F_2 的距离之差的绝对值为常数 $2a$（且 $2a<|F_1F_2|$）的点的轨迹（或集合）叫作双曲线，这两个定点叫作双曲线的焦点，两个焦点间的距离叫作焦距.</td></tr>
<tr><td colspan="2">标准方程</td><td>$\frac{x^2}{a^2}-\frac{y^2}{b^2}=1(a>0,b>0)$</td><td>$\frac{y^2}{a^2}-\frac{x^2}{b^2}=1(a>0,b>0)$</td></tr>
<tr><td colspan="2">图形</td><td>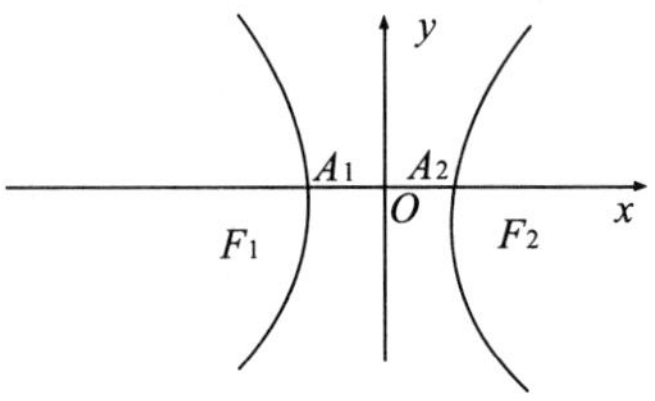
</td><td>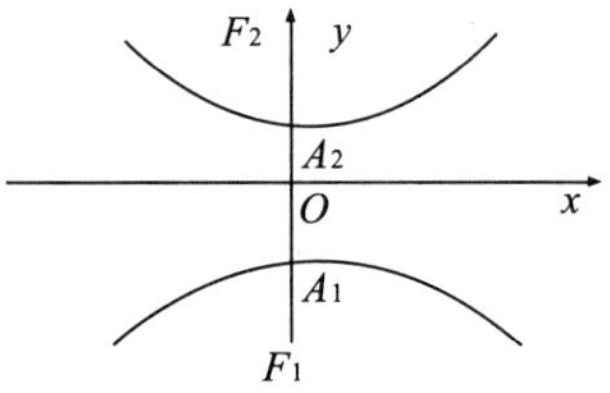
</td></tr>
<tr><td rowspan="7">性质</td><td>范围</td><td>$|x|\geqslant a,y\in \mathbf{R}$</td><td>$|y|\geqslant a,x\in \mathbf{R}$</td></tr>
<tr><td>对称性</td><td colspan="2">关于 x 轴、y 轴对称，关于坐标原点对称，双曲线的中心在坐标原点.</td></tr>
<tr><td>顶点坐标</td><td>$A_1(-a,0),A_2(a,0)$</td><td>$A_1(0,-a),A_2(0,a)$</td></tr>
<tr><td>焦点坐标</td><td>$F_1(-c,0),F_2(c,0)$</td><td>$F_1(0,-c),F_2(0,c)$</td></tr>
<tr><td>离心率</td><td colspan="2">$e=\frac{c}{a}(e>1)$</td></tr>
<tr><td>a,b,c 关系</td><td colspan="2">实轴长：$|A_1A_2|=2a$；虚轴长：$|B_1B_2|=2b$；
焦距：$|F_1F_2|=2c,c=\sqrt{a^2+b^2}$.</td></tr>
<tr><td>渐近线</td><td>$y=\pm\frac{b}{a}$</td><td>$y=\pm\frac{a}{b}x$</td></tr>
</table>

知识要点归纳

【例 1】P 是双曲线 $\frac{x^2}{64}-\frac{y^2}{36}=1$ 上一点，F_1、F_2 是双曲线的两焦点，且 $|PF_1|=17$，则 $|PF_2|=$______.

【解析】由题意可得 $a=8$，$b=6$，所以 $c=10$，由 P 是双曲线上一点，得 $||PF_1|-|PF_2||=16$，

$\therefore |PF_2|=1$ 或 $|PF_2|=33$，又 $|PF_2|\geqslant c-a=2$，得 $|PF_2|=33$.

【方法点拨】利用双曲线的定义求解，务必要注意结果的取舍.

【例 2】若双曲线$\frac{x^2}{4}-\frac{y^2}{m}=1$的渐近线方程为$y=\pm\frac{\sqrt{3}}{2}x$，则双曲线的焦点坐标是______.

【解析】由题意可得，$a^2=4,b^2=m$，渐近线方程为$y=\pm\frac{\sqrt{m}}{2}x$，得$m=3$，所以$c^2=a^2+b^2=4+3=7$，即$c=\sqrt{7}$，又知焦点在x轴上，故双曲线的焦点坐标为$(\pm\sqrt{7},0)$.

【方法点拨】解决此题的关键是对双曲线渐近线的了解，焦点在x轴上双曲线渐近线方程为$y=\pm\frac{b}{a}x$；焦点在y轴上双曲线渐近线方程为$y=\pm\frac{a}{b}x$，另外，求双曲线的渐近线方程，也可令$\frac{x^2}{a^2}-\frac{y^2}{b^2}=0$或$\frac{y^2}{a^2}-\frac{x^2}{b^2}=0$，得出$x$、$y$的方程.

【例 3】双曲线$8kx^2-ky^2=8$的一个焦点为$(0,3)$，则k的值为______.

【解析】原方程可变形为：$\frac{y^2}{-\frac{8}{k}}-\frac{x^2}{-\frac{1}{k}}=1$，因为焦点在$y$轴上，所以$a^2=-\frac{8}{k}$，$b^2=-\frac{1}{k}$，$c=3$，故$-\frac{8}{k}+(-\frac{1}{k})=9$，解得$k=-1$.

【例 4】讨论$\frac{x^2}{25-k}+\frac{y^2}{9-k}=1$表示何种圆锥曲线.

【解析】(1)当$\begin{cases}25-k>0\\9-k>0\end{cases}$即$k<9$时，所给方程表示椭圆；

(2)当$(25-k)(9-k)<0$，即$9<k<25$时，所给方程表示双曲线；

(3)当$k>25$，$k=9$或$k=25$时，所给方程没有轨迹.

【方法点拨】由于$k\neq9$，$k\neq25$，则k的取值范围为$k<9$，$9<k<25$，$k>25$，分别进行讨论.

【例 5】求与双曲线$\frac{x^2}{16}-\frac{y^2}{9}=1$共渐近线且过点$A(2\sqrt{3},-3)$的双曲线方程.

【解析】设所求双曲线方程为：$\frac{x^2}{16}-\frac{y^2}{9}=\lambda(\lambda\neq0)$，$\because$点$A(2\sqrt{3},-3)$在双曲线上，$\therefore\lambda=\frac{12}{16}-\frac{9}{9}=-\frac{1}{4}$，$\therefore$所求双曲线方程为$\frac{x^2}{16}-\frac{y^2}{9}=-\frac{1}{4}$，即$\frac{y^2}{\frac{9}{4}}-\frac{x^2}{4}=1$.

【方法点拨】与双曲线$\frac{x^2}{a^2}-\frac{y^2}{b^2}=1$有共同渐近线的双曲线方程可设为$\frac{x^2}{a^2}-\frac{y^2}{b^2}=\lambda(\lambda\neq0)$，根据这一特点，故题中所求双曲线的方程可设为$\frac{x^2}{16}-\frac{y^2}{9}=\lambda(\lambda\neq0)$，巧妙地避免了对双曲线焦点位置的讨论.

【例 6】若直线$y=kx+2$与双曲线$x^2-y^2=6$的右支交于不同的两点，求k的取值范围.

【解析】联立方程组$\begin{cases}y=kx+2,\\x^2-y^2=6,\end{cases}$消去$y$得$(1-k^2)x^2-4kx-10=0$，由题意可知，此方程必须有两个不同的正根，

则$\begin{cases}\Delta=40-24k^2>0,\\ x_1+x_2=\dfrac{4k}{1-k^2}>0,\\ x_1x_2=-\dfrac{10}{1-k^2}>0,\\ 1-k^2\neq 0.\end{cases}$ 得$-\dfrac{\sqrt{15}}{3}<k<-1$，所以$k$的取值范围为

$\left\{k\mid -\dfrac{\sqrt{15}}{3}<k<-1\right\}$.

【方法点拨】此题考查直线与双曲线的位置关系，用到"转化"的方法，把直线与双曲线交点的个数和位置转化为一元二次方程有两个不同的正根.

【例 7】双曲线$x^2-y^2=1$的一弦中点为(2,1)，求此弦所在的直线方程.

【解析】设弦的两端点分别为$A(x_1,y_1)$，$B(x_2,y_2)$，则有：

$\begin{cases}x_1^2-y_1^2=1\\ x_2^2-y_2^2=1\end{cases}\Rightarrow(x_1^2-x_2^2)-(y_1^2-y_2^2)=0\Rightarrow\dfrac{y_1-y_2}{x_1-x_2}=\dfrac{x_1+x_2}{y_1+y_2}$，∵弦中点为(2,1)，

$\therefore\begin{cases}x_1+x_2=4,\\ y_1+y_2=2,\end{cases}$故直线的斜率$k=\dfrac{y_1-y_2}{x_1-x_2}=\dfrac{x_1+x_2}{y_1+y_2}=2$，所以所求直线方程为$y-1=2(x-2)$，即$y=2x-3$，联立方程组$\begin{cases}y=2x-3,\\ x^2-y^2=1,\end{cases}$消去$y$得$3x^2-12x+10=0$，$\Delta=24>0$，所以所求直线方程满足题意.

【方法点拨】本题巧妙地运用了"设而不求"法，"设而不求"具体含义是：在解题中我们希望得到某种结果而必须经过某个步骤，只要有可能，可以用虚设代替而不必真的去求它.

【例 8】已知双曲线C：$\dfrac{x^2}{a^2}-\dfrac{y^2}{b^2}=1(a>0,b>0)$的两个焦点为$F_1(-2,0)$，$F_2(2,0)$，点$P(3,\sqrt{7})$在双曲线$C$上.

(1)求双曲线C的方程；

(2)记O为坐标原点，过点$Q(0,2)$的直线l与双曲线C相交于不同的两点E，F，若$\triangle OEF$的面积为$2\sqrt{2}$，求直线l的方程.

【解析】(1)依题意得，双曲线的半焦距$c=2$，

$2a=|PF_1|-|PF_2|=\sqrt{(3+2)^2+(\sqrt{7})^2}-\sqrt{(3-2)^2+(\sqrt{7})^2}=2\sqrt{2}$，

$\therefore a^2=2$，$b^2=c^2-a^2=2$，∴双曲线C的方程为$\dfrac{x^2}{2}-\dfrac{y^2}{2}=1$.

(2)依题意可设直线l的方程为$y=kx+2$，代入双曲线C的方程并整理，得$(1-k^2)x^2-4kx-6=0(*)$，∵直线l与双曲线C相交于不同的两点E，F

$\therefore\begin{cases}1-k^2\neq 0\\ \Delta=(-4k)2+4\times 6(1-k^2)>0,\end{cases}\Leftrightarrow\begin{cases}k\neq\pm 1,\\ -\sqrt{3}<k<\sqrt{3},\end{cases}$

$\therefore k\in(-\sqrt{3},-1)\cup(-1,1)\cup(1,\sqrt{3})$，设 $E(x_1,y_1)$，$F(x_2,y_2)$，则由方程(*)得：$x_1+x_2=\dfrac{4k}{1-k^2}$，$x_1x_2=-\dfrac{6}{1-k^2}$，于是 $|EF|=\sqrt{1+k^2}\cdot|x_1-x_2|$

$$=\sqrt{1+k^2}\cdot\sqrt{(x_1+x_2)^2-4x_1x_2}=\sqrt{1+k^2}\cdot\frac{2\sqrt{2}\sqrt{3-k^2}}{|1-k^2|},$$

而原点 O 到直线 l 的距离 $d=\dfrac{2}{\sqrt{1+k^2}}$，$\therefore S_{\triangle OEF}=\dfrac{1}{2}|EF|\cdot d$

$$=\frac{1}{2}\cdot\frac{2}{\sqrt{1+k^2}}\cdot\sqrt{1+k^2}\cdot\frac{2\sqrt{2}\sqrt{3-k^2}}{|1-k^2|}=\frac{2\sqrt{2}\sqrt{3-k^2}}{|1-k^2|}$$，即 $\dfrac{2\sqrt{2}\sqrt{3-k^2}}{|1-k^2|}=2\sqrt{2}$，所以 $k^4-k^2-2=0$，解得 $k=\pm\sqrt{2}$，均满足 $k\in(-\sqrt{3},-1)\cup(-1,1)\cup(1,\sqrt{3})$，所以 $k=\pm\sqrt{2}$.

【方法点拨】本题综合性较强，第(1)题涉及了双曲线的定义和双曲线标准方程的求法；第(2)题涉及到了直线与双曲线的位置关系、弦长公式和点到直线的距离公式等诸多知识点.

规律方法探究

1. 分类讨论. 当双曲线的焦点位置不确定时，进行分类讨论，另外，在研究直线与双曲线的位置关系时也需对"Δ"进行讨论.

2. 整体思想. 在研究直线与双曲线的位置关系时，经常使用"设而不求"的整体思想.

3. 方程思想. 方程思想在解决直线与双曲线的位置关系中经常使用.

配套练习

基础知识巩固

一、选择题

1. 已知 $a=3$，$c=5$，并且焦点在 x 轴上，则双曲线的标准方程是(　　).

A. $\dfrac{x^2}{9}+\dfrac{y^2}{16}=1$　　　B. $\dfrac{x^2}{9}-\dfrac{y^2}{16}=1$

C. $-\dfrac{x^2}{9}+\dfrac{y^2}{16}=1$　　　D. $\dfrac{x^2}{16}-\dfrac{y^2}{9}=1$

2. 双曲线 $\dfrac{x^2}{16}-\dfrac{y^2}{9}=1$ 的顶点坐标是(　　).

A. $(4,0)$、$(-4,0)$　　　B. $(0,-4)$、$(0,4)$

C. $(0,-3)$、$(0,3)$　　　D. $(3,0)$、$(-3,0)$

3. 已知双曲线方程为 $\dfrac{y^2}{25}-\dfrac{x^2}{24}=1$，则此双曲线的焦距为(　　).

A. 7　　B. 14　　C. 1　　D. 2

4. 过点 $A(1,0)$，$B(\sqrt{2},1)$ 的双曲线标准方程为（　　）.

A. $x^2-2y^2=1$　　B. $-x^2+y^2=1$

C. $x^2-y^2=1$　　D. $-x^2+2y^2=1$

5. 已知实轴长是 6，焦距是 10 的双曲线的标准方程是（　　）.

A. $\frac{x^2}{9}-\frac{y^2}{16}=1$ 或 $-\frac{x^2}{9}+\frac{y^2}{16}=1$　　B. $\frac{x^2}{9}-\frac{y^2}{16}=1$ 或 $-\frac{x^2}{16}+\frac{y^2}{9}=1$

C. $\frac{x^2}{16}-\frac{y^2}{9}=1$ 或 $-\frac{x^2}{16}+\frac{y^2}{9}=1$　　D. $\frac{x^2}{25}-\frac{y^2}{16}=1$ 或 $-\frac{x^2}{16}+\frac{y^2}{25}=1$

6. 已知双曲线 $\frac{x^2}{a^2}-\frac{y^2}{b^2}=1$ 的一条渐近线方程为 $y=\frac{4}{3}x$，则双曲线的离心率为（　　）.

A. $\frac{5}{3}$　　B. $\frac{4}{3}$　　C. $\frac{5}{4}$　　D. $\frac{3}{2}$

7. 双曲线 $\frac{x^2}{16}-\frac{y^2}{9}=1$ 上 P 点到左焦点的距离是 6，则 P 点到右焦点的距离是（　　）.

A. 12　　B. 14　　C. 16　　D. 18

8. 双曲线 $x^2-\frac{y^2}{3}=1$ 的渐近线方程为（　　）.

A. $y=\pm 3x$　　B. $y=\pm\sqrt{3}x$

C. $y=\pm\frac{1}{3}x$　　D. $y=\pm\frac{\sqrt{3}}{3}x$

9. 方程 $\frac{x^2}{1+k}+\frac{y^2}{1-k}=1$ 表示双曲线，则 k 的取值范围是（　　）.

A. $-1<k<1$　　B. $k>0$

C. $k\geqslant 0$　　D. $k>1$ 或 $k<-1$

10. 已知双曲线的渐近线为 $3x\pm 4y=0$，焦点在 x 轴上，且焦距为 10，则双曲线的标准方程是（　　）.

A. $\frac{x^2}{9}-\frac{y^2}{16}=1$　　B. $-\frac{x^2}{16}+\frac{y^2}{9}=1$

C. $\frac{x^2}{9}+\frac{y^2}{16}=1$　　D. $\frac{x^2}{16}-\frac{y^2}{9}=1$

11. 焦点为 $(0,6)$，且与双曲线 $\frac{x^2}{2}-y^2=1$ 有相同的渐近线的双曲线的方程为（　　）.

A. $\frac{x^2}{12}-\frac{y^2}{24}=1$　　B. $\frac{y^2}{12}-\frac{x^2}{24}=1$

C. $\frac{y^2}{24}-\frac{x^2}{12}=1$　　D. $\frac{x^2}{24}-\frac{y^2}{12}=1$

12. 过双曲线 $\frac{x^2}{16}-\frac{y^2}{9}=1$ 左焦点 F_1 的弦 AB 长为 6，则 $\triangle ABF_2$（F_2 为右焦点）的周长是（　　）.

A. 28　　B. 22　　C. 14　　D. 12

二、填空题

13. 虚轴长为 10，焦距为 16 的双曲线标准方程为______.

14. 双曲线$\frac{x^2}{m}-\frac{y^2}{2m}=1$与椭圆$\frac{x^2}{5}+\frac{y^2}{30}=1$有共同的焦点，则 $m=$______.

15. 一直线过点(1，2)，并且斜率等于双曲线$\frac{x^2}{16}-\frac{y^2}{9}=1$的离心率，则此直线的方程为______.

16. 已知双曲线$\frac{x^2}{2}+\frac{y^2}{m}=1$的离心率为 $e=\sqrt{3}$，则 $m=$______.

三、解答题

17. 已知双曲线的标准方程为$-\frac{x^2}{16}+\frac{y^2}{9}=1$，写出双曲线的实轴顶点坐标，虚轴顶点坐标，焦点坐标和渐近线方程.

18. 已知双曲线的离心率 $e=\frac{\sqrt{5}}{2}$，且与椭圆$\frac{x^2}{13}+\frac{y^2}{3}=1$有共同的焦点，求该双曲线的标准方程.

19. 求过点(1，3)且渐近线为 $y=\pm\frac{1}{2}x$ 的双曲线的标准方程.

20. 已知双曲线方程为 $x^2-y^2=1$，双曲线左支上一点 $P(a,b)$ 到直线 $y=x$ 的距离是 $\sqrt{2}$，求 $a+b$ 的值.

21. 试问同时满足下列两个条件的直线 l 方程是否存在，若存在，求出直线方程；若不存在，请说明理由.(1)被双曲线 $\frac{x^2}{3}-\frac{y^2}{2}=1$ 截得的弦长为 2；(2)直线 l 的斜率为 1.

22. 设 F_1、F_2 为双曲线 $\frac{x^2}{4}-y^2=1$ 两个焦点，点 P 在双曲线上，且满足 $\angle F_1PF_2=60°$，求 $\triangle F_1PF_2$ 的面积.

能力强化提高

一、选择题

1. 双曲线的离心率为 2，焦点是(−4,0)，(4,0)，则双曲线方程为(　　).

A. $\frac{x^2}{4}-\frac{y^2}{12}=1$　　B. $\frac{x^2}{12}-\frac{y^2}{4}=1$

C. $\frac{x^2}{10}-\frac{y^2}{6}=1$　　D. $\frac{x^2}{6}-\frac{y^2}{10}=1$

2. 双曲线$\frac{x^2}{m^2+12}-\frac{y^2}{4-m^2}=1$的焦距是(　　).

A. 4　　B. 8　　C. $2\sqrt{2}$　　D. 与 m 有关

3. 已知 F_1,F_2 是双曲线$\frac{x^2}{a^2}-\frac{y^2}{b^2}=1$的左、右焦点,过 F_1 作直线交双曲线左支于点 A、B,若$|AB|=m$,$\triangle ABF_2$ 的周长为(　　).

A. $4a$　　B. $4a+m$　　C. $4a+2m$　　D. $4a-m$

4. 双曲线$\frac{x^2}{4}-\frac{y^2}{k}=1$的离心率 $e\in(1,2)$,则 k 的取值范围是(　　).

A. $(0,6)$　　B. $(3,12)$　　C. $(1,3)$　　D. $(0,12)$

5. 双曲线$\frac{x^2}{4}-\frac{y^2}{12}=1$的焦点到渐近线的距离为(　　).

A. 1　　B. 2　　C. $\sqrt{3}$　　D. $2\sqrt{3}$

6. 若 $k\in\mathbf{R}$,则“$k>3$”是“方程$\frac{x^2}{k-3}-\frac{y^2}{k+3}=1$表示双曲线”的(　　).

A. 充分不必要条件　　B. 必要不充分条件

C. 充要条件　　D. 既不充分也不必要条件

7. 双曲线$\frac{x^2}{6}-\frac{y^2}{3}=1$的渐近线与圆$(x-3)^2+y^2=r^2(r>0)$相切,则 $r=$(　　).

A. $\sqrt{3}$　　B. 1　　C. 3　　D. 6

8. P 是双曲线$\frac{x^2}{a^2}-\frac{y^2}{9}=1$上一点,双曲线一条渐近线方程为 $3x-2y=0$,F_1、F_2 分别是双曲线的左、右焦点,若$|PF_1|=3$,则$|PF_2|=$(　　).

A. 1 或 5　　B. 6　　C. 7　　D. 9

9. 在平面直角坐标系 xOy 中,双曲线中心在原点,焦点在 y 轴上,一条渐近线方程为 $x\quad 2y=0$,则它的离心率为(　　).

A. $\sqrt{5}$　　B. $\frac{\sqrt{5}}{2}$　　C. $\sqrt{3}$　　D. 2

10. 已知双曲线$\frac{x^2}{2}-\frac{y^2}{b^2}=1(b>0)$的左、右焦点分别是 F_1,F_2,其一条渐近线方程为,点 $y=x$,点 $P(\sqrt{3},y_0)$在双曲线,则$\overrightarrow{PF_1}\cdot\overrightarrow{PF_2}=$(　　).

A. -12　　B. -2　　C. 0　　D. 4

二、填空题

11. 中心在原点,实轴长为 $4\sqrt{3}$,离心率为$\sqrt{3}$,焦点在 y 轴上的双曲线标准方程为______.

12. 已知双曲线的渐近线方程为 $y=\pm\frac{12}{5}x$,则双曲线的离心率为______.

13. 双曲线 $mx^2+y^2=1$ 的虚轴长是实轴长的 2 倍,则 $m=$______.

14. 直线 $y=x+1$ 与双曲线$\frac{x^2}{2}-\frac{y^2}{3}=1$相交于$|AB|=$______.

15. 对于椭圆$\frac{x^2}{16}+\frac{y^2}{9}=1$和双曲线$\frac{x^2}{7}-\frac{y^2}{9}=1$有下列命题：

①椭圆的焦点恰好是双曲线的顶点；

②双曲线的焦点恰好是椭圆其中的两个顶点；

③双曲线与椭圆共焦点；

④椭圆的焦距小于双曲线的焦距.

其中正确命题的序号是______.

三、解答题

16. 已知双曲线的焦距为10，焦点在x轴上，且以$y=\pm\frac{4}{3}x$为渐近线，求双曲线方程.

17. 已知双曲线与椭圆$\frac{x^2}{9}+\frac{y^2}{25}=1$共焦点，它们的离心率之和为$\frac{14}{5}$，求双曲线方程.

18. 求两条渐近线为$x\pm 2y=0$，并且截直线$x-y-3=0$所得弦长为$\frac{8\sqrt{3}}{3}$的双曲线方程.

19. 一炮弹在 A 处的东偏北60°的某处爆炸，在 A 处测到爆炸信号的时间比在 B 处早 4s，已知 A 在 B 的正东方、相距 6km，P 为爆炸地点(该信号的传播速度为每秒 1km)，求 A、P 两地的距离.

20. 已知双曲线 $x^2-\frac{y^2}{2}=1$，问过点 $A(1,1)$能否作直线 l，使 l 与双曲线交于 P、Q 两点，并且 A 为线段 PQ 的中点？若存在，求出直线 l 的方程；若不存在，请说明理由.

考试真题体验

1. (安徽 2011 年对口高考)双曲线$\frac{x^2}{9}-\frac{y^2}{16}=1$ 的离心率等于(　　).

A. $\frac{3}{5}$　　B. $\frac{5}{3}$　　C. $\frac{4}{5}$　　D. $\frac{5}{4}$

2. (安徽 2012 年对口高考)双曲线$\frac{x^2}{9}-y^2=1$ 的焦点坐标为(　　).

A. $(\pm\sqrt{10},0)$　　B. $(0,\pm\sqrt{10})$

C. $(\pm2\sqrt{2},0)$　　D. $(0,\pm2\sqrt{2})$

3. (安徽 2013 年对口高考)若双曲线 $2x^2-y^2=8$ 的顶点为 A_1,A_2，则 A_1A_2 的长为(　　).

A. 2　　B. $2\sqrt{2}$　　C. 4　　D. $4\sqrt{2}$

第 4 节　抛物线

名师导读

本节高考主要考查抛物线的定义、标准方程及简单几何性质，考查形式主要有三种：一是求抛物线的标准方程，二是根据抛物线的方程研究抛物线的性质，三是研究直线与抛物线的位置关系.

知识要点归纳

项目	内　　容			
定义	平面内与一个定点 F 和一条定直线 l 的距离相等的点的轨迹(或集合)叫抛物线，点 F 叫作抛物线的焦点，直线 l 叫作抛物线的准线.			
图像	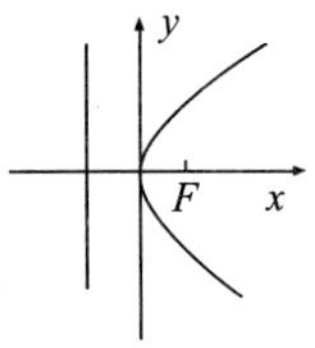	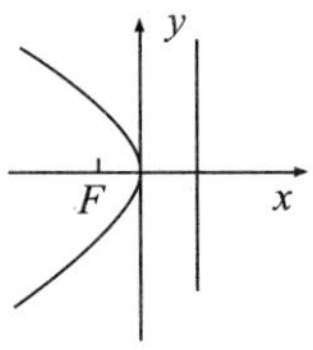	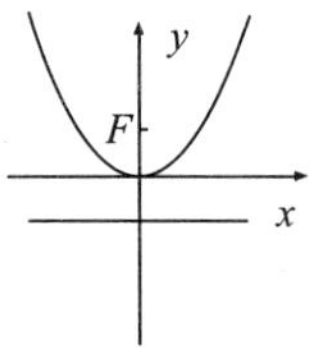	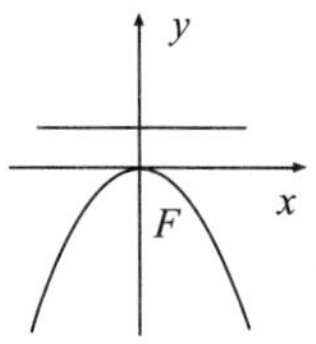
标准方程	$y^2=2px$ $(p>0)$	$y^2=-2px$ $(p>0)$	$x^2=2py$ $(p>0)$	$x^2=-2py$ $(p>0)$
范围	$x\geqslant0,y\in\mathbf{R}$	$x\leqslant0,y\in\mathbf{R}$	$y\geqslant0,x\in\mathbf{R}$	$y\leqslant0,x\in\mathbf{R}$
对称轴	x 轴	x 轴	y 轴	y 轴
焦点	$F(\frac{p}{2},0)$	$F(-\frac{p}{2},0)$	$F(0,\frac{p}{2})$	$F(0,-\frac{p}{2})$
准线	$x=-\frac{p}{2}$	$x=\frac{p}{2}$	$y=-\frac{p}{2}$	$y=\frac{p}{2}$
顶点	坐标原点$(0,0)$			
离心率	$e=1$			

典型题型解析

【例 1】求满足下列条件的抛物线方程：

(1)抛物线的顶点在原点，准线方程为 $x=-2$；

(2)抛物线的焦点坐标为$(-5,0)$；

(3)抛物线的顶点在原点，对称轴是 x 轴，点$(-5,2\sqrt{5})$到焦点距离是 6.

【解析】(1)由准线方程 $x=-2$，得$-\frac{p}{2}=-2$，所以 $p=4$，且抛物线的开口向右(或焦点在 x 轴的正半轴)，所以 $y^2=2px=8x$；

(2)∵焦点在 x 轴的负半轴上，$\frac{p}{2}=5$，∴$p=10$，

∴它的标准方程为 $y^2=-20x$；

(3)∵点$(-5,2\sqrt{5})$在第二象限，又∵对称轴是 x 轴，

∴抛物线开口向左，不妨设其焦点坐标为 $F(x,0)$，

所以$\sqrt{(-5-x)^2+(2\sqrt{5})^2}=6$　∴$x^2+10x+9=0$，$x_1=-1$，$x_2=-9$，

所以 $p_1=2$，$p_2=18$，则相应的抛物线方程为 $y^2=-4x$ 和 $y^2=-36x$.

【方法点拨】求抛物线的方程时，一定要分清焦点的位置，当焦点的位置不确定时则要分类讨论.

【例 2】若抛物线 $y^2=2px(p>0)$的焦点与椭圆$\frac{x^2}{6}+\frac{y^2}{2}=1$ 的右焦点重合，则 p 的值为(　　).

A. -2　　　　B. 2　　　　C. -4　　　　D. 4

【解析】在椭圆中，$a^2=6$，$b^2=2$，　∴$c=\sqrt{a^2-b^2}=2$，

∴右焦点为$(2,0)$，由题意知$\frac{p}{2}=2$，　∴$p=4$，故选 D.

【例 3】已知抛物线 $y^2=2px(p>0)$的准线与圆 $x^2+y^2-6x-7=0$ 相切，则 $p=$______.

【解析】抛物线 $y^2=2px(p>0)$的准线方程为 $x=-\frac{p}{2}$，由圆的方程得$(x-3)^2+y^2=16$，所以圆心为$(3,0)$，$r=4$，因为此抛物线的准线与圆相切，所以 $3+\frac{p}{2}=4$，$p=2$.

【方法点拨】本题考查抛物线的相关几何性质和直线与圆的位置关系.

【例 4】已知抛物线的顶点在原点，焦点在 y 轴上，抛物线上一点 $M(m,-3)$到焦点的距离为 5，求 m 的值.

【解析】因为抛物线的焦点在 y 轴上，又因为 $M(m,-3)$在抛物线上，所以抛物线的焦点一定在 y 的负半轴，故可设抛物线的方程为：$x^2=-2py$ $(p>0)$，则准线方程为 $y=\frac{p}{2}$，由抛物线的定义得 $M(m,-3)$到焦点的距离$|MF|$等于它到准线的距离$|MK|$.

而$|MF|=5$，$|MK|=|-3|+\frac{p}{2}$，　$\therefore |-3|+\frac{p}{2}=5$，

解得 $p=4$，故抛物线方程为 $x^2=-8y$，

因为 $M(m,-3)$在抛物线上，故 $m^2=-8(-3)$，$\therefore m=\pm 2\sqrt{6}$.

【方法点拨】首先根据 M 点的坐标判断出抛物线焦点的位置，然后再利用抛物线的定义得出方程，从而求出抛物线方程，最后将 M 点代入求得 m 值.

【例 5】若抛物线 $y^2=4x$ 被直线 $y=2x+b$ 截得的弦长为 $3\sqrt{5}$，求 b 的值.

【解析】联立方程组$\begin{cases} y^2=4x, \\ y=2x+b, \end{cases}$ 消去 y 得：$4x^2+(4b-4)x+b^2=0$，

$\therefore x_1+x_2=1-b, x_1\cdot x_2=\frac{b^2}{4}$，

$\therefore |AB|=\sqrt{1+k^2}|x_1-x_2|$

$=\sqrt{1+2^2}\sqrt{(x_1+x_2)^2-4x_1x_2}$

$=\sqrt{5}\sqrt{(b-1)^2-b^2}=3\sqrt{5}$

解得 $b=-4$.

【方法点拨】本题用到了弦长公式. 设 $A(x_1,y_1)$，$B(x_2,y_2)$，AB 斜率为 k，则 $|AB|=\sqrt{1+k^2}|x_1-x_2|=\sqrt{1+k^2}\cdot\sqrt{(x_1+x_2)^2-4x_1x_2}$.

【例 6】求抛物线 $y^2=6x$ 中以 $M(4,3)$为中点的弦的方程.

【解析】由题意可知弦所在的直线斜率一定存在，故设弦所在直线方程为：$y-3=k(x-4)$，另外点 M 一定在抛物线的内部，设交抛物线于 $A(x_1,y_1)$，$B(x_2,y_2)$两点，

联立方程组$\begin{cases} y^2=6x, \\ y-3=k(x-4), \end{cases}$ 消去 x 得：$ky^2-6y-24k+18=0$，

则有 $y_1+y_2=\frac{6}{k}$，$\frac{y_1+y_2}{2}=3$，解得 $k=1$，

$\therefore$所求直线方程为 $x-y-1=0$.

【例 7】求抛物线 $y=x^2$ 上的点到直线 $l: x-y-2=0$ 的最短距离.

【解析】设抛物线上一点 $P(x_0,y_0)$到直线 $l: x-y-2=0$ 的距离为 d，则

$d=\frac{|x_0-y_0-2|}{\sqrt{2}}$，将 $y_0={x_0}^2$代入得：

$d=\frac{|x_0-x_0^2-2|}{\sqrt{2}}=\frac{1}{\sqrt{2}}\left|(x_0-\frac{1}{2})^2+\frac{7}{4}\right|$

$\therefore$当 $x_0=\frac{1}{2}$时，$d_{\min}=\frac{7}{8}\sqrt{2}$.

【方法点拨】此题设点是关键，然后用到了点到直线的距离公式和二次函数求最值问题.

【例 8】已知抛物线 $y^2=2px(p>0)$的焦点 F 到准线 l 的距离为 2.

(1)求抛物线的方程及焦点 F 的坐标；

(2)过点 $N(4,0)$ 的直线交抛物线于 A、B 两点,求$\overrightarrow{OA}\cdot\overrightarrow{OB}$的值(其中 O 为坐标原点).

【解析】(1)抛物线的焦点 $F(\frac{p}{2},0)$,准线 $l:x=-\frac{p}{2}$,

∴ 焦点到准线的距离为 $p=2$,

∴抛物线方程为 $y^2=4x$,焦点为 $F(1,0)$.

(2)显然直线 AB 与 x 轴不平行,故可设它的方程为:$x=my+4$,

联立方程组$\begin{cases}x=my+4,\\y^2=4x,\end{cases}$ 消去 x 得:$y^2-4my-16=0$,

设 $A(x_1,y_1)$,$B(x_2,y_2)$两点,则 $y_1y_2=-16$,由 $y^2=4x$ 得 $x=\frac{1}{4}y^2$,

∴$x_1=\frac{1}{4}y_2{}^2$,$x_2=\frac{1}{4}y_2{}^2$,

∴$\overrightarrow{OA}\cdot\overrightarrow{OB}=x_1x_2+y_1y_2=\frac{y_1{}^2}{4}\cdot\frac{y_2{}^2}{4}+y_1y_2=0$.

【方法点拨】此题为 2007 年安徽省对口高考题,是平面向量与抛物线的综合题.

规律方法探究

1. 分类讨论. 当抛物线的焦点位置不确定时,进行分类讨论,另外,在研究直线与抛物线的位置关系时也需对“Δ”进行讨论.

2. 整体思想. 在研究直线与抛物线的位置关系时,经常使用“设而不求”的整体思想.

3. 方程思想. 方程思想在解决直线与抛物线的位置关系中经常使用.

配套练习

基础知识巩固

一、选择题

1. 抛物线 $y=2x^2$ 的焦点坐标是(　　).

A. $(0,\frac{1}{4})$　　B. $(0,\frac{1}{8})$　　C. $(\frac{1}{2},0)$　　D. $(\frac{1}{4},0)$

2. 抛物线 $y^2=-ax$ 的准线方程为 $x=-2$,则 a 的值为(　　).

A. 8　　B. -8　　C. -4　　D. 4

3. 顶点在原点,准线方程为 $y=4$ 的抛物线方程是(　　).

A. $y^2=16x$　　B. $y^2=-16x$

C. $x^2=16y$　　D. $x^2=-16y$

4. 已知抛物线方程为 $y=ax^2(a>0)$，则其准线方程为（　　）.

A. $x=-\frac{a}{2}$　　B. $x=\frac{a}{4}$

C. $y=-\frac{1}{2a}$　　D. $y=-\frac{1}{4a}$

5. 顶点在原点，坐标轴为对称轴的抛物线过点$(-2,3)$，则此抛物线的方程是（　　）.

A. $x^2=\frac{4}{3}y$　　B. $y^2=-\frac{9}{2}x$ 或 $x^2=\frac{4}{3}y$

C. $y^2=-\frac{9}{2}x$　　D. $x^2=-\frac{9}{2}y$ 或 $y^2=\frac{4}{3}x$

6. 若抛物线 $y^2=-2px(p>0)$的焦点与椭圆$\frac{x^2}{5}+y^2=1$ 的左焦点重合，则 p 的值为（　　）.

A. 8　　B. 6　　C. 4　　D. 2

7. 抛物线 $y^2=10x$ 的焦点到准线的距离是（　　）.

A. 2.5　　B. 5　　C. 7.5　　D. 10

8. 抛物线以原点为顶点，以坐标轴为对称轴，且焦点在直线 $x-2y-4=0$ 上，则抛物线的方程为（　　）.

A. $y^2=16x$　　B. $x^2=-8y$ 或 $y^2=16x$

C. $x^2=8y$　　D. $x^2=8y$ 或 $y^2=16x$

9. 顶点是双曲线$\frac{x^2}{4}-\frac{y^2}{5}=1$ 的中心，焦点是双曲线左焦点的抛物线方程是（　　）.

A. $y^2=-12x$　　B. $y^2=12x$

C. $x^2=-12y$　　D. $x^2=12y$

10. 过抛物线 $y^2=4x$ 的焦点作直线交抛物线于 $A(x_1,y_1)$，$B(x_2,y_2)$两点，如果 $x_1+x_2=6$，那么$|AB|=$（　　）.

A. 4　　B. 6　　C. 8　　D. 10

11. 抛物线 $y^2=12x$ 截直线 $y=2x+1$ 所得弦长等于（　　）.

A. $\sqrt{15}$　　B. $2\sqrt{15}$

C. $\frac{\sqrt{15}}{2}$　　D. 15

12. 抛物线 $y^2=2px$ 上横坐标为 4 的点到焦点的距离为 5，则 $p=$（　　）.

A. $\frac{1}{2}$　　B. 1　　C. 2　　D. 4

二、填空题

13. 焦点是 $F(-2,0)$的抛物线的标准方程是______.

14. 顶点在原点，焦点在 y 轴上，且过点 $P(4,2)$的抛物线方程是______.

15. 若直线 $ax-y+1=0$ 经过抛物线 $y^2=4x$ 的焦点，则实数 $a=$______.

16. 抛物线 $y^2=8x$ 上一点 P 到顶点的距离等于它到准线的距离，则 P 点坐标是______.

三、解答题

17. 已知抛物线的方程为 $y=-8x^2$，请写出它的焦点坐标、顶点坐标、离心率和准线方程.

18. 已知抛物线顶点在原点，焦点在 y 的正半轴上，且抛物线上一点 $(-3,m)$ 到焦点的距离为 5，求抛物线的方程.

19. 顶点在原点，焦点在 x 轴上的抛物线被直线 $y=2x+1$ 截得的弦长为 $\sqrt{15}$，求抛物线的方程.

20. 过抛物线 $y^2=-4x$ 的焦点，引倾斜角为120°的直线，交抛物线于 A、B 两点，求$\triangle OAB$ 的面积.

21. 当 k 是什么实数时，直线 $kx-y+1=0$ 与抛物线 $y^2=4x$.

(1)有两个交点； (2)只有一个交点； (3)无交点.

22. 河上有抛物线型拱桥，当水面距拱桥顶 5m 时，水面宽为 8m，一小船宽 4m，高 2m，载货后船露出水面上的部分高 0.75m，问水面上涨到与抛物线拱顶相距多少米时，小船开始不能通航？

能力强化提高

一、选择题

1. 顶点在原点，并且以圆 $(x-2)^2+y^2=9$ 的圆心为焦点的抛物线方程为(　　).

A. $y^2=8x$　　B. $y^2=4x$　　C. $x^2=8y$　　D. $x^2=4y$

2. 设抛物线 $y^2=8x$ 上一点 P 到 y 轴的距离是 4，则点 P 到该抛物线焦点的距离是(　　).

A. 4　　B. 6　　C. 8　　D. 12

3. 点 $M(5,3)$ 到抛物线 $y=ax^2$ 准线的距离等于 6，则抛物线的方程是(　　).

A. $y=12x^2$　　B. $y=12x^2$ 或 $y=-36x^2$

C. $y=-36x^2$　　D. $y=\frac{1}{12}x^2$ 或 $y=-\frac{1}{36}x^2$

4. 过点 $A(-2,0)$，且与直线 $x=2$ 相切的动圆圆心的轨迹方程是(　　).

A. $y^2=-2x$　　B. $y^2=-4x$

C. $y^2=-8x$　　D. $y^2=-16x$

5. 直线 $y=kx-2$ 交抛物线 $y^2=8x$ 于 A、B 两点，若 AB 中点的横坐标为 2，则 k 等于(　　).

A. 2 或 -1　　B. -1　　C. 2　　D. 3

6. 已知抛物线 $y^2=16x$ 上一点 P 到 x 轴距离为 12，焦点是 F，则 $|PF|=$(　　).

A. 13　　B. 15　　C. 16　　D. 10

7. 过抛物线 $y^2=4x$ 焦点的直线交抛物线于 A，B 两点，O 为坐标原点，则 $\overrightarrow{OA}\cdot\overrightarrow{OB}$ 的值是(　　).

A. 12　　B. -12　　C. 3　　D. -3

8. 一抛物线形拱桥，当水面离桥顶 2m 时，水面宽 4m，若水面下降 1m，则水面宽为(　　).

A. $\sqrt{6}$m　　B. $2\sqrt{6}$m　　C. 4.5m　　D. 9m

9. 已知 $mn\neq0$，则方程 $mx^2+ny^2=1$ 与 $mx+ny^2=0$ 在同一坐标系内的图形可能是(　　).

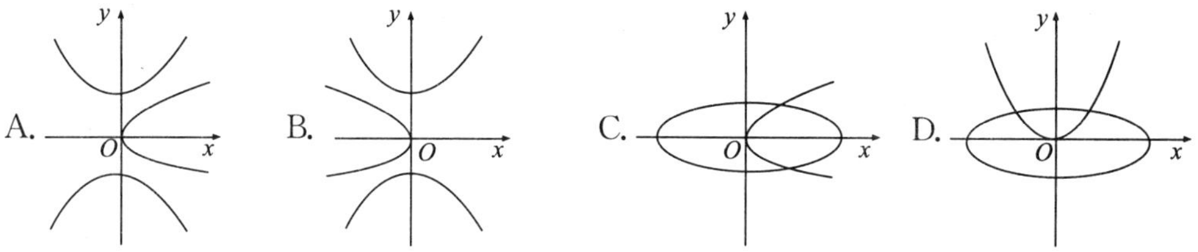

10. 已知 M 为抛物线 $y^2=4x$ 上一动点，F 为抛物线的焦点，定点 $P(3,1)$，则 $|MP|+|MF|$ 的最小值为(　　).

A. 3　　B. 4　　C. 5　　D. 6

二、填空题

11. 焦点到准线的距离是 4，焦点在 x 轴上的抛物线标准方程是______.

12. 抛物线 $y=4ax^2(a<0)$ 的焦点坐标为______.

13. 已知圆 $x^2+y^2+mx+3=0$ 与抛物线 $y=\frac{1}{4}x^2$ 的准线相切，则 $m=$______.

14. 抛物线 $y^2=4x$ 的弦 AB 垂直于 x 轴，若 AB 的长为 $4\sqrt{3}$，则焦点到 AB 的距离为______.

15. 已知点 $A(4,0)$，M 是抛物线 $y^2=6x$ 上的动点，当点 M 到 A 距离最小时 M 点坐标为______.

三、解答题

16. 求经过定点 $A(-3,2)$ 的抛物线的标准方程.

17. 已知抛物线 $y^2=2px(p>0)$上一点 $A(4,m)$到其焦点的距离为 6，求 p 与 m 的值.

18. 若椭圆 $C_1:\frac{x^2}{4}+\frac{y^2}{b^2}=1(0<b<2)$的离心率等于$\frac{\sqrt{3}}{2}$，抛物线 $C_2:x^2=2py(p>0)$的焦点在椭圆 C_1 的顶点上，求抛物线 C_2 的方程.

19. 抛物线 $y^2=2px(p>0)$有一内接直角三角形，直角的顶点在原点，一直角边的方程是 $y=2x$，斜边长是 $5\sqrt{3}$，求此抛物线方程.

20. 已知直线 l 在 x，y 轴上的截距分别为 2 和 -1，并且与抛物线 $y^2=\frac{1}{4}x$ 交于 A，B 两点，试求：

(1)抛物线的焦点 F 到直线 l 的距离；

(2)$\triangle ABF$ 的面积.

考试真题体验

1. (安徽 2010 年对口高考)已知抛物线 $y^2=2px(p>0)$ 上有一点 $A(4,4)$.

(1)求抛物线的方程；

(2)过点 A 任作两条直线 AM、AN，AM 交抛物线于另一点 M，AN 交抛物线于另一点 N，且直线 AM 与 AN 的斜率互为相反数，求证：直线 MN 的斜率为定值，并求此定值.

2. (安徽 2012 年对口高考)已知抛物线 $y^2=-2px(p>0)$ 的准线方程为 $x=\frac{3}{2}$.

(1)求抛物线的方程；

(2)过焦点 F 作垂直于 x 轴的直线交抛物线于 A，B 两点，求$\triangle OAB$ 的面积.

第 9 章　立体几何

第 1 节　直线与平面

名师导读

直线与平面(包括平面的性质、直线与直线位置关系及所成角、直线与平面位置关系及所成角、平面与平面位置关系及二面角)是高中数学的重点知识,为历年必考内容之一,主要考查学生对平面的性质,直线与直线、直线与平面、平面与平面平行和垂直的判定与性质的理解与掌握,了解直线与直线、直线与平面、平面与平面所成角的概念.

知识要点归纳

一、平面的基本性质

1. 平面的概念

数学中的平面是由平静的湖面、窗户的玻璃面等物体抽象出来的,光滑并且可以无限延展的图形.

2. 平面的表示

通常用一个平行四边形表示平面,并用小写的希腊字母 α、β、γ、…来表示不同的平面,也可以用平行四边形的四个顶点的字母或两个相对顶点的字母来命名,如图 9-1 中的平面可以记作平面 α,也可记作平面 $ABCD$,平面 AC 或平面 BD.

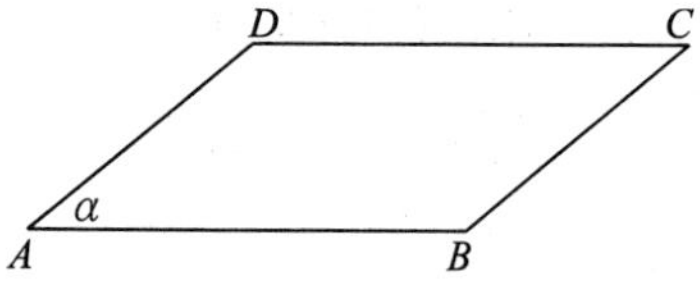

图 9-1

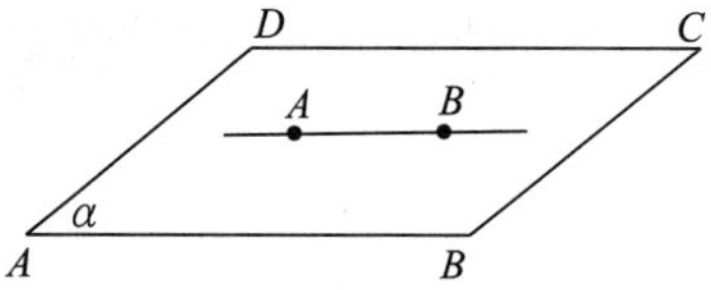

图 9-2

3. 平面的基本性质

(1)如果直线 l 上的两点都在平面 α 内,那么直线 l 上的所有点都在平面 α 内.此时称直线 l 在平面 α 内或平面 α 经过直线 l.记作 $l\subseteq\alpha$(如图 9-2).

(2)如果两个平面有一个公共点,那么它们一定还有其他的公共点,并且所有公共点的集合是过这个点的一条直线.此时称这两个平面相交,并把所有公共点组成的直线 l 叫作两个平面的交线.平面 α 与平面 β 相交,交线为 l,记作 $\alpha \cap \beta = l$(如图 9-3).

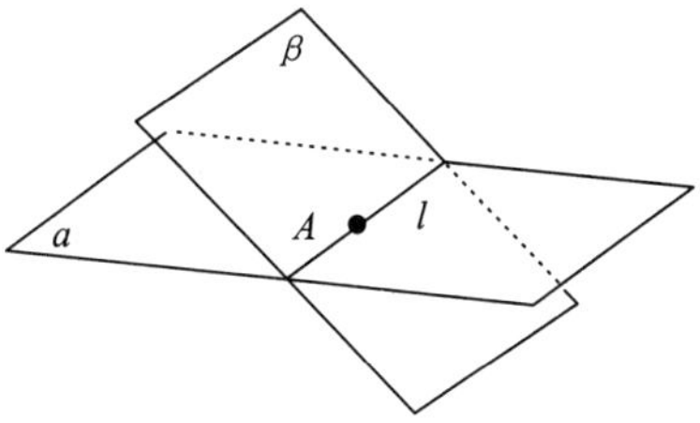

图 9-3

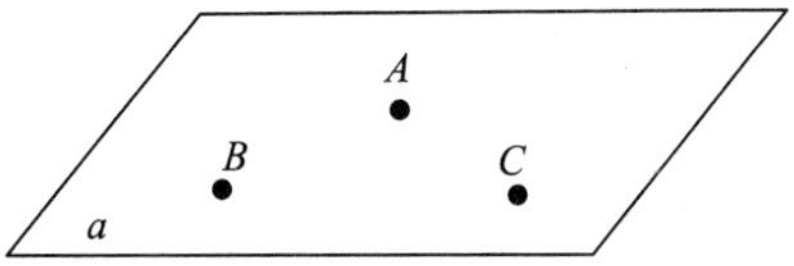

图 9-4

(3)不在同一条直线上的三个点,可以确定一个平面(如图 9-4).

由此可以得到下面三个结论:

①直线与这条直线外的一点可以确定一个平面(如图 9-5);

②两条相交直线可以确定一个平面(如图 9-6);

③两条平行直线可以确定一个平面(如图 9-7).

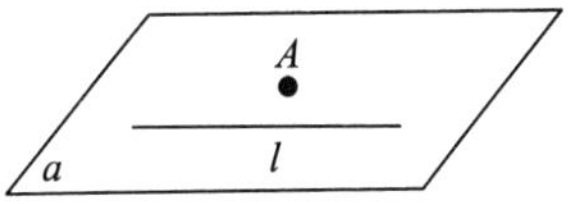

图 9-5

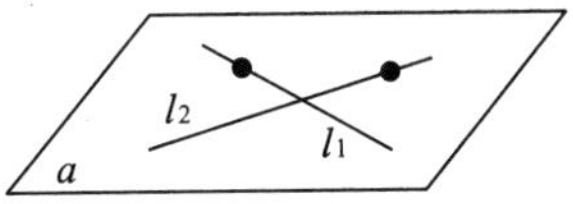

图 9-6

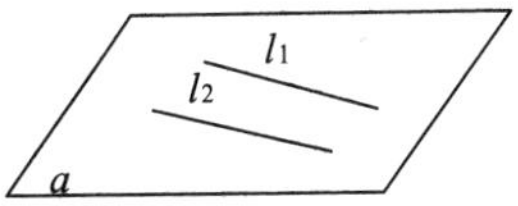

图 9-7

二、空间中的位置关系

1. 直线与直线的位置关系

在同一个平面内的直线叫作共面直线,平行或相交的两条直线都是共面直线;不同在任何一个平面内的直线叫作异面直线.

空间两直线有三种位置关系:平行、相交、异面.

2. 直线与平面的位置关系

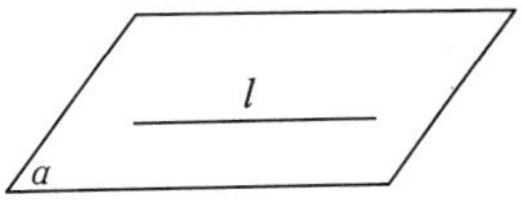

图 9-8

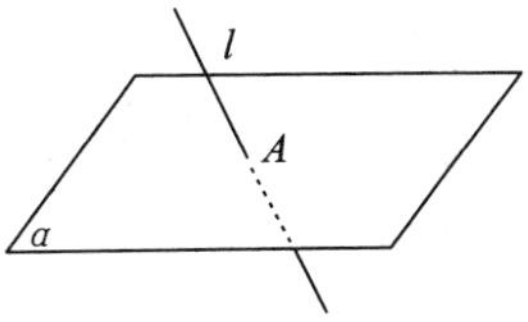

图 9-9

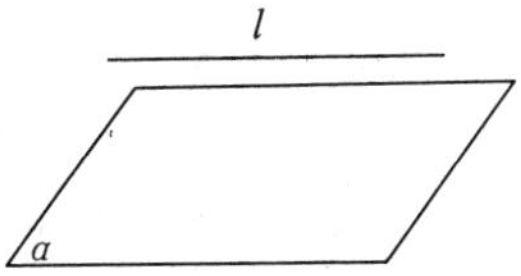

图 9-10

(1)直线在平面内:如果一条直线与一个平面有无穷多个公共点,则称这条直线在平面内(如图 9-8).直线 l 在平面 α 内,记作 $l \subseteq \alpha$;

(2)直线与平面相交:如果一条直线与一个平面只有一个公共点,那么称这条直线与这个平面相交,如图 9-9.直线 l 与平面 α 相交于 A,记作 $l \cap \alpha = A$.

(3)直线与平面平行:如果一条直线与一个平面没有公共点,那么称这条直线与这个平面平行,如图 9-10.直线 l 与平面 α 平行,记作 $l /\!/ \alpha$.

3. 平面与平面的位置关系

如果两个平面没有公共点,那么称这两个平面互相平行,如图 9-11.平面 α 与平面 β

平行,记作 $\alpha /\!/ \beta$.

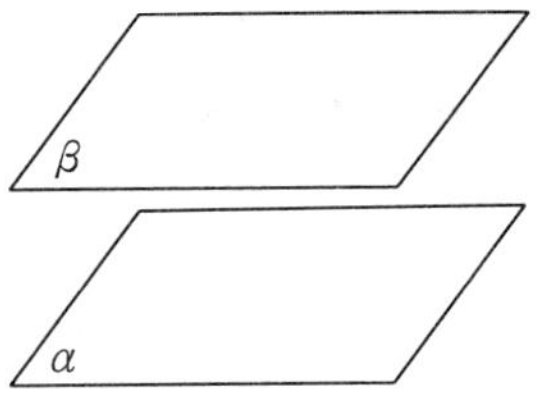

图 9-11

空间两个平面有两种位置关系:平行与相交.

4. 直线与直线平行的判定与性质

(1)直线与直线平行的判定:平行于同一条直线的两条直线平行.

(2)直线与直线平行的性质:空间中,如果一个角的两边与另一个角的两边分别平行,那么这两个角相等或互补.

5. 直线与平面平行的判定与性质

(1)直线与平面平行的判定

如果平面外的一条直线和平面内的一条直线平行,那么这条直线和这个平面平行.如图 9-12 所示,直线 a 在平面 α 外,直线 b 在平面 α 内,且 $a /\!/ b$,则 $a /\!/ \alpha$.

(3)直线与平面平行的性质

如果一条直线与一个平面平行,并且经过这条直线的一个平面和这个平面相交,那么这条直线与交线平行.如图 9-13 所示,直线 l 为平面 α 与平面 β 的交线,直线 m 在平面 β 内,且 $m /\!/ \alpha$,则 $m /\!/ l$.

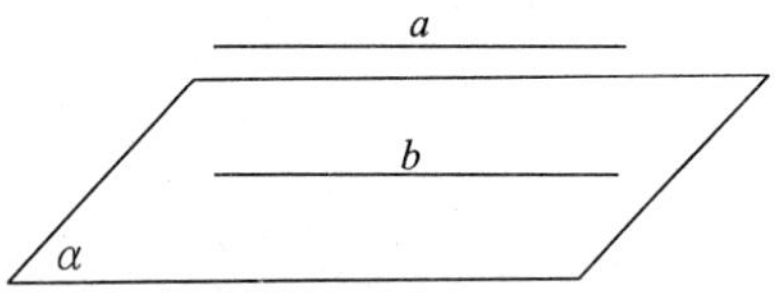

图 9-12

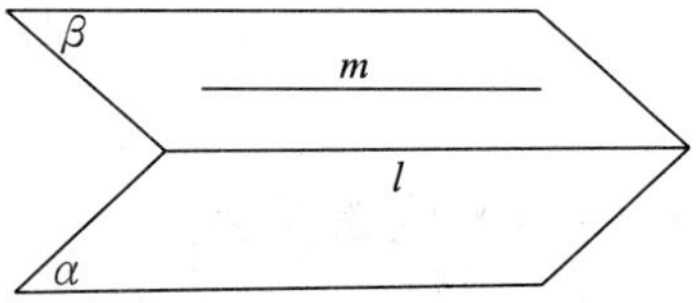

图 9-13

6. 平面与平面平行的判定与性质

(1)平面与平面平行的判定

如果一个平面内有两条相交直线都与另一个平面平行,那么这两个平面平行.如图 9-14 所示,平面 α 内的两条相交直线 m、n 都平行于平面 β,且 $m \cap n = A$,则 $\alpha /\!/ \beta$.

(3)平面与平面平行的性质

如果一个平面与两个平行平面相交,那么它们的交线平行.如图 9-15 所示,$\alpha /\!/ \beta$,平面 γ 与平面 α、β 都相交,交线分别为 m,n,则 $m /\!/ n$.

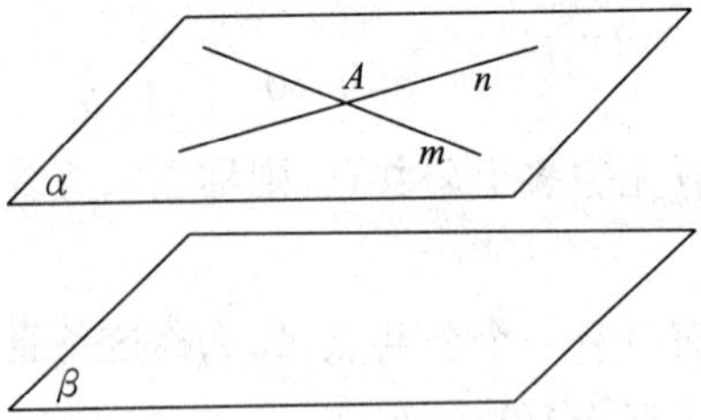

图 9-14

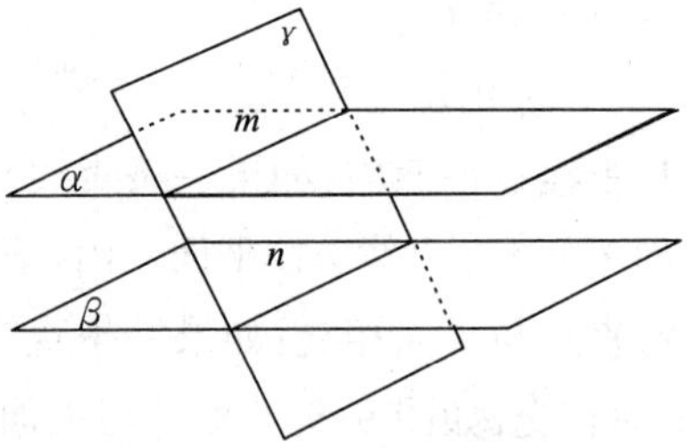

图 9-15

三、空间中的角

1. 两条异面直线所成的角

在空间中任取一点，经过该点分别作两条异面直线的平行线，则这两条相交直线的夹角叫作两条异面直线所成的角，其范围是$\left(0,\frac{\pi}{2}\right]$.

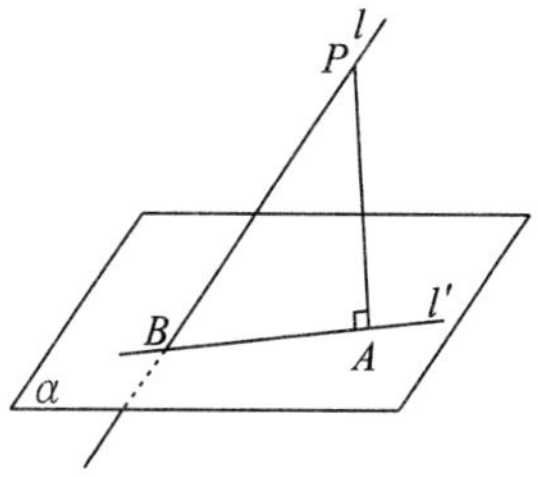

图 9-16

2. 直线与平面所成的角

斜线 l 与它在平面 α 内的射影 l' 的夹角，叫作直线 l 与平面 α 所成的角. 如图 9-16，$\angle PBA$ 就是直线 PB 与平面 α 所成的角.

当直线与平面垂直时，直线与平面所成的角是直角；当直线与平面平行或直线在平面内时，直线与平面所成的角是零角，因此，直线与平面所成的角的范围是$\left[0,\frac{\pi}{2}\right]$.

3. 平面与平面所成的角

(1)半平面：平面内的一条直线将平面分成两个部分，每一部分叫作一个半平面.

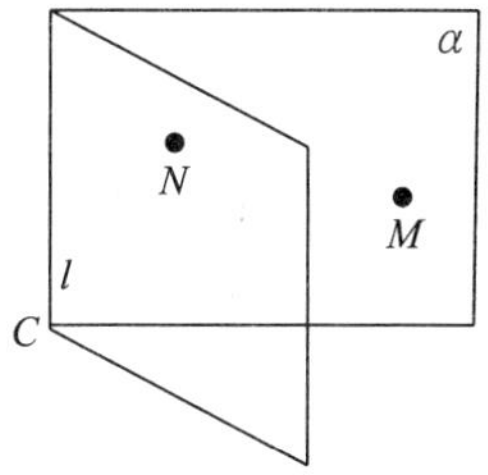

图 9-17

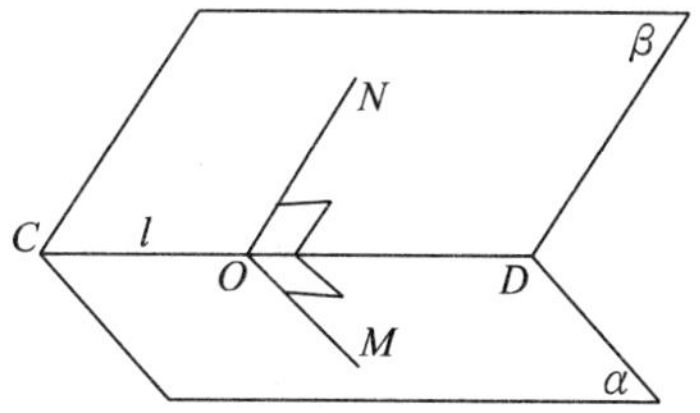

图 9-18

(2)二面角的定义：从一条直线出发的两个半平面所组成的图形叫作二面角，这条直线叫作二面角的棱，这两个半平面叫作二面角的面. 以直线 l(或 CD)为棱，两个半平面分别为 α、β 的二面角的角，记作二面角 $\alpha-l-\beta$(或 $\alpha-CD-\beta$，或 $M-CD-N$)(如图 9-17).

(3)二面角的平面角：在二面角棱上任取一点 O，分别在两个半平面内作棱的垂线 OM、ON，则$\angle MON$ 就是这个二面角的平面角(如图 9-18). 二面角的平面角的取值范围是$[0,\pi]$.

四、空间中的垂直关系

1. 空间两条直线垂直

如果空间两条直线所成的角是$90°$，那么称这两条直线互相垂直. 直线 a 和 b 垂直，记作 $a\perp b$.

2. 直线与平面垂直

(1)直线与平面垂直的定义：如果直线 l 和平面 α 内的任意一条直线都垂直，那么就称直线 l 与平面 α 垂直，记作 $l\perp\alpha$. 直线 l 叫作平面 α 的垂线，垂线 l 与平面 α 的交点叫作垂足.

(2)直线与平面垂直的判定：如果一条直线与一个平面内两条相交直线都垂直，那么这条直线与这个平面垂直. 如图 9-19 所示，设 $l\perp m$，$l\perp n$，

$m\cap n=P, m\subseteq\alpha, n\subseteq\alpha$，则 $l\perp\alpha$.

(3)直线与平面垂直的性质：垂直于同一个平面的两条直线互相平行. 如图 9-20 所示，设 $m\perp\alpha, n\perp\alpha$，则 $m/\!/n$.

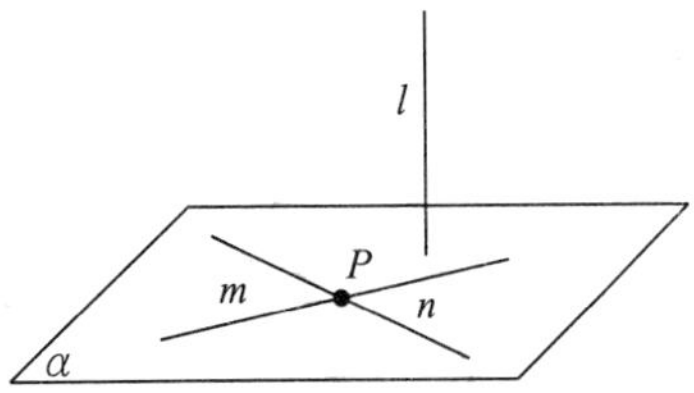

图 9-19

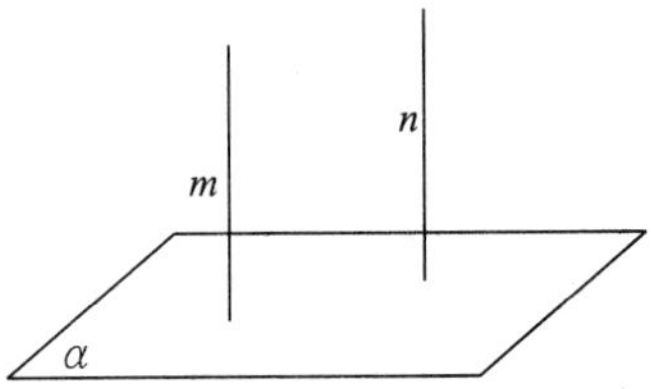

图 9-20

3. 平面与平面垂直

(1)平面与平面垂直的定义：两个平面相交，如果所成的二面角是直二面角，那么称这两个平面互相垂直. 平面 α 与平面 β 垂直，记作 $\alpha\perp\beta$.

(2)平面与平面垂直的判定：一个平面经过另一个平面的垂线，则这两个平面垂直. 如图 9-21 所示，如果 $AB\perp\beta$，AB 在 α 内，那么 $\alpha\perp\beta$.

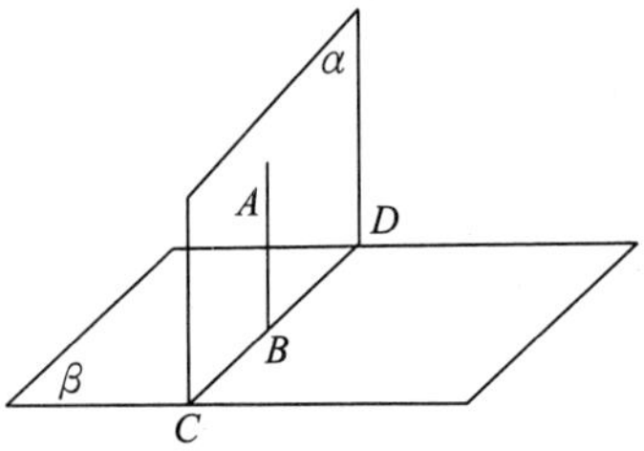

图 9-21

(3)平面与平面垂直的性质：如果两个平面垂直，那么一个平面内垂直于交线的直线与另一个平面垂直. 如图 9-21 所示，如果 $\alpha\perp\beta, \alpha\cap\beta=CD$，$AB$ 在 α 内，且 $AB\perp CD$，那么 $AB\perp\beta$.

典型题型解析

【例 1】下列四个条件中，在空间中能确定一个平面的条件是(　　).

A. 三个点　　B. 一个点与一条直线　　C. 两条直线　　D. 两条相交直线

【解析】判断某组条件能否确定一个平面，其依据是平面的基本性质及其推论，因为相交直线能确定一个平面，所以答案是 D.

【例 2】两条直线没有交点是这两条直线异面的(　　)条件.

A. 必要不充分　　B. 充分不必要

C. 充要　　D. 既不充分也不必要

【解析】两条直线没有交点，那么这两条直线有可能平行，也有可能异面；若两条直线异面，则这两条直线肯定没有交点，所以答案是 A.

【例 3】如图所示，四棱锥 $P-ABCD$ 中底面 $ABCD$ 为平行四边形，E、F 分别是 PA、PD 的中点.

求证：(1) $EF/\!/BC$；　(2) $EF/\!/$平面 $ABCD$.

【证明】(1) ∵ E、F 分别是 PA、PD 的中点

∴ $EF/\!/AD$，又 ∵ $AD/\!/BC$，∴ $EF/\!/BC$.

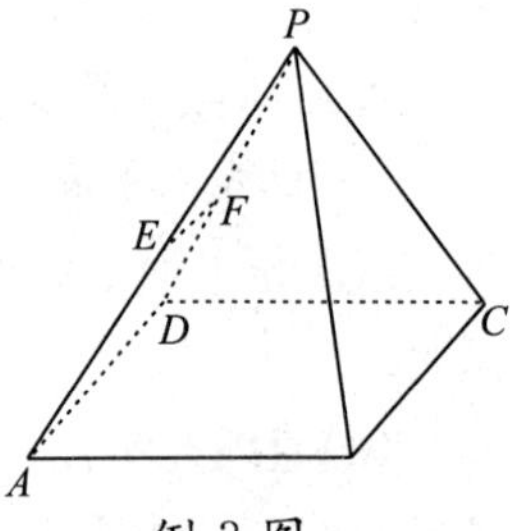

例 3 图

$(2)\because\begin{cases}EF\not\subset\text{平面 }ABCD\\ AD\subseteq\text{平面 }ABCD\\ EF\parallel AD\end{cases}$

$\therefore EF\parallel$平面 $ABCD$.

【方法点拨】在证明线线平行时，往往借助三角形中位线定理，即三角形的中位线平行底边且等于底边的一半.

【例 4】如图所示，$\alpha\parallel\beta$，M 在 α 与 β 同侧，过 M 作直线 a 和 b，a 分别与 α，β 相交于 A，B，b 分别与 α，β 相交于 C，D.

(1)判断直线 AC 与直线 BD 是否平行；

(2)如果 $MA=8\text{cm}$，$AB=5\text{cm}$，$MC=12\text{cm}$，求 MD 的长.

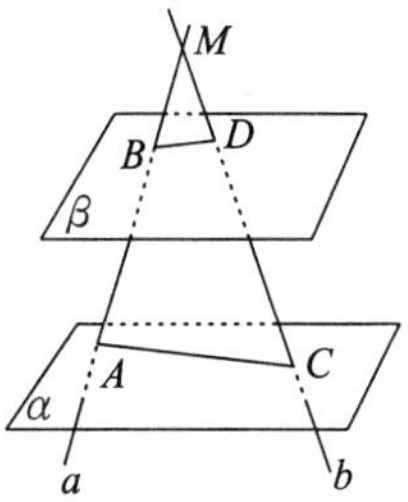

例 4 图

【解析】

(1)证明：$\because a\cap b=M$，$\therefore$ 四边形 $ABCD$ 是平面图形，又 $\because \alpha\parallel\beta$，且平面 $ACDB\cap$平面 $\alpha=AC$，平面 $ACDB\cap$平面 $\beta=BD$，$\therefore AC\parallel BD$.

(2)解：$\because AC\parallel BD$，$\therefore \dfrac{MB}{MA}=\dfrac{MD}{MC}$，即 $\dfrac{8-5}{8}=\dfrac{MD}{12}$，得 $MD=4.5\text{cm}$.

【方法点拨】本题是面面平行的性质定理的应用，直线 a、b 相交于 M，从而可以确定一个平面，是解答本题的关键.

【例 5】已知正方体 $ABCD-A_1B_1C_1D_1$，求：

(1)异面直线 A_1D 与 CD_1 所成的角；

(2)直线 A_1D 与平面 $ABCD$ 所成的角.

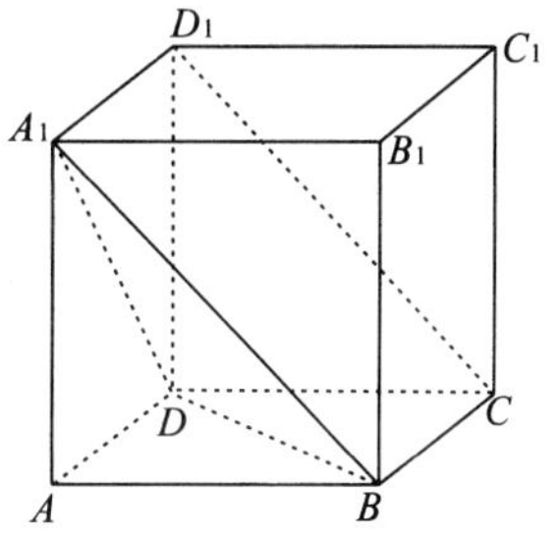

例 5 图

【解析】

(1)连接 A_1B、BD 由正方体性质可知 $A_1B\parallel CD_1$，所以 $\angle BA_1D$ 即为异面直线 A_1D 与 CD_1 所成的角，又 $\because A_1D=A_1B=BD$，$\therefore \angle BA_1D=60^\circ$.

即异面直线 A_1D 与 CD_1 所成的角为 60°.

(2)在正方体 $ABCD-A_1B_1C_1D_1$ 中，$AA_1\perp$平面 $ABCD$，$\therefore A_1D$ 在平面 $ABCD$ 上的射影为 AD，$\therefore \angle ADA_1$ 即为直线 A_1D 与平面 $ABCD$ 所成的角，$\therefore$ 直线 A_1D 与平面 $ABCD$ 所成的角为 $\angle ADA_1=45^\circ$.

【方法点拨】

1. 异面直线所成的角就是通过做异面直线其中一条或两条的平行线把它转化成同一平面内的两条直线的夹角；

2. 求直线与平面的夹角关键是找到直线在平面上的射影，因为直线与它在平面内的射影所夹的角即为直线与平面所成的角.

【例 6】在正四面体 $P-ABC$ 中，各棱长等于 4，求二面角 $P-AB-C$ 的余弦值.

【解析】

在 AB 上取中点 D，连接 CD、PD，

由题意可知，$\triangle ABC$、$\triangle PAB$ 均是等边三角形，

$\therefore PD\perp AB$、$CD\perp AB$，且 $CD=PD=2\sqrt{3}$，

$\therefore \angle PDC$ 即为二面角 $P-AB-C$ 的平面角，在 $\triangle PDC$ 中，

$\cos\angle PDC=\dfrac{PD^2+CD^2-PC^2}{2PD\cdot CD}=\dfrac{1}{3}$.

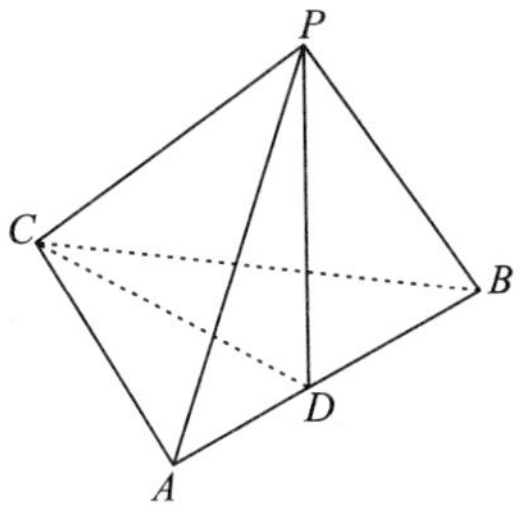

例 6 图

【方法点拨】求二面角的主要步骤：

(1)根据二面角的平面角的定义，找出或构造出二面角的平面角；

(2)解二面角的平面角所在的三角形.

【例 7】已知三棱锥 $P-ABC$ 中，$PA\perp$ 平面 ABC，$AB\perp BC$，$AD\perp PB$ 交 PB 于点 D.

求证：(1)$BC\perp$ 平面 PAB；

(2)$AD\perp$ 平面 PBC.

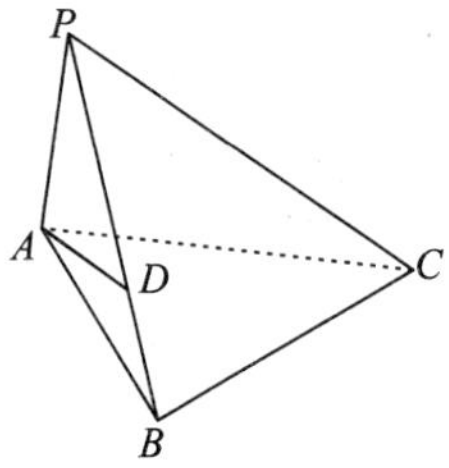

例 7 图

【解析】(1)证明：$\because PA\perp$ 平面 ABC

$\therefore PA\perp BC$，又 $\because AB\perp BC$，且 AB 与 PA 相交于 A 点，

$\therefore BC\perp$ 平面 PAB.

(2)证明：由(1)可知 $BC\perp$ 平面 PAB，

$\because AD\subseteq$ 平面 PAB，$\therefore BC\perp AD$，又 $\perp PB$，且 PB 与 BC 相交于 B 点，

$\therefore AD\perp$ 平面 PBC.

【方法点拨】要证明线面垂直，关键是要找这条直线与这个平面内的两条相交直线垂直.

【例 8】如图，在正方体 $ABCD-A_1B_1C_1D_1$ 中，试证明：平面 $A_1BD\perp$ 平面 ACC_1A_1.

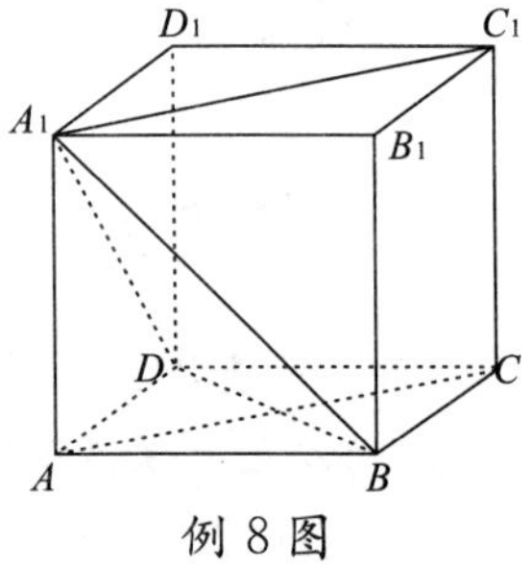

例 8 图

【解析】证明：由正方体性质可知：

$AA_1\perp$ 平面 $ABCD$，$\therefore AA_1\perp BD$，

又由正方形 $ABCD$ 可知 $BD\perp AC$，

且 $AA_1\cap AC=A$，$\therefore BD\perp$ 平面 ACC_1A_1，

又 $\because BD\subseteq$ 平面 A_1BD，$\therefore$ 平面 $A_1BD\perp$ 平面 ACC_1A_1.

【方法点拨】本例是平面与平面垂直的判定定理的应用，正确解答本题的关键是要找出或构造出一个平面内的一条直线与另个平面内的两条相交直线垂直.

规律方法探究

1. 平面的基本性质及其推论是判定平面构成的依据，务必理解透彻和掌握；

2. 线线平行、线面平行、面面平行的判定与性质是解决空间中平行问题的有力工具，要理解它们的内涵，了解它们之间的相互关系；

3. 线线垂直、线面垂直、面面垂直之间可以相互转化，深入理解它们的判定与性质是正确解题的前提；

4. 当直线与平面斜交时，求直线与平面所成的角的一般步骤：(1)找出或构造出斜线与射影所成的角；(2)证明所找或所作出的角为所求的角；(3)常用解直角三角形的方法求角；(4)指明斜线与平面所成的角的值.

配套练习

基础知识巩固

一、选择题

1. 过空间 4 点中的任意 3 点，最多可以确定多少个平面(　　).

A. 1 个　　B. 2 个　　C. 3 个　　D. 4 个

2. 下列说法正确的是(　　).

A. 两个相交的平面可以只有一个交点　　B. 四边形可以表示一个平面

C. 梯形是平面图形　　D. 两条直线确定一个平面

3. 两条异面直线指的是(　　).

A. 在两个平面内的直线　　B. 平面内一条直线与平面外一条直线

C. 不在任何同一平面内的两条直线　　D. 没有交点的两条直线

4. 平行于同一平面的两条直线的位置关系(　　).

A. 平行　　B. 相交　　C. 异面　　D. 以上均可

5. 垂直于同一平面的两个平面的位置关系(　　).

A. 平行　　B. 相交　　C. 平行或相交　　D. 以上结论都不对

6. 两条异面直线所成的角的取值范围(　　).

A. $\left(0,\frac{\pi}{2}\right)$　　B. $\left(0,\frac{\pi}{2}\right]$　　C. $\left[0,\frac{\pi}{2}\right]$　　D. $\left[0,\frac{\pi}{2}\right)$

7. 在正方体 $ABCD-A_1B_1C_1D_1$ 中，AD_1 与 A_1C_1 所成的角是(　　).

A. $0°$　　B. $45°$　　C. $60°$　　D. $90°$

8. 已知 $l\perp\alpha$，$m\subseteq\alpha$，则 l 与 m 的位置关系(　　).

A. 垂直　　B. 相交　　C. 平行　　D. 无法确定

9. 判断一条直线 m 与一个平面 α 垂直的条件(　　).

A. 直线 m 垂直平面 α 内的一条直线

B. 直线 m 垂直平面 α 内的两条直线

C. 直线 m 垂直平面 α 内的两条平行直线

D. 直线 m 垂直平面 α 内的两条平相交直线

10. 在长方体 $ABCD-A_1B_1C_1D_1$ 中，$AB=BC=3$，$AA_1=4$，则二面角 $A-BC-A_1$ 的余弦值为(　　).

A. $\frac{3}{5}$　　B. $\frac{4}{5}$　　C. $\frac{\sqrt{2}}{2}$　　D. $\frac{4}{3}$

11. 过空间一点,与已知直线垂直的直线有(　　).

A. 1 条　　B. 2 条　　C. 3 条　　D. 无数条

12. 若斜线段 AB 与它在平面 α 内的射影的长之比为 $\sqrt{2}:1$,则 AB 与平面 α 所成角的大小是(　　).

A. $30°$　　B. $60°$　　C. $45°$　　D. $135°$

二、填空题

13. 与同一个平面所成角相等的两条的直线的位置关系:______;

14. 两个角的对应边平行,则两个角的关系:______;

15. 在 $90°$ 的二面角的一个平面内有一点,它到棱的距离是 10cm,则这个点到另一个平面的距离:______;

16. 互不重合的三个平面最多可以把空间分成______个部分.

三、解答题

17. 在正方体 $ABCD-A_1B_1C_1D_1$ 中,判断下列各对直线的位置关系:

(1) AB 与 CC_1;　(2) A_1B 与 CD;　(3) AA_1 与 BB_1;

(4) A_1C_1 与 CB_1;(5) A_1C 与 BD_1;　(6) A_1B_1 与 CD.

18. 如图在四面体 $A-BCD$ 中,E、F、G、H 分别为的边 AB、BC、CD、DA 上的中点,试证明四边形 $EFGH$ 是平行四边形.

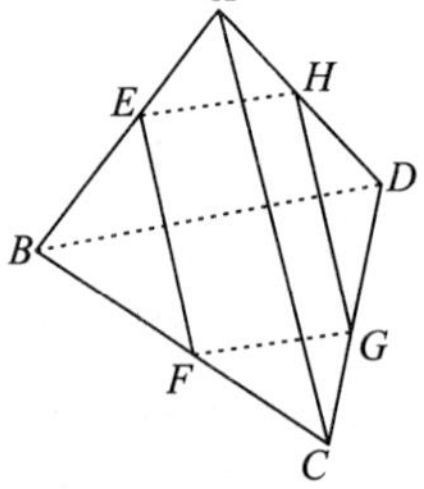

第 18 题图

19. 已知正方体 $ABCD-A_1B_1C_1D_1$，O 是底面 $ABCD$ 对角线的交点，证明：D_1O∥平面 A_1BC_1.

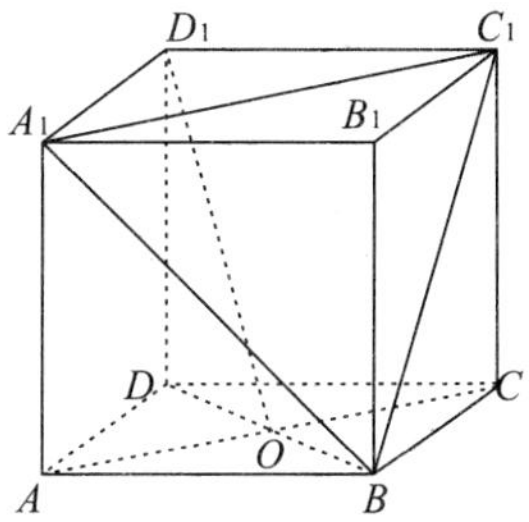

第 19 题图

20. 如图所示，$DA\perp$平面 BCD，$AB\perp BC$，$AC=5$，$BC=4$，$DC=4\sqrt{2}$，求二面角 $D-BC-A$ 的余弦值.

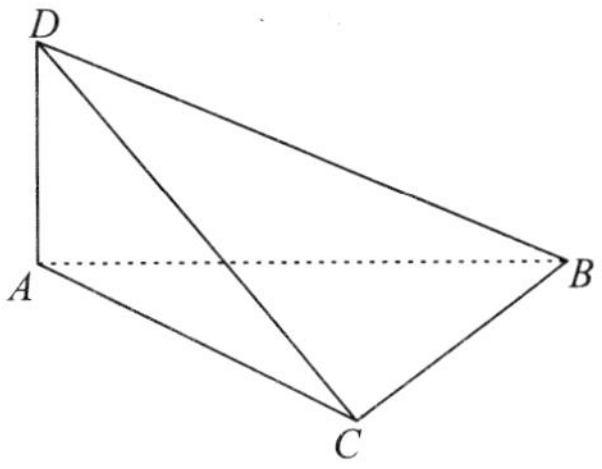

第 20 题图

21. 在正三棱锥 $A-BCD$ 中，E 是 BC 的中点，$AF\perp DE$ 交 DE 于点 F，求证：$AF\perp$平面 BCD.

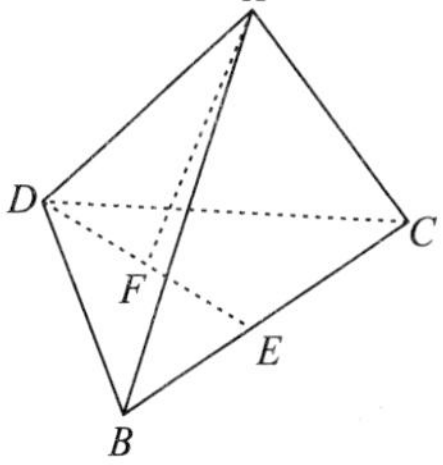

第 21 题图

22. 矩形 $ABCD$ 在平面 α 内，E 是平面 α 外的一点，$EA\perp AB$，$EA\perp AD$，$EA=3$，$BC=3$，$CD=4$，求线段 EB、EC、ED 的长.

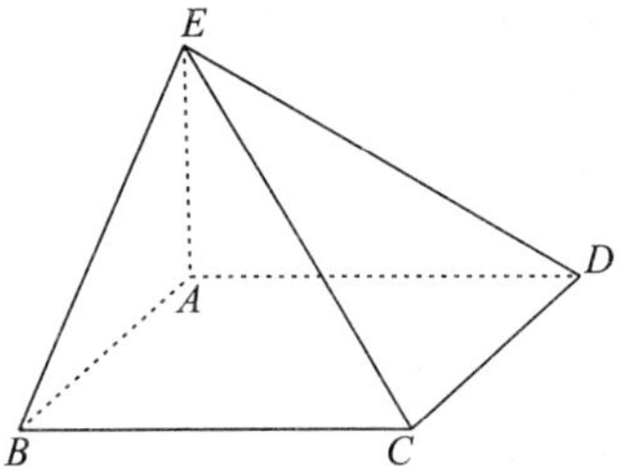

第 22 题图

能力强化提高

一、选择题

1. 两条直线没有交点，是这两条直线异面的(　　)条件.

A. 必要不充分　　B. 充分不必要

C. 充要　　D. 既不充分也不必要

2. 下列命题正确的是(　　).

A. 平行于同一平面的两条直线平行　　B. 平行于同一直线的两个平面平行

C. 垂直于同一直线的两条直线平行　　D. 垂直于同一平面的两条直线平行

3. 从一个直二面角内的一点到两个半平面的距离都是 5，则这个点到棱的距离是(　　).

A. 5　　B. $5\sqrt{2}$　　C. 10　　D. $2\sqrt{5}$

4. 在正方体 $ABCD-A_1B_1C_1D_1$ 中，棱长等于 2，异面直线 AA_1 到 BC 的距离为(　　).

A. 1　　B. $2\sqrt{2}$　　C. 2　　D. 4

5. 若长方体的三个面的对角线长分别是 a、b、c，则长方体的体对角线的长为(　　).

A. $\sqrt{a^2+b^2+c^2}$　　B. $\frac{1}{2}\sqrt{a^2+b^2+c^2}$

C. $\frac{\sqrt{2}}{2}\sqrt{a^2+b^2+c^2}$　　D. $\frac{\sqrt{3}}{2}\sqrt{a^2+b^2+c^2}$

6. 棱长为 1，各面都为等边三角形的四面体内有一点 P，由点 P 向各面引垂线，垂线段长度分别为 a、b、c、d，则 $a+b+c+d$ 的值(　　).

A. 4　　B. $\frac{\sqrt{6}}{3}$　　C. $\frac{\sqrt{6}}{2}$　　D. $\sqrt{6}$

7. 若直线 $a\subseteq$ 平面 α，直线 $b\subseteq$ 平面 β，$\alpha\cap\beta=l$，$a/\!/l$，$b/\!/l$，则 a、b 直线的位置关系(　　).

A. 相交　　B. 平行　　C. 异面　　D. 以上均可

8. 在正方体 $ABCD-A_1B_1C_1D_1$ 中，E 是 AC 的中点，则直线 C_1E 垂直于(　　).

A. A_1C_1　　B. BD　　C. AD_1　　D. AD

9. 下列列举的图形可能不是平面图形的是(　　).

A. 三角形　　B. 四边形　　C. 梯形　　D. 圆

10. 在长方体 $ABCD-A_1B_1C_1D_1$ 中,对角线 AC_1 与三个平面 $ABCD$、ABB_1A_1、ADD_1A_1 所形成的角分别为 α、β、γ,则 $\sin^2\alpha+\sin^2\beta+\sin^2\gamma=$(　　).

A. 1　　B. 2　　C. $\frac{3}{2}$　　D. 无法判断

二、填空题

11. 在直三角形 ABC 中,$\angle B=30°$,$\angle C=90°$,D 是 BC 边上的中点,$AB=4\sqrt{3}$,$DE\perp$ 平面 ABC,且 $DE=1$,则 E 点到斜边 AB 的距离为______;

12. 以等腰直角三角形斜边上的高为棱,把它折成一个直二面角,则折后两条直角边的夹角为______度;

13. 二面角的大小取值范围为______,两个平面夹角的取值范围为______;

14. 如果直线 l 与平面 α 都垂直于直线 m,那么直线 l 与平面 α 的位置关系是______.

三、解答题

15. 如图在空间四边形 $ABCD$ 中,E、F、G、H 分别为的边 AB、BC、CD、DA 上的中点,$AC=BD$.

(1)证明四边形 $EFGH$ 是菱形;

(2)请您对空间四边形 $ABCD$ 再加上合适的条件,使得四边形 $EFGH$ 是正方形,并给予证明.

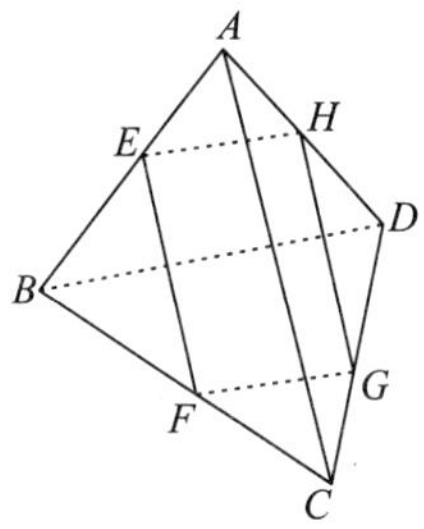

第 15 题图

16. 已知线段 AB、CD 夹在平行平面 α、β 之间,A、$C\in\alpha$,B、$D\in\beta$,E、F 分别是 AB、CD 的中点,求证:$EF/\!/\alpha$.

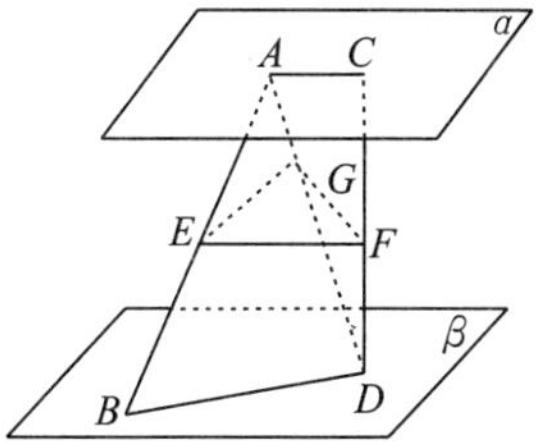

第 16 题图

17. 如图所示，在三角形 ABC 中，$\angle C=90°$，$DA\perp$ 平面 ABC，$AN\perp DC$，$AM\perp DB$，求证：$MN\perp DB$.

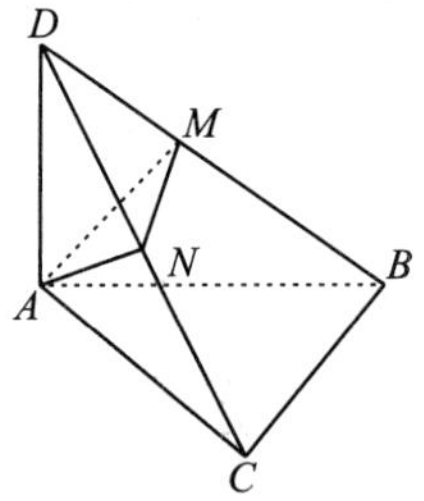

第 17 题图

18. 如图所示，在大小为 60°的二面角 $\alpha-l-\beta$ 中，$AB\in\alpha$，$CD\in\beta$，$AB\perp l$，$CD\perp l$，$AB=CD=BD$，$AC=12$cm，求 BD 的长.

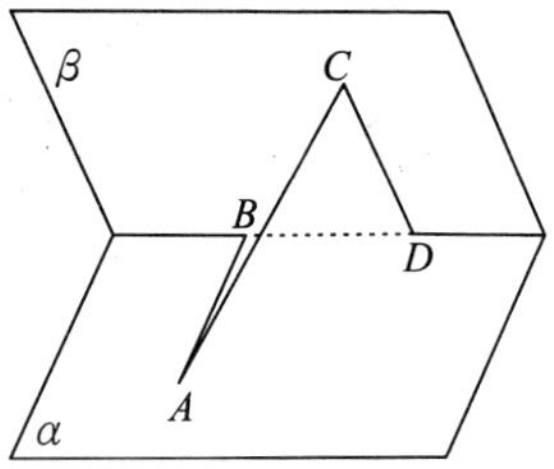

第 18 题图

19. 在棱长为 1 的正方体 $ABCD-A_1B_1C_1D_1$ 中，M、N 分别是 A_1B_1、A_1D_1 的中点，试证明：平面 $AMN\perp$ 平面 ACC_1A_1.

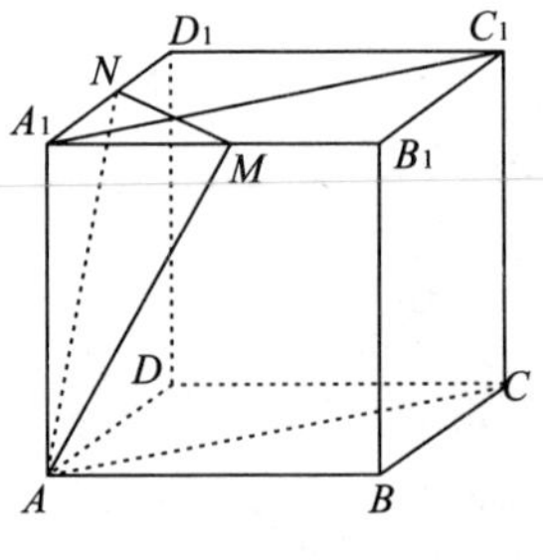

第 19 题图

20. 如图所示,山坡的倾角为 45°(就是坡面与地面所成的二面角是 45°),山坡上有一条与斜坡底线成 60°的公路 EF,如果某辆汽车从点 E 开始沿着这条公路前行了 $1000\sqrt{3}$m,问此时小车离开地面的垂直高度为多少 m?

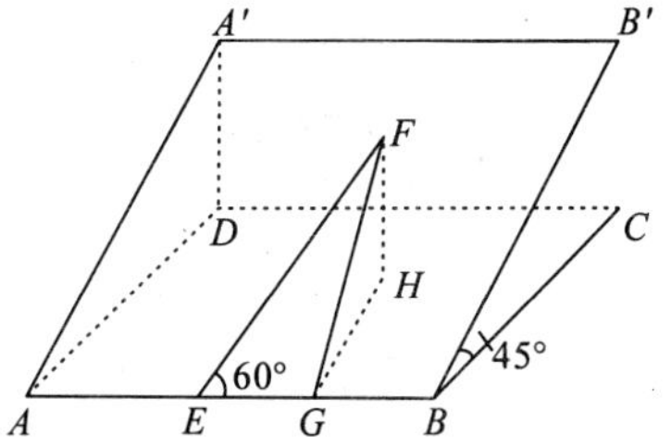

第 20 题图

考试真题体验

1. (安徽 2011 年对口高考)下列说法正确的是(　　).

A. 经过平面外一点有且仅有一条直线平行于这个平面

B. 经过平面外一点有且仅有一条直线垂直于这个平面

C. 经过直线外一点有且仅有一个平面平行于这条直线

D. 经过直线外一点有且仅有一条直线垂直于这条直线

2. (安徽 2012 年对口高考)下列说法正确的是(　　).

A. 经过空间的任意三点只能确定一个平面

B. 三条直线相交,最多确定两个平面

C. 一条直线与这条直线外一点,可以确定一个平面

D. 四条线段首尾相连,得到的图形一定是平面图形

3. (安徽 2013 年对口高考)在右图长方体中,$\angle BB_1A=60°$,则异面直线 AB_1 与 DC 所成角的度数为(　　).

A. 30°　　　　B. 45°

C. 60°　　　　D. 90°

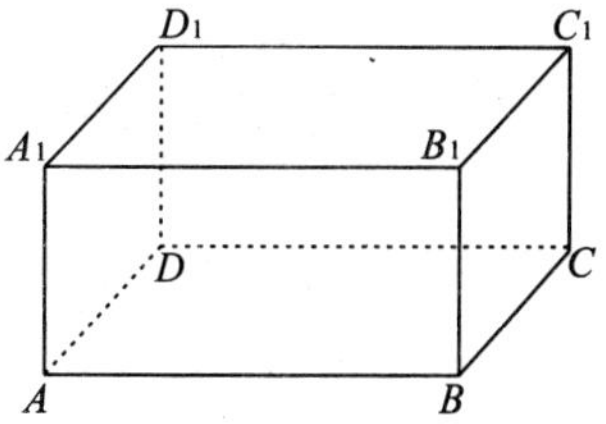

第 3 题图

4. (安徽 2009 年对口高考)已知下列五个命题:

(1)如果平面外一条直线和这个平面内一条直线平行,那么这条直线和这个平面平行;

(2)垂直于同一个平面的两条直线互相平行;

(3)平行于同一条直线的两条直线互相平行；

(4)平行于同一个平面的两条直线互相平行；

(5)垂直于同一平面的两个平面互相平行.

则正确的命题的序号为________(把所有正确的命题的序号都填上).

5.(安徽2007年对口高考)在长方体 $ABCD-A_1B_1C_1D_1$ 中，$AB=\sqrt{2}$，$AA_1=AD=1$，则 BD_1 与 AA_1 所成角的大小是______.

6.(安徽2011年对口高考)在正方体 $ABCD-A_1B_1C_1D_1$ 中，E、F 分别是线段 DB、BC 的中点.

(1)求证：$EF\parallel$平面 DCC_1D_1；

(2)求证：$EF\perp$平面 BCC_1B_1.

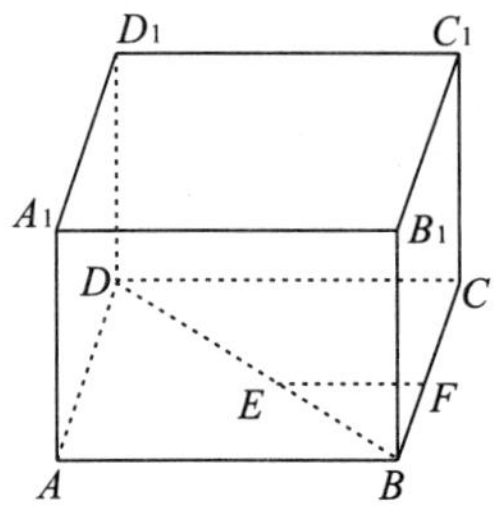

第6题图

第2节　柱、锥、球及其简单组合体

名师导读

通过本节的学习，要求学生了解柱、锥、球及其简单组合体的结构特征，会计算它们的表面积和体积，能解决生活、生产中的一些简单应用问题.

知识要点归纳

一、多面体

1. 多面体的概念

由若干个平面多边形围成的封闭的几何体叫作多面体. 围成多面体的各个多边形叫作多面体的面，两个面的公共边叫作多面体的棱，棱与棱的交点叫作多面体的顶点，不在同一个面上的两个顶点的连线叫作多面体的对角线.

2. 棱柱

(1)棱柱的定义

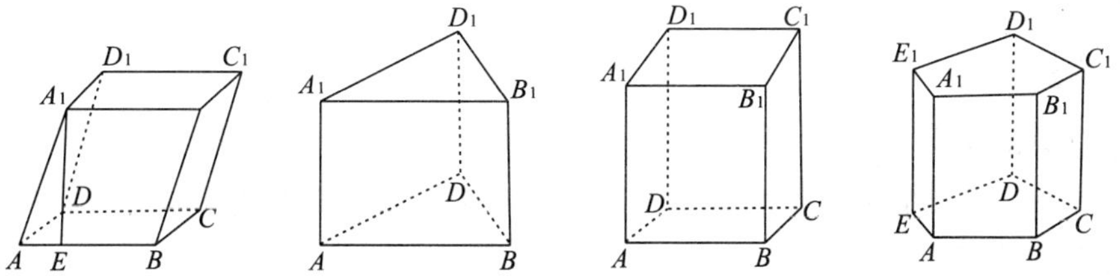

图 9-22

有两个面互相平行，其余每相邻两个面的交线互相平行的多面体叫作棱柱. 互相平行的两个面叫作棱柱的底面，其余各面叫作棱柱的侧面，相邻两个侧面的公共边叫作棱柱的侧棱，两个底面间的距离叫作棱柱的高(图 9-22 所示的四个多面体都是棱柱).

(2)棱柱的分类

侧棱与底斜交的棱柱叫作斜棱柱，如图 9-22(1)所示；侧棱与底面垂直的棱柱叫作直棱柱，如图 9-22(2)所示；底面是正多边形的直棱柱叫作正棱柱，如图 9-22(3)和图 9-22(4)所示，它们分别是正四棱柱和正五棱柱.

(3)正棱柱的性质

①侧棱垂直于底面，各侧棱长都相等，并且等于正棱柱的高；

②两个底面中心的连线是正棱柱的高.

(4)正棱柱的侧面积、全面积和体积

$S_{\text{正棱柱侧}}=\text{底面周长}\times\text{高}=ch$；$S_{\text{正棱柱全}}=ch+2S_{\text{底}}$；$V_{\text{正棱柱}}=S_{\text{底}}\ h$.

3. 棱锥

(1)棱锥的定义

有一个面是多边形，其余各面都是三角形，并且这些三角形有一个公共顶点，这样的多面体叫作棱锥. 多边形叫作棱锥的底面(简称“底”)，有公共顶点的三角形面叫作棱锥的侧面，各侧面的公共顶点叫作棱锥的顶点，顶点到底面的距离叫作棱锥的高.

(2)棱锥的分类

按照底面多边形的边数可分为三棱锥、四棱锥、五棱锥等. 底面是正多边形，其余各面是全等的等腰三角形的棱锥叫作正棱锥，如图 9-23 所示.

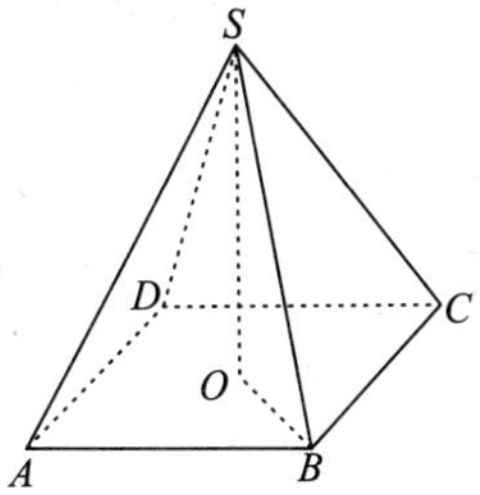

图 9-23

(3)正棱锥的性质

①各侧棱的长相等；

②各侧面都是全等的等腰三角形，各等腰三角形底边上的高都叫作正棱锥的斜高；

③顶点到底面中心的连线垂直于底面，是正棱锥的高；

④正棱锥的高、斜高和斜高在底面的射影组成一个直角三角形；

⑤正棱锥的高、侧棱和侧棱在底面上的射影也组成一个直角三角形.

(4)正棱锥的侧面积、全面积和体积

$S_{正棱锥侧}=\frac{1}{2}ch'$;$S_{正棱锥全}=\frac{1}{2}ch'+S_{底}$;$V_{正棱锥}=\frac{1}{3}S_{底}\ h$.

二、旋转体

1. 旋转体的定义

一个平面图形绕它所在平面内的一条直线旋转一周形成的曲面(或平面)围成的封闭几何体叫作旋转体.

2. 圆柱

(1)圆柱的定义

以矩形的一边所在直线为旋转轴,其余各边旋转形成的曲面(或平面)所围成的几何体叫作圆柱,旋转轴叫作圆柱的轴.垂直于轴的边旋转形成的圆面叫作圆柱的底面.平行于轴的边旋转成的曲面叫作圆柱的侧面,无论旋转到什么位置,这条边都叫作侧面的母线.两个底面间的距离叫作圆柱的高(如图 9-24).

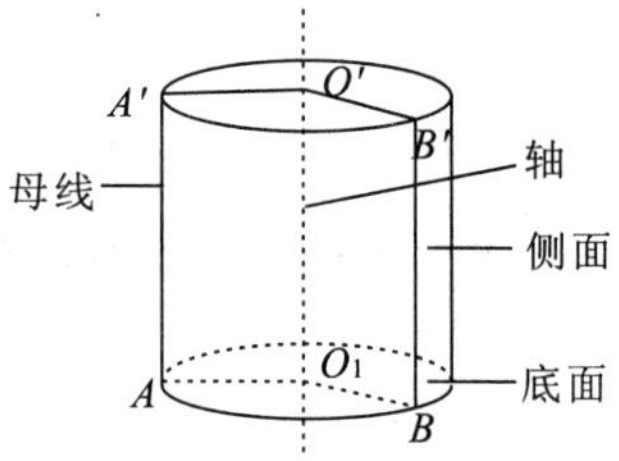

图 9-24

(2)圆柱的性质

①圆柱的两个底面是半径相等的圆,且互相平行;

②圆柱的母线平行且相等,并且等于圆柱的高;

③平行于底面的截面是与底面半径相等的圆;

④轴截面是宽为底面的直径,长为圆柱的高的矩形.

(3)圆柱的侧面积、全面积和体积

设圆柱的底面半径为 r,高为 h,则

$S_{圆柱侧}=2\pi rh$;

$S_{圆柱全}=2\pi r(h+r)$;

$V_{圆柱}=\pi r^2 h$.

3. 圆锥

(1)圆锥的定义

以直角三角形的一条直角边为轴旋转一周,其余各边旋转而形成的曲面(或平面)所围成的几何体叫作圆锥.旋转轴叫作圆锥的轴.另一条直角边旋转而成的圆面叫作底面.斜边旋转而成的曲面叫作侧面,无论旋转到什么位置,斜边都叫作侧面的母线.母线与轴的交点叫作顶点.顶点到底面的距离叫作圆锥的高(如图 9-25).

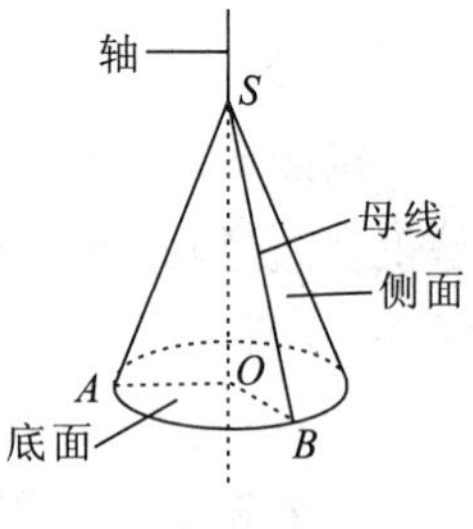

图 9-25

(2)圆锥的性质

①平行于底面的截面是圆;

②顶点与底面圆周上任意一点的距离相等,且等于母线的长度;

③轴截面为等腰三角形,其底边上的高等于圆锥的高.

(3)圆锥的侧面积、全面积和体积

设 r 为圆锥的底面半径，l 为圆锥的母线，h 为圆锥的高，则 $S_{圆锥侧}=\pi rl$；$S_{圆锥全}=\pi r(l+r)$；$V_{圆锥}=\frac{1}{3}\pi r^2h$.

4. 球

(1)球的定义

以半圆的直径所在的直线为旋转轴旋转一周，所形成的曲面叫作球面. 球面围成的几何体叫作球体，简称“球”. 半圆的圆心叫作球心，半圆的半径叫作球的半径.

(2)球的性质

①球的截面是圆面，并且球心与截面圆心的连线垂直于截面；

②设球心到截面的距离为 d，球的半径为 R，截面上圆的半径为 r，则 $d=\sqrt{R^2-r^2}$.

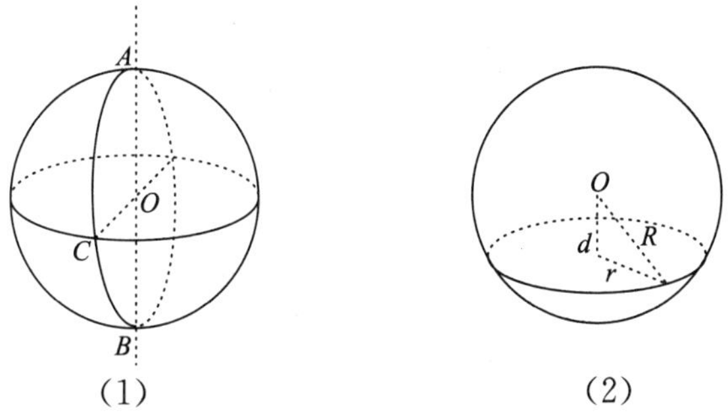

图 9-16

③球的大圆和小圆

经过球心的平面截球面所得的圆叫作球的大圆. 此时，$d=0$，$r=R$，截得的圆半径最大. 不经过球心的平面截球面所得的圆叫作球的小圆.

④球面上两点间的距离

经过球面上两点的大圆在这两点间的一段劣弧(指不超过半圆的弧)的长度，叫作两点的球面距离，它是球面上这两点之间最短连线的长度.

(3)球的表面积和体积

设求的半径为 R，则 $S_{球}=4\pi R^2$；$V_{球}=\frac{4}{3}\pi R^3$.

典型题型解析

【例 1】设有下列 4 个命题：

(1)有两个侧面是矩形的棱柱是直棱柱；

(2)侧面是矩形的棱柱是正棱柱；

(3)正三棱锥的底面是等边三角形，侧面是全等的等腰三角形；

(4)球面上两点间的距离就是这两点间的弧长.

其中正确的个数为(　　).

A. 1　　　　B. 2　　　　C. 3　　　　D. 4

【解析】(1)错误，斜四棱柱的两个平行的平面可以是矩形；(2)错误，侧面都是矩形的棱柱是直棱柱，不一定是正棱柱；(3)正确；(4)错误，应该是经过这两点的大圆在这两点间的一段劣弧的长. 因此，答案应该是 A.

【例 2】已知正三棱锥的侧棱和底面边长都为 a，

(1)求它的表面积；

(2)求它的体积.

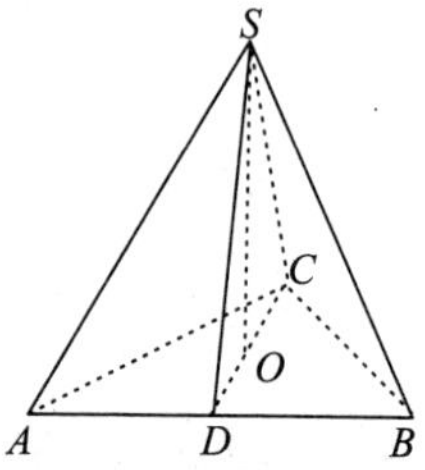

例 2 图

【解析】(1)过点 S 作 $SD\perp AB$ 于 D，

在 $\mathrm{Rt}\triangle SAD$ 中，$\because SA=a, AD=\dfrac{1}{2}AB=\dfrac{a}{2}$，

$\therefore SD=\sqrt{SD^2-AD^2}=\sqrt{a^2-\left(\dfrac{a}{2}\right)^2}=\dfrac{\sqrt{3}}{2}a$，

$\therefore S_{\triangle SAB}=\dfrac{1}{2}AB\cdot SD=\dfrac{1}{2}\times a\times\dfrac{\sqrt{3}}{2}a=\dfrac{\sqrt{3}}{4}a^2$，故所求正三棱锥的表面积为 $S=4\times\dfrac{\sqrt{3}}{4}a^2=\sqrt{3}a^2$；

(2)作 $SO\perp$ 底面 ABC，则点 O 为底面 $\triangle ABC$ 的中心，且点 O 在 CD 上，

$\therefore DO=\dfrac{1}{3}DC=\dfrac{1}{3}\times\dfrac{\sqrt{3}}{2}a=\dfrac{\sqrt{3}}{6}a$，在 $\mathrm{Rt}\triangle SOD$ 中，$\because SD=\dfrac{\sqrt{3}}{2}a$，

$DO=\dfrac{\sqrt{3}}{6}a$，$\therefore SO=\sqrt{SD^2-DO^2}=\sqrt{\left(\dfrac{\sqrt{3}}{2}a\right)^2-\left(\dfrac{\sqrt{3}}{6}a\right)^2}=\dfrac{\sqrt{6}}{3}a$，

故所求正三棱锥的体积为 $V=\dfrac{1}{3}S_{\triangle ABC}\cdot SO=\dfrac{1}{3}\times\dfrac{\sqrt{3}}{4}a^2\times\dfrac{\sqrt{6}}{3}a=\dfrac{\sqrt{2}}{12}a^3$.

【例 3】圆锥底面半径为 r，轴截面是直角三角形，求该圆锥的侧面积和体积.

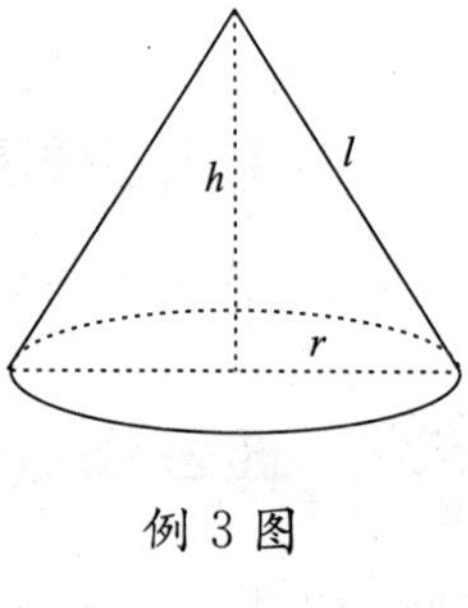

例 3 图

【解析】设圆锥的母线为 l，因为轴截面是直角三角形，底面半径为 r，所以 $l^2+l^2=(2r)^2$，即 $l=\sqrt{2}r$，所以圆锥的侧面积为

$S_{圆锥侧}=\pi rl=\pi\cdot r\cdot\sqrt{2}r=\sqrt{2}\pi r^2$，设圆锥的高为 h，则

$h=\sqrt{l^2-r^2}=\sqrt{(\sqrt{2}r)^2-r^2}=r$，所以圆锥的体积为

$V_{圆锥}=\dfrac{1}{3}\pi r^2h=\dfrac{1}{3}\cdot\pi\cdot r^2\cdot r=\dfrac{1}{3}\pi r^3$.

【例 4】已知过球面上 A、B、C 三点的截面与球心的距离为球半径的一半，且 $AB=BC=AC=1$，求球的表面积和体积.

【解析】设球的半径为 R，截面圆心为 O'，连接 AO'，并延长交 BC 于 D，

$\because\triangle ABC$ 为等边三角形，且 $AB=BC=AC=1$，

$\therefore AD=\sqrt{AB^2-BD^2}=\sqrt{1^2-\left(\dfrac{1}{2}\right)^2}=\dfrac{\sqrt{3}}{2}$，

$\therefore O'A=\frac{2}{3}AD=\frac{2}{3}\times\frac{\sqrt{3}}{2}=\frac{\sqrt{3}}{3}$，

在 Rt$\triangle OO'A$ 中，$OA^2=OO'^2+O'A^2$，

$\therefore R^2=\left(\frac{1}{2}R\right)^2+\left(\frac{\sqrt{3}}{3}\right)^2$，$\therefore R=\frac{2}{3}$，

$\therefore S_{球}=4\pi R^2=4\pi\left(\frac{2}{3}\right)^2=\frac{16}{9}\pi$，$V_{球}=\frac{4}{3}\pi R^3=\frac{4}{3}\pi\times\left(\frac{2}{3}\right)^3$ $=\frac{32}{81}\pi$.

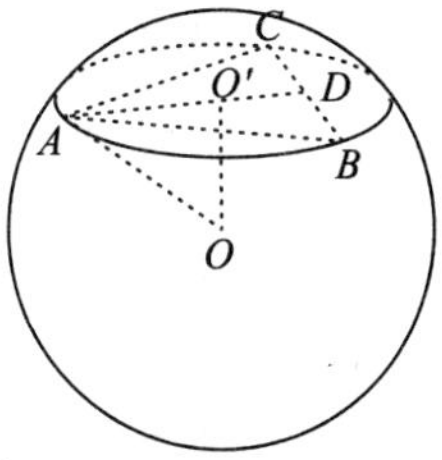

例 4 图

【例 5】用一张长为 30cm，宽为 20cm 的矩形硬纸卷成一个圆柱，求该圆柱的体积.

【解析】设圆柱的高为 h，底面半径为 r，底面周长为 c，若 $h=30$cm，$c=20$cm，则由 $c=2\pi r$ 得 $r=\frac{10}{\pi}$(cm)，则圆柱的体积为 $V_{圆柱}=\pi r^2h=\pi\times\left(\frac{10}{\pi}\right)^2\times 30=\frac{3000}{\pi}$(cm^3)；若 $h=20$cm，c$=30$cm，则由 $c=2\pi r$ 得 $r=\frac{c}{2\pi}=\frac{30}{2\pi}=\frac{15}{\pi}$(cm)，所以圆锥的体积为 $V_{圆柱}=\pi r^2h$ $=\pi\times\left(\frac{15}{\pi}\right)\times 20=\frac{4500}{\pi}$(cm^3).

【例 6】已知正四棱柱 $ABCD-A_1B_1C_1D_1$ 的对角线 BD_1 的长是 10cm，侧面的对角线长是 8cm，求此正四棱柱的全面积和体积.

【解析】设正四棱柱的底面边长为 a，高为 h，联结 BD，则由题意得$\begin{cases}a^2+h^2=8^2,\\2a^2+h^2=10^2,\end{cases}$解得 $\begin{cases}a=6,\\h=2\sqrt{7},\end{cases}$ 故 $S_{正四棱柱}=4\times 6\times 2\sqrt{7}+2\times 6^2=(48\sqrt{7}+72)$(cm^2)，$V_{正四棱柱}=a^2h$ $=6^2\cdot 2\sqrt{7}=72\sqrt{7}$(cm^3).

【方法点拨】本题主要考查学生正四棱柱的概念及有关计算，寻找相关的直角三角形是解决此类问题的关键.

【例 7】在北纬 45°圈上有 A、B 两城市，若 A、B 两城市的劣弧长为$\frac{\sqrt{2}}{4}\pi R$(R 为地球半径)，求 A、B 两点间的球面距离.

【解析】如图，设北纬45°圈的圆心为 O'，半径为 r，则 $r=\frac{\sqrt{2}}{2}R$，若 $\angle AO'B=\alpha$，则 $\alpha r=\frac{\sqrt{2}}{4}\pi R$，$\therefore\frac{\sqrt{2}}{2}R\alpha=\frac{\sqrt{2}}{4}\pi R$，$\therefore\alpha=\frac{\pi}{2}$，$\therefore AB=\sqrt{2}r=R$，$\therefore\angle AOB=\frac{\pi}{3}$，$\therefore A$、$B$ 两城市间的球面距离为$\frac{\pi}{3}R$.

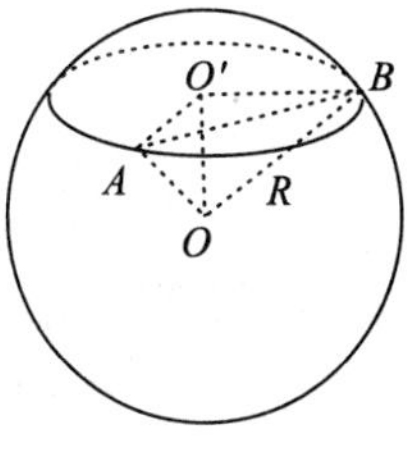

例 7 图

【方法点拨】要求球面上两点间的球面距离，必须先求出这两点间的直线距离，然后求出这两点的球心角，进而求出这两点的球面距离.

【例 8】一个玩具下半部是半径为 4 的半球，上半部是一个圆锥，若圆锥母线长为 6，圆锥底面与半球面截面密合，求该玩具的体积.

【解析】设球的半径为 R，圆锥母线长为 l，圆锥的高为 h，由已知得 $R=4$，$l=6$，所以 $h=\sqrt{l^2-R^2}=\sqrt{6^2-4^2}=2\sqrt{5}$，

所以 $V_{半球}=\frac{1}{2}\times\frac{4}{3}\times\pi\times4=\frac{128}{3}\pi$，$V_{圆锥}=\frac{1}{3}\pi\times4^2\times2\sqrt{5}=\frac{25\sqrt{5}}{3}\pi$，

从而该玩具的体积为 $V=V_{半球}+V_{圆锥}=\frac{128+32\sqrt{5}}{3}\pi$.

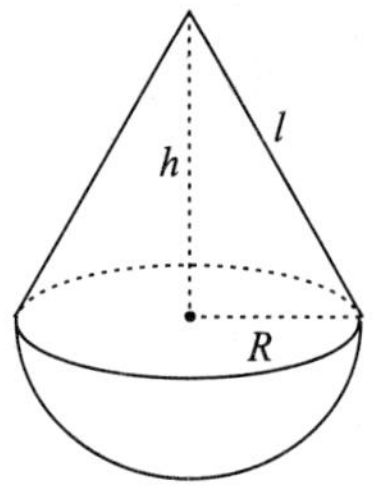

例 8 图

【例 9】如图，矩形 ABB_1A_1 是圆柱的轴截面，$AB=9.6$，$AA_1=8$，C 是底面圆周上一点，且 $AC=6$，求 AB 与平面 A_1BC 所成角的大小.

【解析】过点 A 作 $AH\perp A_1C$ 于 H，联结 BH，

$\because BC\perp AC, BC\perp AA_1$，$\therefore BC\perp$ 平面 A_1AC，$\because AH\subseteq$ 平面 A_1AC，

$\therefore BC\perp AH$，又 $\because AH\perp A_1C$，$\therefore AH\perp$ 平面 A_1BC，故 $\angle ABH$ 是 AB 与平面 A_1BC 所成的角，在 $\mathrm{Rt}\triangle A_1AC$ 中，$AA_1=8$，$AC=6$，$\therefore AH=\frac{AA_1\cdot AC}{A_1C}=\frac{6\times8}{\sqrt{6^2+8^2}}=4.8$，$\therefore \sin\angle ABH=\frac{AH}{AB}=\frac{4.8}{9.6}=\frac{1}{2}$，

$\therefore \angle ABH=30^\circ$，即 AB 与平面 A_1BC 所成角的大小为 30°.

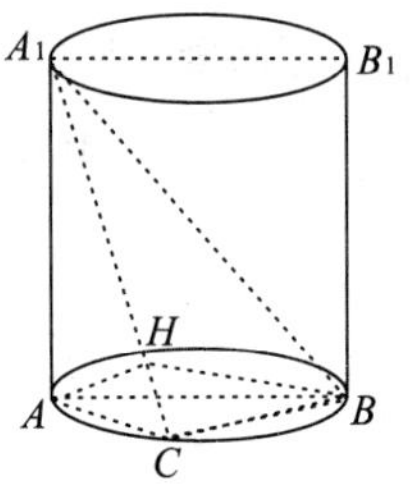

例 9 图

【例 10】正三棱柱 $ABC-A_1B_1C_1$ 底面边长为 4，二面角 $C-AB-C_1$ 为 60°，求这个正三棱柱的体积.

【解析】取 AB 的中点 D，联结 C_1D、CD，则 $C_1D\perp AB$，$CD\perp AB$，$\therefore \angle CDC_1$ 是二面角 $C-AB-C_1$ 的平面角，即 $\angle CDC_1=60^\circ$，$\because AB=4$，$\therefore CD=2\sqrt{3}$，$CC_1=CD\cdot\tan60^\circ=2\sqrt{3}\times\sqrt{3}=6$，所以正三棱柱的体积为 $V=CC_1\cdot S_{\triangle ABC}=6\times\frac{\sqrt{3}}{4}\times4^2=24\sqrt{3}$.

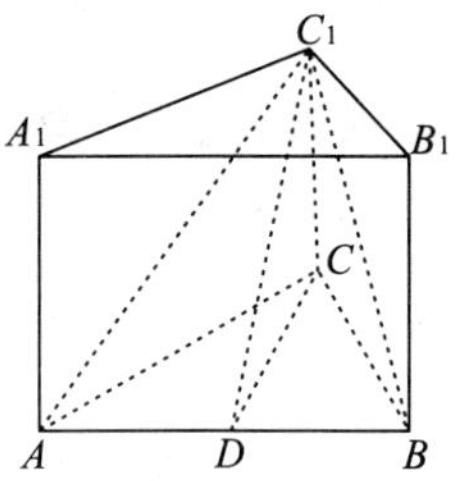

例 10 图

规律方法探究

1. 三角形三边中线交于一点，此点为三角形的重心，它到顶点的距离和到对边中点的距离之比为 2∶1；正三棱锥的顶点在底面的射影为底面的中心，即底面三角形的重心.

2. 圆锥的轴截面是以底面直径为底，母线为腰的等腰三角形，此等腰三角形的高即为圆锥的高. 圆锥的高、底面半径和母线构成一个直角三角形，此直角三角形是求圆锥的侧面积和体积的关键.

3. 球的表面积和体积，主要与球的半径有关. 要求球的半径，往往要解截面圆的半径、球的半径及球心到截面的距离构成的直角三角形. 因此，明确上述三者的关系，是解决球类问题的关键.

4. 分类讨论是数学的重要思想方法，学会分类讨论，有利于学生思维能力的培养.

配套练习

基础知识巩固

一、选择题

1. 若正三棱锥的高与底面边长相等,都为$\sqrt{3}$,则此正三棱锥的体积为(　　).

A. $\frac{3}{4}$　　B. $\frac{1}{4}$　　C. $\frac{1}{2}$　　D. $\frac{2}{3}$

2. 若圆柱的底面直径与高相等,都为 10,则圆柱的表面积为(　　).

A. 50π　　B. 100π　　C. 150π　　D. 200π

3. 正四棱柱底面边长为 2cm,高为 1cm,则它的体积为(　　).

A. $4cm^2$　　B. $8cm^2$　　C. $\frac{112}{27}cm^2$　　D. $4cm^2$ 或$\frac{112}{27}cm^2$

4. 若两个球的体积之比为 1∶8,那么这两个球的表面积之比为(　　).

A. 1∶2　　B. 1∶4　　C. 1∶6　　D. 1∶8

5. 下列叙述正确的是(　　).

A. 底面是正多边形的棱柱叫正棱柱;

B. 底面是正多边形的棱锥叫正棱锥;

C. 球面上两点的距离就是连接这两点的线段的长度;

D. 球心与截面圆心的连线垂直于截面.

6. 一个长方体的长、宽、高分别为 5、4、3,则其对角线的长为(　　).

A. $5\sqrt{2}$　　B. $\sqrt{41}$　　C. 50　　D. $\sqrt{34}$

7. 一个扇形的圆心角为 120°,半径为 3,现在以半径为母线围成一个圆锥,则该圆锥的体积为(　　).

A. $\frac{\sqrt{2}}{3}\pi$　　B. $\frac{2\sqrt{2}}{3}\pi$　　C. $2\sqrt{2}\pi$　　D. $\sqrt{2}\pi$

8. 一个正方体的四个顶点都在一个半径为 R 的球上,则该正方体的体积为(　　).

A. $\frac{8\sqrt{3}}{9}R^3$　　B. $\frac{8\sqrt{3}}{27}R^3$　　C. $\frac{8}{27}R^3$　　D. $\frac{4}{3}R^3$

9. 棱长为 1 的正三棱锥的全面积为(　　).

A. $\frac{3\sqrt{3}}{4}$　　B. $\sqrt{3}$　　C. 2　　D. 3

10. 正四棱锥的侧面积是底面积的 2 倍,则底面与侧面形成的二面角为(　　).

A. 30°　　B. 45°　　C. 60°　　D. 75°

11. 已知圆锥的轴截面是一个等腰直角三角形,那么它的侧面展开图的圆心角是(　　).

A. π　　　　B. $\frac{\pi}{2}$　　　　C. $\sqrt{2}\pi$　　　　D. $\frac{\sqrt{2}}{2}\pi$

12. 已知圆柱、圆锥的底面直径和高与球的直径相等，则圆柱、圆锥、球的体积之比是(　　).

A. 24∶32∶8　　　　B. 3∶2∶7　　　　C. 6∶4∶$\sqrt{3}$　　　　D. 3∶1∶2

二、填空题

13. 一个正三棱锥的侧面都是直角三角形，底面边长为 a，则它的体积是 ______.

14. 若圆柱的侧面展开图是边长为 2 和 4 的矩形，则此圆柱的体积为______.

15. 若圆锥的高为 2，高与母线成 30°的角，则该圆锥的侧面积是______.

16. 若两球的表面积比是 1∶9，则它们的体积比是 ______.

三、解答题

17. 长方体一个顶点上的三条棱长的比是 2∶3∶5，全面积是 1240cm^2，求长方体的体积.

18. 已知正四棱锥的侧棱长为 $2\sqrt{3}$，侧棱与底面所成的角为 60°，求该棱锥的体积.

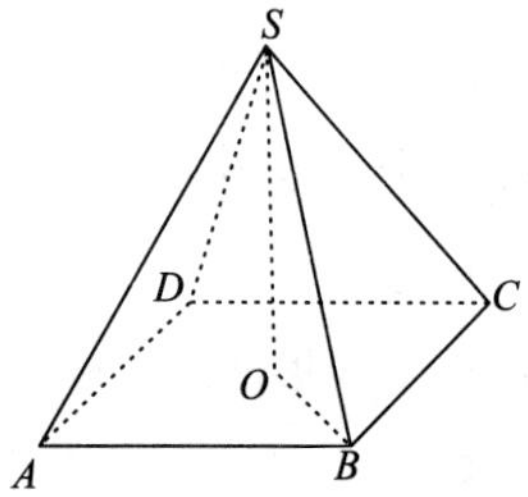

第 18 题图

19. 圆柱的底面半径是 20cm，高是 25cm，有一平行于轴，并且和轴相距 12cm 的截面，求截面的面积.

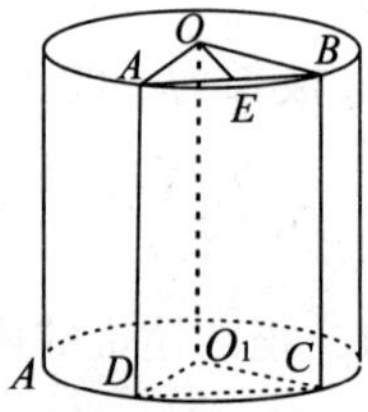

第 19 题图

20. 设一球内切于圆锥，球的半径为 2cm，圆锥的高为 8cm，求圆锥的全面积和体积.

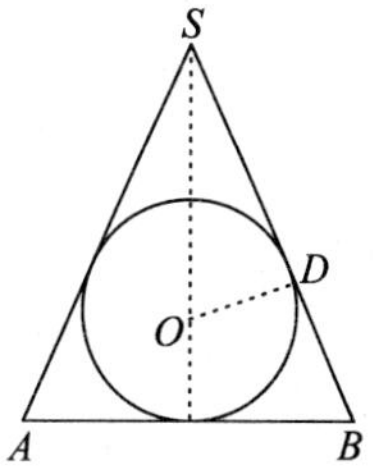

第 20 题图

21. 一个平面截半径为 10cm 的球，已知截面面积 $36\pi cm^2$，求球心到截面的距离.

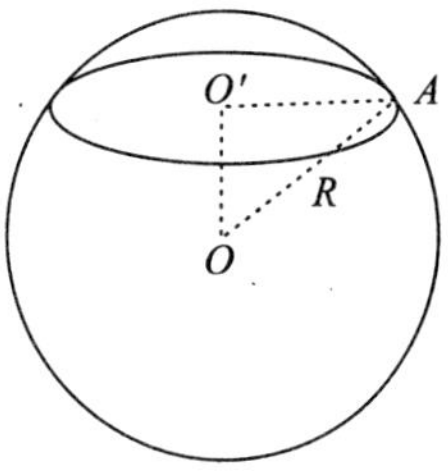

第 21 题图

22. 已知正方体 $ABCD-A_1B_1C_1D_1$ 的棱长为 a，

(1)求三棱锥 D_1-ADC 的体积；

(2)求证：$AC\perp$ 平面 D_1DBB_1.

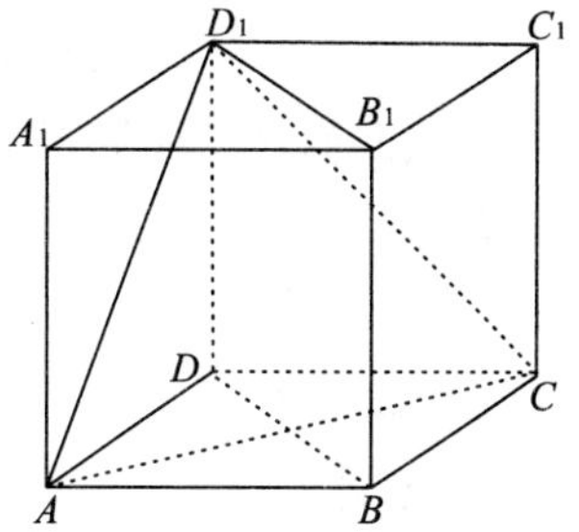

第 22 题图

能力强化提高

一、选择题

1. 下列叙述可以作为长方体的定义的是(　　).

A. 直平行六面体　　B. 侧面都是长方形的棱柱

C. 对角面是全等的长方形的四棱柱　　D. 底面是矩形的直棱柱

2. 已知正方体的对角线为 a，则其表面积为(　　).

A. $2\sqrt{2}a^2$　　B. $2a^2$

C. $3\sqrt{3}a^2$　　D. $3a^2$

3. 已知球的体积等于底面半径为 r，轴截面是直角三角形的圆锥的体积，那么球的半径等于(　　).

A. $\frac{r}{2}$　　B. $\frac{\sqrt[3]{2}}{2}r$

C. $\frac{\sqrt{2}}{2}r$　　D. $\sqrt[3]{4}r$

4. 已知圆锥的母线长为 2，底面半径为$\sqrt{3}$，则圆锥的侧面积是(　　).

A. $2\sqrt{3}$　　B. $\sqrt{3}$　　C. $2\sqrt{3}\pi$　　D. $\sqrt{3}\pi$

5. 已知圆锥的高为 $2\sqrt{3}$cm，轴截面是等边三角形，则圆锥的侧面积是(　　).

A. $16\pi\text{cm}^2$　　B. $12\pi\text{cm}^2$　　C. $8\sqrt{3}\pi\text{cm}^2$　　D. $8\pi\text{cm}^2$

6. 一个球的截面圆的直径为 24cm，球心到该截面的距离为 5cm，则球的半径为(　　).

A. 12cm　　B. 13cm　　C. 7cm　　D. 8cm

7. 若一个球的体积是$\frac{32}{3}\pi$，则它的表面积为(　　).

A. 4π　　B. 8π　　C. 16π　　D. 32π

8. 在正方体 $ABCD-A_1B_1C_1D_1$ 中，异面直线 AC 与 A_1D 所成的角是(　　).

A. $30°$　　B. $45°$　　C. $60°$　　D. $90°$

9. 在正四面体 $ABCD$ 中，棱 AB 与棱 CD 所成的角是(　　).

A. $30°$　　B. $45°$　　C. $60°$　　D. $90°$

10. 将一个棱长为 a 的正方体，切成 27 个全等的小正方体，则表面积增加了(　　).

A. $6a^2$　　B. $12a^2$　　C. $18a^2$　　D. $24a^2$

二、填空题

11. 棱长为 a 的正方体的外接球的体积为______.

12. 若一个球的面积膨胀为原来的 2 倍，则球的体积变为原来的______倍.

13. 若正六棱锥的高为 3，底面正六边形的外接圆半径等于 4，则棱锥的侧面积等于______.

14. 一圆锥的轴截面的面积为$\sqrt{3}$，底面半径为 1，则这个圆锥的体积为______.

三、解答题

15. 如图，将锐角为60°，边长为a的菱形$ABCD$沿较短的对角线BD折成60°的二面角，求A、C两点的距离.

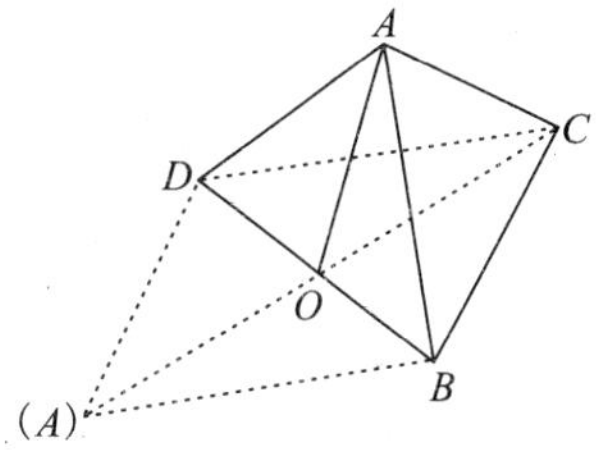

第 15 题图

16. 已知正四棱柱的一条对角线长是 3cm，它的全面积是 16cm^2，求它的体积.

17. 已知$S-ABCD$是正四棱锥，而$BCEF$是过BC且垂直于侧面SAD的截面，若正四棱锥的底面边长为a，侧面与底面成60°角，求截面$BCEF$的面积.

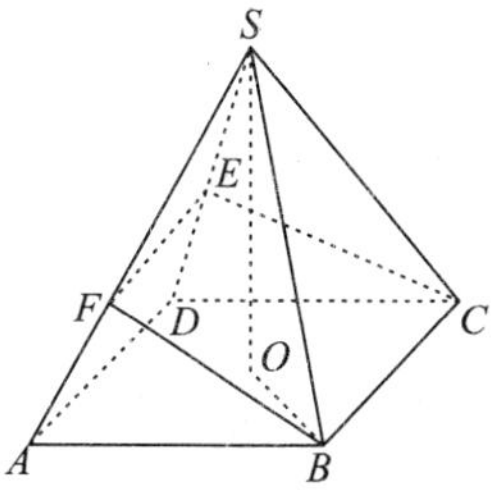

第 17 题图

18. 一个圆锥的高是 12cm，侧面展开图是半圆，求圆锥的侧面积.

19. 在球心的同一侧有相距 2cm 的两平行平面，他们的面积各为 $9\pi cm^2$ 和 $25\pi cm^2$，求球的面积和体积.

20. 设地面上 A、B 两地位于北纬30°的圈上，并且它们的经度相差150°，求 A、B 两地间的纬度长(地球的半径为 R，约为 6370km).

考试真题体验

1.(安徽 2009 年对口高考)已知棱长为 1 的正方体 $ABCD-A_1B_1C_1D_1$ 中，

(1)计算三棱锥 D_1-ADC 的体积；

(2)求证：$AC\perp$平面 D_1DBB_1.

2.(安徽 2012 年对口高考)在四面体 $S-ABC$ 中，$AB=AC$，$SB=SC$，E、F 分别为 AC、BC 的中点，求证：

(1)$EF//$平面 SAB；

(2)$BC\perp SA$.

3.(安徽 2013 年对口高考)在正方体 $ABCD-A_1B_1C_1D_1$，中 E，F 分别是 B_1C_1，D_1C_1 的中点，

(1)求证：$EF//BD$；

(2)求证：$BD\perp$面 ACC_1A_1.

第 10 章　排列组合与二项式定理

名师导读

本章在整个高中数学中占有重要地位,本章内容不仅有着许多直接应用,而且是学习概率理论的准备知识,另一方面,本章内容思维方法的新颖性与独特性是培养思维能力不可多得的素材,因此,本章是每年高考的必考内容之一. 主要包括分类、分步计数原理,排列与组合,二项式定理.

知识要点归纳

1. 分类计数原理(加法原理)

如果完成一件事,有 n 类方式. 第一类方式有 k_1 种方法,第二类方式有 k_2 种方法,…,第 n 类方式有 k_n 种方法,那么完成这件事的方法共有:$k_1+k_2+\cdots+k_n$(种)这种计数原理叫作分类计数原理.

2. 分步计数原理

如果完成一件事,需要分成 n 个步骤. 完成第 1 个步骤有 k_1 种方法,完成第二个步骤有 k_2 种方法,…,完成第 n 个步骤有 k_n 种方法,并且只有这 n 个步骤都完成后,这件事才能完成,那么完成这件事的方法共有:$k_1\cdot k_2\cdot\cdots\cdot k_n$(种)这种计数原理叫作分步计数原理.

注意:分类计数要求各方法相互独立,而不论采用哪类方法都能单独完成这件事情;分步计数原理要求各步之间相互联系,各步顺次完成后才能完成原事件.

3. 排列有关概念、排列数的基本公式:

(1)排列:一般的,从 n 个不同元素中,任取 $m(m\leqslant n)$个元素,按照一定的顺序排成一列,叫作从 n 个不同元素中取出 m 个元素的一个排列,$m<n$ 时叫作选排列,$m=n$ 时叫作全排列.

(2)排列数:从 n 个不同元素中,取出 $m(m\leqslant n)$个元素的所有排列的个数,叫作从 n 个不同元素中取出 m 个元素的排列数,用 P_n^m 表示.

(3)排列数公式:$P_n^m=n(n-1)(n-2)\cdots(n-m+1)$其中,$m,n\in\mathbf{N}^*$,且 $m\leqslant n$.

①当 $m=n$ 时,$P_n^m=n(n-1)(n-2)\cdots3\times2\times1$,即从 1 到 n 的正整数的连乘积,叫作 n 的阶乘,记作 $n!$,即 $n!=n(n-1)(n-2)\cdots3\times2\times1$;

②$P_n^m=\dfrac{n!}{(n-m)!}$;

③规定 $0!=1$.

4. 组合有关概念、组合数的基本公式及基本性质：

(1)组合：一般的，从 n 个不同元素中，任取 $m(m\leqslant n)$ 个元素，组成一组，叫作从 n 个不同元素中取出 m 个不同元素的一个组合.

(2)组合数：一般的，从 n 个不同元素中取 $m(m\leqslant n)$ 个不同元素的所有组合的个数，叫作从 n 个不同元素中取出 m 个不同元素的组合数，用符号 C_n^m 表示.

(3)组合数公式：$C_n^m=\dfrac{P_n^m}{P_m^m}=\dfrac{n(n-1)(n-2)\cdots(n-m+1)}{m!}$ 或 $C_n^m=\dfrac{n!}{m!\,(n-m)!}$

其中 $m,n\in\mathbf{N}^*$，且 $m\leqslant n$.

(4)组合数的基本性质：

性质 1：$C_n^m=C_n^{n-m}\qquad(m\leqslant n)$

性质 2：$C_{n+1}^m=C_n^m+C_n^{m-1}\qquad(m\leqslant n)$

5. 二项式定理及相关概念：

(1)二项式定理：

$(a+b)^n=C_n^0a^n+C_n^1a^{n-1}b+\cdots+C_n^ma^{n-m}b^m+\cdots+C_n^nb^n$

公式右边的多项式叫 $(a+b)^n$ 的二项展开式，共有 $n+1$ 项.

(2)二项式系数：二项展开式每一项的系数 $C_n^m(m=0,1,2,\cdots,n)$ 叫作该项的二项式系数.

(3)二项式的通项：二项式的第 $m+1$ 项 $C_n^ma^{n-m}b^m$ 叫作二项式的通项，记作 T_{m+1}，则有公式 $T_{m+1}=C_n^ma^{n-m}b^m$(其中 $0\leqslant m\leqslant n$，且 $m,n\in\mathbf{N}^*$)

(4)二项式系数的性质：

①如果二项式 $(a+b)^n$ 的幂指数 n 是偶数，那么它的展开式中间一项的二项式系数最大；如果 n 是奇数，那么二项式中间两项的二项式系数最大并且相等.

②每一行中与首末两端“等距离”的两数相等，即 $C_n^m=C_n^{n-m}$.

典型题型解析

【例 1】某班级有 6 名男三好学生，5 名女三好学生，现要从中选一名学生做代表参加县级表彰大会，有几种选法？若从中选男女各一名学生做代表参加校级表彰大会，又有几种选法？

【解析】第一问选一名学生，要分类解决，属于分类计数原理. 这个事件分为两类，第一类是选男生，第二类是选女生，故一共有 $6+5=11$ 种选法；第二问选男女各一名学生做代表参加校级表彰大会，需分步完成，属于分步计数原理，分两步，第一步先选男生，第二步选女生，故共有 $6\times5=30$ 种选法.

【例 2】(1)从 9 名志愿者中选 4 名参加志愿者工作，共有多少种选法？

(2)从 9 名志愿者中选出 4 名分别从事向导、翻译、保洁、导购四项不同工作，共有多少种不同的选法？

【解析】(1)从9名志愿者中选4名参加志愿者工作,不讲究顺序,属于组合问题,共有C_9^4种选法,即有126种选法.

(2)从9名志愿者中选出4名分别从事向导、翻译、保洁、导购四项不同工作,讲究顺序,属于排列问题,共有P_9^4种选法.

【例3】$5\times6\times7\times8\times\cdots\times15=$(　　).

A. P_{15}^4　　B. P_{15}^5　　C. P_{15}^{12}　　D. P_{15}^{11}

【解析】$5\times6\times7\times8\times\cdots\times15=\frac{15!}{4!}=P_{15}^{11}$.答案:D.

【例4】计算

(1)$C_{100}^{99}=$______;

(2)$C_{99}^{98}+C_{99}^{97}=$______;

(3)$C_5^0+C_5^1+C_5^2+C_5^3+C_5^4+C_5^5=$______.

【解析】(1)根据组合数的性质可知$C_{100}^{99}=C_{100}^1=100$;

(2)根据组合数的性质可知$C_{99}^{98}+C_{99}^{97}=C_{100}^{98}=C_{100}^2=\frac{100\times99}{2\times1}=5445$;

(3)$C_5^0+C_5^1+C_5^2+C_5^3+C_5^4+C_5^5$

$=C_5^0 1^5+C_5^1 1^4 1^1+C_5^2 1^3 1^2+C_5^3 1^2 1^3+C_5^4 1^1 1^4+C_5^5 1^5=(1+1)^5=32$.

【方法点拨】关于该题组合数的计算,一方面要求熟练掌握计算公式;另一方面要灵活运用组合数的性质.

【例5】5名学生排成一排照相,下列情况各有多少种不同排法?

(1)甲、乙两名同学必须排在一起;(2)甲、乙两名同学不能相邻;

(3)甲、乙两名同学之间必须间隔一人;(4)甲必须在排头,乙必须在排尾;

(5)甲不能站在排头.

【解析】(1)甲、乙两名同学必须排在一起,可以利用“捆绑法”,现将甲乙两名同学捆在一起看作一个人,这时有P_4^4种排法,然后考虑局部甲、乙的顺序,所以不同的排法共有$P_4^4\cdot P_2^2=48$种;

(2)甲、乙两名同学不能相邻,可以利用“插空法”,现将甲乙两名以外的三名同学先排好,留有四个空,然后将甲乙两名同学往中间插,所以不同的排法共有$P_3^3\cdot P_4^2=72$种;

(3)甲、乙两名同学之间必须间隔一人需要先从甲乙两名同学以外的三人中先选1人放在甲乙之间,并将这三人“捆绑”在一起看作一人,与剩下的两人一起进行全排,最后交换甲乙两人的位置,故不同的排法共有$P_3^1P_3^3\cdot P_2^2=36$种;

(4)甲必须在排头,乙必须在排尾,需要用“特优法”,优先考虑甲乙,将甲放在排头,乙放在排尾,然后将其他三人放在中间三个位置上,故不同的排法共有$1\times1\times P_3^3=6$种方法;

(5)甲不能站在排头,可以用“挖补法”来解决问题,用全排列减去甲站在排头的排法,剩下的便是甲不能站在排头的情形,故不同的排法共有$P_5^5-P_4^4=96$种.

【方法点拨】该题要求对排列数及组合数有系统的了解,掌握排列与组合的一些常见的题型及方法，能够利用计数原理知识解决排列与组合问题.

【例 6】由 0，1，2，3 这四个数字可以组成没有重复数字的四位数，其中

(1)有多少个奇数；(2)有多少偶数.

【解析】(1)首先末位数字必须从 1，3 中任意选择一个，然后考虑首位不能为 0，最后排中间的两位，故共有 $P_2^1 \cdot P_2^1 \cdot P_2^2=8$ 个奇数；

(2)末位数字可以为 0 或 2，分为两大类，第一类，考虑末位为 0 的情形，末位为 0，剩下三个数字全排，第二类，考虑末位为 2 的情形，首位还不能为 0，再考虑中间两位，故共有偶数 $1\times P_3^3+1\times P_2^1\times P_2^2=10$ 个.

【方法点拨】第二小题可以考虑用“挖补法”解决，用全部四位数减去奇数的个数，剩下的便是偶数个数.

【例 7】写出二项式 $(2-x)^5$ 的展开式.

【解析】$(2-x)^5=C_5^0 2^5\ (-x)^0+C_5^1 2^4\ (-x)^1+C_5^2 2^3\ (-x)^2+C_5^3 2^2\ (-x)^3+C_5^4 2^1\ (-x)^4+C_5^5 2^0\ (-x)^5=32-80x+80x^2-40x^3+10x^4-x^5$

【方法点拨】该题考查二项展开式，熟记二项展开式，并正确理解二项式定理中的 a，b 可以是任意的实数，可以赋予它们任意值.

【例 8】求 $\left(\frac{1}{2x}-\sqrt{x}\right)^9$ 的展开式中的常数项.

【解析】设此展开式中的第 $m+1$ 项是常数项，则

$$T_{m+1}=C_9^m \cdot \left(\frac{1}{2x}\right)^{9-m}(-\sqrt{x})^m=(-1)^m C_9^m \left(\frac{1}{2}\right)^{9-m} x^{\frac{3m}{2}-9}.$$

根据题意可知：$\frac{3m}{2}-9=0$

$\therefore m=6$，即第 7 项为常数项且 $T_7=\frac{21}{2}$.

【方法点拨】此题考查对通项的理解，根据二项式的通项可以求解二项式展开式中的任意指定项.

规律方法探究

1. 分类讨论. 排列组合这一章中的很多问题，需要进行分类讨论，如分类计数问题中，首先要对问题分类清晰，才好求解.

2. 转化与化归的思想. 在分析排列与组合问题时，首先要将现实问题转化为数学问题，再考虑到底是排列问题还是组合问题，在解决问题时还要搞清楚到底是分类计数还是分步计数问题.

3. 方程的思想. 在解决二项式问题时，有时需要用到方程的思想.

配套练习

基础知识巩固

一、选择题

1. 李先生想购买一注福利彩票，他可以到当地投注站购买，也可以电话投注，还可以网上投注，则李先生有(　　)种购买方式.

A. 1　　B. 2　　C. 3　　D. 4

2. 小明要从甲地到乙地，但是没有直达的方法，必须先到丙地然后再到目的地，那么他从甲地到乙地去需分(　　)步完成.

A. 1　　B. 2　　C. 3　　D. 4

3. 两个袋子中分别装有 5 个红色球，4 个蓝色球，任取一个球，共有(　　)种取法.

A. 5　　B. 20　　C. 9　　D. 4

4. 书架上有 4 本数学书，6 本语文书，现需从中各取一本，取法种数为(　　).

A. 10　　B. 15　　C. 18　　D. 24

5. 从 4 个不同元素中任取 2 个元素的所有排列数为(　　).

A. 8　　B. 12　　C. 6　　D. 4

6. 从全班 40 名同学中选 2 名去参加志愿者工作，则选法共有(　　)种.

A. 40　　B. 390　　C. 780　　D. 1560

7. 现从甲、乙、丙、丁四位同学中选出两名同学分别担任正、副班长，选法共有(　　)种.

A. 4　　B. 8　　C. 12　　D. 16

8. $C_{12}^{9}+C_{12}^{10}=$(　　).

A. 286　　B. 19　　C. 1716　　D. 12

9. $(x+1)^7$ 的二项展开式中 x^5 的系数为(　　).

A. 1　　B. 7　　C. 14　　D. 21

10. $(x+1)^{18}$的展开式中，系数最大的项是(　　).

A. 第 8 项　　B. 第 9 项　　C. 第 10 项　　D. 第 11 项

二、填空题

11. 在 10 件产品中，8 件是合格品，2 件是次品，现从中抽取 3 件产品，“至多有一件次品”的不同抽取方法共有______.

12. 某班级共有 40 名学生，现在要选派 4 名学生参加某项课外活动，其中班长与学习委员必须参加，则共有选法______.

13. 在排列数计算中，已知 $P_{25}^{m}=25\times24\times\cdots\times8$，则 $m=$______.

14. 已知 $C_{18}^{m}=C_{18}^{2m-6}$，则 m 的值为______.

15. $(x-1)^6$ 展开式的第 4 项系数为______.

16. 二项式$\left(x-\dfrac{1}{2x}\right)^6$展开式中，常数项是______.

三、解答题

17. (1)小明从甲地到乙地，可以坐汽车，也可坐火车，其中汽车有 6 班，火车有 5 班，那么小明从甲地到达乙地共有多少种不同的选择方法？

(2)小明从甲地到乙地，先必须经过丙地，从甲地到丙地有 6 班汽车，再从丙地到乙地有 5 班火车，那么从甲地到达乙地共有多少种方法？

18. 在 20 件产品中，有 3 件次品，其余都是合格品，现从中任意抽取 4 件产品：

(1)抽取的 4 件产品都是合格品，共有多少不同抽取方法？

(2)抽取的 4 件产品中恰有 2 件是合格品，共有多少不同抽取方法？

(3)抽取的 4 件产品中至多有 2 件次品，共有多少不同抽取方法？

19. 有 5 名女生，8 名男生，现需从中选择 3 名去参加中等职业学校技能大赛，问至少要有 1 名女生参加的方法共有多少种？

20. 从 1、3、5、7 中任意选取两个数字，从 2、4、6、8 中任意选取两个数字，一共可以组成多少个没有重复数字的四位数？其中偶数有多少个？奇数又有多少个？

21. 计算下列式子的值：

(1)$C_5^1+C_5^2$；(2)$C_8^0+C_8^1+C_8^2+C_8^3+\cdots+C_8^8$；(3)$C_{100}^{98}$；(4)$\dfrac{P_8^5+P_8^4}{P_9^6-P_9^5}$.

22. 写出二项式$(x+2)^5$的展开式，并求出(1)二项展开式中所有二项式系数之和；(2)各项系数之和.

能力强化提高

一、选择题

1. 1、2、3 三个数字可以组成的没有重复数字的所有自然数的个数是(　　).

A. 8　　B. 15　　C. 27　　D. 32

2. 某班级周一上午要上语文、数学、英语、周会课,且周会课必须安排在第一节,则不同的排课方法种数为(　　).

A. 4　　B. 6　　C. 24　　D. 8

3. 现有 4 封信,3 个不同的信箱,需要将这 4 封信寄出,则不同的投递方法种数为(　　).

A. 64　　B. 24　　C. 81　　D. 9

4. 将 3 项不同的任务分配给 2 个学生,且每个学生至少完成一项任务,则任务的不同分配方式种数为(　　).

A. 3　　B. 6　　C. 8　　D. 9

5. 6 个同学站在一排照相,其中两个同学必须站在一起,不同的排法种数为(　　).

A. 60　　B. 120　　C. 240　　D. 480

6. 6 个同学站在一排照相,其中甲乙两同学不能站在一起,不同的排法种数为(　　).

A. 60　　B. 120　　C. 240　　D. 480

7. 6 个同学站在一排照相,其中甲乙两同学之间必须间隔一人,不同的排法种数为(　　).

A. 192　　B. 96　　C. 48　　D. 24

8. 6 个同学站在一排照相,其中甲站在乙的右边,不同的排法种数为 (　　).

A. 720　　B. 360　　C. 180　　D. 90

9. 某施工队有高级工 5 人,中级工 8 人,现需选 3 人参加一个项目的设计,至少要有 1 个高级工参加,则不同的选法的种数为(　　).

A. 48　　B. 56　　C. 230　　D. 780

10. $\left(2x^3-\frac{1}{\sqrt{x}}\right)^7$ 的展开式中的常数项为(　　).

A. 14　　B. -14　　C. 42　　D. -40

二、填空题

11. 现有 4 种蔬菜和 3 种肉类,若需从中选择 3 种且蔬菜和肉类都得有,则不同的选法种数为______.

12. 从 n 个不同的元素中取出 2 个元素的排列数是 56,则 $n=$______.

13. 从 0,1,2,3 中选择三个数作为二次函数 $y=ax^2+bx+c$ 的各项系数,则一共可以构成的二次函数的个数为______.

14. $\left(\sqrt[3]{x}+\frac{1}{\sqrt{x}}\right)^n$ 的展开式系数之和为 64,则 $n=$______.

三、解答题

15. 用 0,1,2,3,4,5 这些数字,可以组成多少个没有重复数字的 4 位偶数?

16. 3 个男生与 3 个女生排成一排照相:

(1)如果女生必须全排在一起,共有多少种排法?

(2)如果女生必须全分开,共有多少种排法?

(3)如果男生女生必须相间排,共有多少种排法?

17. 现有 3 个班级,3 台不同的电脑,3 台不同的电视,需要将电脑与电视分配到班级,每一班级分配一台电脑与一台电视,那么共有多少种不同的分配方法?

18. 6 人分两排站，每排 3 人：

(1)甲必须站在前排，共有多少种不同的站法？

(2)甲乙两人须站在同一排，共有多少种不同的站法？

19. 已知$(1+2x)^8=a_0+a_1x+a_2x^2+\cdots+a_8x^8$，求：

(1)$a_0+a_1+a_2+\cdots+a_8$ 的值；

(2)$a_0+a_2+a_4+\cdots+a_8$ 的值.

20. 已知$\left(\sqrt[3]{x}-\dfrac{1}{\sqrt{x}}\right)^n$的展开式中，第 4 项的二项式系数是第 2 项的二项式系数的 7 倍，求 n 的值.

考试真题体验

1.(安徽 2007 年对口高考)某单位要从 5 名男职工和 3 名女职工中选出 3 人,参加该地区举办的“构建和谐社会从我做起”演讲活动,选出的 3 人中恰为 2 男职工的选法种数有(　　).

A. 60　　B. 30　　C. 20　　D. 8

2.(安徽 2008 年对口高考)奥运五环标志由蓝、黄、黑、绿、红五个色环构成,若已确定中间位置是黑色环,而需确定其他色环位置时,请给出所有不同排布方式的数______(用数字作答).

3.(安徽 2009 年对口高考)从 10 名学生中选派 2 名学生到某社区参加志愿者服务,共有______种不同选法.

4.(安徽 2010 年对口高考)从 6 名同学中选 2 名同学分别到 2010 年上海世博会香港馆和澳门馆做志愿者,则不同的选派方案有______种(用数字作答).

5.(安徽 2011 年对口高考)在一次食品安全检查中,需要从 8 种食品中任意抽取 2 种检测某种添加剂的含量,则不同的抽取方法有______种(用数字作答).

6.(安徽 2012 年对口高考)电视台在球赛休息时间连续播放 4 个广告,则这 4 个广告编排顺序共有______种(用数字作答).

7.(安徽 2013 年对口高考)某班从 5 名候选人中选 2 人出席三好学生代表大会,共有______种不同选法.

8.(安徽 2007 年对口高考)二项式$(x-2)^7$展开式中含x^5项的系数等于(　　).

A. -21　　B. 21　　C. -84　　D. 84

9.(安徽 2008 年对口高考)二项式$\left(x-\frac{1}{x}\right)^6$展开式中,常数项是(　　).

A. 20　　B. -20　　C. 6　　D. -6

10.(安徽 2009 年对口高考)二项式$(3x+2)^5$的展开式中第三项系数为(　　).

A. 10　　B. 40　　C. 270　　D. 1080

11.(安徽 2010 年对口高考)二项式$(x+1)^6$的展开式中二项式系数最大的项是(　　).

A. C_6^5x　　B. $C_6^4x^2$　　C. $C_6^3x^3$　　D. $C_6^2x^4$

12.(安徽 2011 年对口高考)在二项式$(x+2)^5$的展开式中,含x^3的系数为(　　).

A. 10　　B. 20　　C. 40　　D. 80

13.(安徽 2012 年对口高考)$(2x+1)^6$的展开式中,含x^3的系数为(　　).

A. 20　　B. 120　　C. 160　　D. 960

第11章　概率与统计

名师导读

概率与统计是高中数学的基础知识，为历年必考内容之一. 要求了解总体和样本的概念；了解一些简单的抽样方法；会用样本的数字特征估计总体的数字特征；理解概率、古典概型、独立重复试验模型的概念，并能解答这两种概率模型的简单问题.

知识要点归纳

1. 总体和样本的概念

(1)在统计中，所研究的对象的全体叫作总体，组成总体的每一个对象叫作个体.

(2)从总体中抽取出来的部分个体组成的集合叫作总体的样本，样本中所含的个体的数量叫作样本容量.

2. 抽样的方法

(Ⅰ)简单随机抽样

(1)简单随机抽样的概念：一般地，设一个总体含有 N 个个体，从中逐个不放回地抽取 n 个个体作为样本($n\leqslant N$)，如果每次抽取时总体内的各个个体被抽到的机会都相等，就把这种抽样方法叫作简单随机抽样.

(2)简单随机抽样的特点：

①简单随机抽样要求被抽取的样本的总体个数 N 是有限的；

②简单随机样本数 n 小于等于样本总体的个数 N；

③简单随机样本是从总体中逐个抽取的；

④简单随机抽样是一种不放回的抽样；

⑤简单随机抽样的每个个体入样的可能性均为 $\frac{n}{N}$.

(3)简单随机抽样的一般方法：①抽签法；②随机数法.

(4)抽签法的一般步骤：

①编号做签：将总体中的 N 个个体编上号，并把号码写到签上；

②抽签得样本：将做好的签放到容器中，搅拌均匀后，从中逐个抽出 n 个签，得到一个容量为 n 的样本.

(5)随机数法的一般步骤：

①编号:将总体中的 N 个个体编上号;

②选号:指定随机号的范围,利用计算器产生 n 个有效的随机号,得到一个容量为 n 的样本.

(Ⅱ)系统抽样

(1)系统抽样的概念:当总体中的个体较多时,可将总体分成均衡的几个部分,然后按照预先定出的规则,从每一部分中抽取一定数目的个体,这种抽样方法叫作系统抽样.

(2)系统抽样的一般步骤:

①编号:将总体中的 N 个个体编号;

②确定间隔:可以考虑用$\frac{N}{n}$(取整数),作间隔分段,将总体分成 n 段;

③抽样:按照一定的规则抽取样本.

(Ⅲ)分层抽样

(1)分层抽样的概念:当总体是由明显差异的几个部分组成时,可将总体按差异情况分成互不重叠的几个部分——层,然后按照各层个体所占的比例来进行抽样,这种抽样的方法叫作分层抽样.

(2)对分层抽样的每一层进行抽样时,可采用简单随机抽样或系统抽样.

3. 用样本均值、标准差估计总体

(1)样本平均数或均值:$\overline{x}=\frac{1}{n}(x_1+x_2+\cdots+x_n)$,样本均值反映总体的平均水平.

(2)样本标准差:$s=\sqrt{\frac{1}{n-1}[(x_1-\overline{x})^2+(x_2-\overline{x})^2+\cdots+(x_n-\overline{x})^2]}$,可以用样本的标准差估计总体的波动性.

4. 事件的类型:

(1)必然事件:在一定的条件下,必然发生的事件. 必然事件用 Ω 表示.

(2)不可能事件:在一定的条件下,不可能发生的事件. 不可能事件用$\varnothing$表示.

(3)随机事件:在一定的条件下,有可能发生也有可能不发生的事件叫作随机事件,简称"事件". 随机事件常用英文字母 A,B,C 等表示.

在描述一个事件时,常采用加大括号的方式,如{掷一枚骰子,出现 5 点}.

5. 基本事件和复合事件

(1)基本事件:在随机试验中不可能再分的基本结果叫作基本事件.

(2)复合事件:含有两个以上基本结果的事件叫作复合事件.

6. 频率与概率

(1)频率:我们常通过随机试验来研究随机事件,如果在 n 次试验中,事件 A 发生了 m 次($0\leqslant m\leqslant n$),那么把比值$\frac{m}{n}$叫作事件发生的频率,记作 $f_n(A)$,即 $f_n(A)=\frac{m}{n}$.

(2)概率:随着试验次数的增加,事件 A 发生的频率会越来越稳定,稳定在一个常数的附近,就把这个常数叫作事件 A 发生的概率,记作 $P(A)$.

说明：①必然事件 Ω 发生的概率 $P(\Omega)=1$，不可能事件 $\varnothing$ 发生的概率 $P(\varnothing)=0$，随机事件 A 发生的概率范围是 $0<P(A)<1$；②频率是可以变化的，而概率是一个常数；③我们可以通过频率来估计概率.

7. 古典概型

(1)古典概型的概念：如果一个随机试验含有有限个基本事件，而且每一个基本事件发生的可能性相等，那么这种实验模型叫作古典概型.

(2)古典概型的概率计算公式：如果一个古典概型的实验总共有 n 个基本事件，其中的事件 A 含有 m 个基本事件，那么 $P(A)=\dfrac{m}{n}$.

8. 互斥事件和对立事件

(1)互斥事件：如果事件 A 和 B 不可能同时发生，那么事件 A 和 B 叫作互斥事件；

(2)对立事件：如果事件 A 和 B 不可能同时发生，而且必然有一个要发生，那么事件 A 和 B 叫作对立事件. 事件 A 的对立事件常记作 $\overline{A}$.

注意：对立事件一定是互斥事件，而互斥事件不一定是对立事件.

9. 和事件和概率加法公式

(1)和事件：把 A 发生或者 B 的事件叫作事件 A 和 B 的和事件(或并事件)，记作 $A\cup B$.

(2)概率加法公式：对于互斥事件 A 和 B，有 $P(A\cup B)=P(A)+P(B)$，特别地，$P(A)=1-P(\overline{A})$.

10. 相互独立事件、交事件和概率乘法公式

(1)相互独立事件：事件 A(或 B)是否发生对事件 B(或 A)发生的概率没有影响，这样的两个事件叫作相互独立事件.

(2)如果一个事件的发生当且仅当事件 A 发生且事件 B 发生，那么称这个事件是事件 A 和事件 B 的交事件(或积事件)，记作 $A\cap B$ 或(AB).

(3)概率乘法公式：相互独立事件同时发生的概率 $P(AB)=P(A)P(B)$.

11. 独立重复试验模型

(1)独立重复实验模型的概念：如果一个随机试验可以独立重复进行，而且每次试验都只有两种相互对立的结果 A 和 $\overline{A}$，并且每次试验中，A 发生的概率不变，那么这样的独立重复试验叫作独立重复试验(或伯努利试验).

(2)独立重复试验模型的概率计算公式：在独立重复试验模型中，设每次事件 A 发生的概率是 $P(A)$，则事件 $\overline{A}$ 发生的概率是 $1-P(\overline{A})$，那么在 n 次独立重复试验中，事件 A 恰好发生 k 次的概率是 $P_n(k)=C_n^k P^k\ (1-P)^{n-k}$.

典型题型解析

【例 1】某社区有 400 个家庭，其中高收入家庭 120 户，中等收入家庭 180 户，低收入家庭 100 户. 为了调查社会购买力的某项指标，要从中抽取 1 个容量为 80 户的样本，记作Ⅰ；

某学校高二年级有20名女子篮球运动员，要从中选出5名调查学习负担情况，记作Ⅱ.那么完成上述两项调查应采用的抽样方法是(　　).

A. Ⅰ用简单随机抽样法；Ⅱ用系统抽样法

B. Ⅰ用分层抽样法；Ⅱ用简单随机抽样法

C. Ⅰ用系统抽样法；Ⅱ用分层抽样法

D. Ⅰ用分层抽样法；Ⅱ用系统抽样法

【解析】要根据总体中个体的特点恰当地选择抽样方法，Ⅰ是由存在明显的差异的三个部分的个体组成，所以应该用分层抽样；Ⅱ中的个体数量不是很多，而且也不存在明显的差异，适合用简单随机抽样. 答案：B.

【例2】某饮料厂生产了一批饮料，共1000箱，质监部门要运用系统抽样的方法从中抽取10箱进行检测，请写出具体的抽样步骤.

【解析】

第一步，将总体中的1000个个体编号，1～1000号；

第二步，确定分段间隔$\frac{1000}{10}=100$；

第三步，在第一段1～100号中用简单随机抽样的方法随机抽取一个编号设为k；

第四步，把所有编号为$k,100+k,200+k,\cdots,900+k$的10个个体组成样本.

【例3】已知甲乙两名射击运动员各射击10次的成绩如下：

甲：8,10,7,8,7,6,10,10,8,6

乙：10,7,8,9,10,7,9,6,6,8

试分析哪一个运动员的成绩更好.

【解析】

$$\overline{x}_{甲}=\frac{1}{10}(8+10+7+8+7+6+10+10+8+6)=8,$$

$$\overline{x}_{乙}=\frac{1}{10}(10+7+8+9+10+7+9+6+6+8)=8,$$

$$s_{甲}=\sqrt{\frac{1}{9}[(8-8)^2+(10-8)^2+\cdots+(6-8)^2]}\approx1.56,$$

$$s_{乙}=\sqrt{\frac{1}{9}[(10-8)^2+(7-8)^2+\cdots+(8-8)^2]}\approx1.49,$$

因为$\overline{x}_{甲}=\overline{x}_{乙}$，所以甲乙两名运动员的平均水平相同，但是$s_{甲}>s_{乙}$，所以甲运动员的成绩的波动性较大，所以总体上看，乙运动员的成绩更好一些.

【方法点拨】衡量两组数据的优劣，不仅要分析他们的平均水平，也要分析它们的稳定性，要综合考量.

【例4】某商场设立了一个可以自由转动的转盘，并规定：顾客购物10元以上就能获得一次转动转盘的机会，当转盘停止时，指针落在哪一区域就可以获得相应的奖品. 下表是活动进行中的一组统计数据：

(1)计算并完成表格：

转动转盘的次数 n	100	150	200	500	800	1000
落在“铅笔”的次数 m	68	111	136	345	564	701
落在“铅笔”的频率 $\frac{m}{n}$						

(2)请估计，当 n 很大时，频率将会接近多少？

(3)假如你去转动转盘一次，你获的铅笔的概率是多少？

【解析】

(1)0.68，0.74，0.68，0.69，0.705，0.701；

(2)接近 0.7；

(3)0.7.

【例 5】从一批产品中取出三件，设 A={三件产品都不是次品}，B={三件产品都是次品}，C={三件产品不都是次品}，则下列结论正确的是(　　).

A. A 与 C 互斥　　B. B 与 C 互斥

C. 任两个都互斥　　D. 任两个均不互斥

【解析】事件 A 与 C 不是互斥的，而事件 B 与 C 是对立事件. 答案：B.

【例 6】掷两枚骰子，求两枚骰子点数之和大于 7 的概率.

【解析】掷两枚骰子共有如下 36 种结果：(1,1)，(1,2)，(1,3)，(1,4)，(1,5)，(1,6)，(2,1)，(2,2)，(2,3)，(2,4)，(2,5)，(2,6)，(3,1)，(3,2)，(3,3)，(3,4)，(3,5)，(3,6)，(4,1)，(4,2)，(4,3)，(4,4)，(4,5)，(4,6)，(5,1)，(5,2)，(5,3)，(5,4)，(5,5)，(5,6)，(6,1)，(6,2)，(6,3)，(6,4)，(6,5)，(6,6). 其中点数之和大于 7 的有 12 种结果：(4,4)，(4,5)，(4,6)，(5,3)，(5,4)，(5,5)，(5,6)，(6,2)，(6,3)，(6,4)，(6,5)，(6,6). 设事件 A={掷两枚骰子，两枚骰子点数之和大于 7}，则 $P(A)=\frac{12}{36}=\frac{1}{3}$.

【方法点拨】在古典概型中，如果基本事件的总数不是很大时，可以采用枚举法将基本事件一一列举出来，然后通过观察分析得出所求事件的概率.

【例 7】已知有 5 张分别写着数字 1,2,3,4,5 的卡片，求下列事件的概率：

(1)先抽一张，放回后再抽取一张，求抽到的两张卡片上的数字相同的概率；

(2)不放回地从中任意抽取两张卡片，求抽到的两张卡片上的数字都是奇数的概率.

【解析】

(1)设 A={两张卡片上的数字相同}，则 $P(A)=\frac{5}{5\times5}=\frac{1}{5}$；

(2)设 B={抽到的两张卡片上的数字都是奇数}，则 $P(B)=\frac{C_3^2}{C_5^2}=\frac{3}{10}$.

【方法点拨】关于较复杂的古典概型，可以运用分类、分步、排列、组合等计数原理进行分析计算.

【例 8】某气象站天气预报的准确率为 80%，计算(结果保留两个有效数字)：(1)5 次预报中恰有 4 次准确的概率；

(2)5 次预报中至少有 4 次准确的概率.

【解析】

(1)设 A={5 次预报中恰有 4 次准确}，则

$P_5(4)=C_5^4\,0.8^4(1-0.8)=0.4096$.

(2)设 B={5 次预报中至少有 4 次准确}，则

$P(B)=P_5(4)+P_5(5)=C_5^4\,0.8^4(1-0.2)+C_5^5\,0.8^5=0.73728$.

答：5 次预报中恰有 4 次准确的概率 0.4096，5 次预报中至少有 4 次准确的概率为0.73728.

【方法点拨】独立重复实验模型要牢记概率计算公式，有时要结合分类和互斥事件的概率加法公式进行计算.

【例 9】已知甲城市明天下雨的概率是 0.7，乙城市明天下雨的概率是 0.6，两座城市下不下雨都不互相影响，求下列事件的概率：

(1)甲乙两城市明天都下雨的概率；

(2)甲乙两城市明天至少有一个下雨的概率.

【解析】设 A={甲城市明天下雨}，B={乙城市明天下雨}

(1)设 C={甲乙两城市明天都下雨}，则

$P(C)=P(AB)=P(A)P(B)=0.7\times0.6=0.42$；

(2)设 D={甲乙两城市明天至少有一个下雨}，则

$P(D)=1-P(\overline{D})=1-P(\overline{AB})=1-P(\overline{A})P(\overline{B})=1-(1-0.7)(1-0.6)=0.88$.

答：(1)甲乙两城市明天都下雨的概率为 0.42；(2)甲乙两城市明天至少有一个下雨的概率为 0.88.

【方法点拨】相互独立的两个事件的同时发生的概率要运用概率乘法公式进行计算，有时使用对立事件可以使问题得以简化.

规律方法探究

枚举法. 在某些古典概型中，如果基本事件的个数不是很多，可以将它们一一列举出来，再结合观察法就可以解决问题.

配套练习

基础知识巩固

一、选择题

1. 为了了解某市高三学生的数学模拟考试情况，从中抽查了 300 名学生的数学成绩，在这个问题中，说法错误的是(　　).

A. 总体是被抽查的 300 名学生　　B. 个体是每一个学生的数学成绩

C. 样本是被抽取的 300 名学生的数学成绩　D. 样本容量是 300

2. 在选取样本时，下列说法不正确的是(　　).

A. 所选取的样本必须足够大

B. 所选取的样本要有普遍代表性

C. 所选取的样本可以按自己的兴趣爱好抽取

D. 当总体是由明显差异的几个部分组成时，应采取分层抽样

3. 从编号为 1～40 的高一某机电班 40 名学生中随机选取 4 名同学参加数学测试，采用系统抽样的方法，则所选 4 名学生的编号可能是(　　).

A. 1，5，15，28　　B. 5，15，25，35

C. 5，15，25，28　　D. 5，15，35，40

4. 某班 5 名学生参加了学校举行的数学基础知识竞赛，其中 2 人考了 80 分，还有 2 人考了 90 分，另外 1 人考了 100 分，则该班 5 名学生的平均成绩是(　　).

A. 85 分　　B. 86 分　　C. 87 分　　D. 88 分

5. 甲、乙二人在相同情况下，各射靶 10 次，两人命中环数的平均数 $\overline{x}_甲=\overline{x}_乙=8$，标准差 $s_甲=2$，$s_乙=1.2$，则射击成绩较稳定的是(　　).

A. 甲　　B. 乙　　C. 一样　　D. 不能确定

6. 设 $x_1=4$，$x_2=5$，$x_3=6$，则该样本的标准差为(　　).

A. $\frac{\sqrt{3}}{3}$　　B. $\frac{\sqrt{6}}{3}$　　C. $\frac{\sqrt{3}}{2}$　　D. 1

7. 下列事件中，是必然事件的是(　　).

A. 掷一枚骰子，出现偶数点

B. 从一副扑克牌中随机抽取一张，抽到的是红桃

C. 掷一枚硬币，正面向上

D. 从两本语文书和两本英语书中任取三本书，两种书都会取到

8. 下列说法正确的是(　　).

A. 事件 A 和 B 中至少一个发生的概率一定比 A 和 B 中恰有一个发生的概率大

B. 事件 A 和 B 同时发生的概率一定比 A 和 B 中恰有一个发生的概率小

C. 互斥事件一定是对立事件,对立事件不一定是互斥事件

D. 互斥事件不一定是对立事件,对立事件一定是互斥事件

9. 实验的总次数、频数及频率三者的关系是(　　).

A. 频数越大,频率就越大　　B. 频数与总次数成正比

C. 总次数一定时,频数越大,频率可达到无穷大

D. 频数一定时,频率与总次数成反比

10. 一个 3 位数字的密码锁,每位数字都在 0 到 9 十个数字中任选,某人忘记了最后一位密码,那么他输一次密码打开这把锁的概率是(　　).

A. $\frac{1}{1000}$　　B. $\frac{1}{100}$　　C. $\frac{1}{10}$　　D. $\frac{1}{10000}$

11. 同时抛掷两枚质地均匀的硬币,则出现两个正面的概率是(　　).

A. $\frac{1}{2}$　　B. $\frac{1}{4}$　　C. $\frac{1}{3}$　　D. $\frac{1}{8}$

12. 每次试验的成功率为 $p(0<p<1)$,重复进行 10 次试验,其中前 7 次都未成功后 3 次都成功的概率为(　　).

A. $C_{10}^{3}p^{3}(1-p)^{7}$　　B. $C_{10}^{3}p^{3}(1-p)^{3}$

C. $p^{3}(1-p)^{7}$　　D. $p^{7}(1-p)^{3}$

二、填空题

13. 为了了解所加工的一批零件的长度,抽取其中 50 个零件并测量了其长度,这个问题中,总体的一个样本是________,样本容量是______.

14. 某单位共有职工 100 人,其中老年人有 25 人,中年 45 人,青年人 30 人. 为了了解该单位职工的身体素质,现采用分层抽样抽取容量为 20 的样本,则抽取的中年人的人数为________.

15. 甲、乙两人下棋,甲胜的概率为 0.4,甲不输的概率为 0.9,则甲、乙两人下和的概率为______.

16. 从数字 1,2,3,4,5,6,7 中随机抽取两个数字,这两个数字都是奇数的概率是______.

17. 已知某种树苗的成活率为 90%,现在种了 5 棵树苗,恰好成活 3 棵的概率是______.

三、解答题

18. 某政府机关有在编人员 200 人,其中副处级以上干部 20 人,一般干部 140 人,工人 40 人,上级机关为了了解政府机构改革意见,要从中抽取一个容量为 40 的样本,试确定用何种方法抽取,如何抽取?

19. 已知甲同学算对某道题的概率是 0.8，乙同学算对这道题的概率是 0.9，甲乙两人独自答题，求下列事件的概率：

(1)甲乙两人都算对的概率；

(2)甲乙两人至少有一人算对的概率.

20. 把一枚硬币连续掷 3 次，求：

(1)3 次都正面朝上的概率；

(2)1 次正面朝上，2 次反面朝上的概率；

(3)至少有 1 次正面朝上的概率.

21. 已知口袋中有 5 个红球，4 个白球，求：

(1)任意取出 2 球，是 1 个红球 1 个白球的概率；

(2)任意取出 2 球，2 个球的颜色相同的概率.

22. 某射手每次射击击中目标的概率是 0.8，求这名射手在 5 次射击中：

(1)恰有 4 次击中目标的概率(结果保留两个有效数字)；

(2)至少有 4 次击中目标的概率(结果保留两个有效数字)．

能力强化提高

一、选择题

1. 某单位有老年人 33 人，中年人 56 人，青年人 80 人. 为了调查他们的身体状况，需从他们中抽取一个容量为 21 的样本，最适合抽取样本的方法是(　　).

A. 简单随机抽样　　B. 系统抽样

C. 分层抽样　　D. 先从老年人中剔除一人，然后分层抽样

2. 甲、乙两位同学在一学期里的多次检测中，其数学成绩的平均分相等，但他们成绩的标准差不等，那么正确评价他们的数学学习情况的是(　　).

A. 学习水平一样

B. 成绩虽然一样，但方差大的学生学习潜力大

C. 虽然平均成绩一样，但方差小的学习成绩稳定

D. 方差较小的学习成绩不稳定，忽高忽低

3. 若 $\overline{x}$ 是 $x_1,x_2,\cdots,x_{100}$ 的平均值，a_1 为 $x_1,x_2,\cdots,x_{40}$ 的平均值，a_2 为 $x_{41},x_2,\cdots,x_{100}$ 的平均值，则下列式子中正确的是(　　).

A. $\overline{x}=\dfrac{40a_1+60a_2}{100}$　　B. $\overline{x}=\dfrac{60a_1+40a_2}{100}$

C. $\overline{x}=a_1+a_2$　　D. $\overline{x}=\dfrac{a_1+a_2}{2}$

4. 下列事件中，随机事件是(　　).

A. 物体在重力的作用下自由下落　　B. -2 为实数

C. 明天是晴天　　D. 某一个星期只有 6 天

5. 从长度为 1,3,5,7,9 的线段中任意取 3 条能构成三角形的概率是(　　).

A. $\dfrac{1}{2}$　　B. $\dfrac{2}{5}$　　C. $\dfrac{1}{5}$　　D. $\dfrac{3}{10}$

6. 口袋中有 6 个白球，4 个红球，从中任取 2 个球，恰好是 1 红 1 白的概率是(　　).

A. $\frac{2}{45}$　　B. $\frac{4}{15}$　　C. $\frac{8}{15}$　　D. 以上答案都不对

7. 已知在某次数学竞赛中，甲同学考到 80 分以上的概率是 0.7，乙同学考到 80 分以上的概率是 0.8，甲乙两位同学是相互独立答题，则甲乙两位同学都考到 80 分以上的概率是(　　).

A. 0.9　　B. 0.72　　C. 0.8　　D. 0.56

8. 掷两枚骰子，出现的两个骰子的点数之和小于 6 的概率是(　　).

A. $\frac{5}{18}$　　B. $\frac{1}{6}$　　C. $\frac{1}{4}$　　D. $\frac{5}{12}$

9. 甲乙丙丁四个人站成一排照相，甲乙二人刚好站在中间的概率是(　　).

A. $\frac{1}{8}$　　B. $\frac{1}{6}$　　C. $\frac{1}{3}$　　D. $\frac{1}{24}$

10. 已知某玉米种子的发芽率为 80%，则种 3 粒种子，恰有 1 粒种子发芽的概率是(　　).

A. $C_3^1(\frac{4}{5})(\frac{1}{5})^2$　　B. $C_3^1(\frac{4}{5})^2(\frac{1}{5})$

C. $C_3^1(\frac{3}{5})(\frac{2}{5})^2$　　D. $C_3^1(\frac{3}{5})^2(\frac{2}{5})$

二、填空题

11. 已知一组数据 $x_1, x_2, x_3, \cdots, x_n$ 的平均数为 5，标准差为 2，则数据 $2x_1+3, 2x_2+3, 2x_3+3, \cdots, 2x_n+3$ 的平均数为______，标准差为______.

12. 已知某养鱼人在他的鱼塘里捕了 200 条鱼，做上了标记在放入鱼塘. 第二天他又从鱼塘里捕捞了 40 条鱼，发现其中有 2 条带有标记. 试估计这个鱼塘大概有______条鱼.

13. 某种彩色电视机的一等品率为 90%，二等品率为 8%，次品率为 2%，某人买了一台该种电视机，则这台电视机是正品(一等品或二等品)的概率为______，这台电视机不是一等品的概率______.

14. 把 1 个歌舞、2 个独唱和 2 个小品排成一份节目单，两个小品恰好排在开头和结尾的概率是______.

15. 一个射手对同一目标独立地进行 4 次射击，已知至少命中一次的概率为 $\frac{80}{81}$，则该射手的命中率为______.

三、解答题

16. 甲乙两位同学进行投篮比赛，每人玩 5 局. 每局在指定线外投篮，若第一次不进，再投第二次，依此类推，但最多只能投 6 次. 当投进时，该局结束，并记下投篮次数. 当 6 投不进，该局也结束，记为“×”. 当第一次投进得 6 分，第二次投进得 5 分，第三次投进得 4 分，依此类推. 一局 6 次都没投进，得 0 分. 两人投篮情况如下：

	第 1 局	第 2 局	第 3 局	第 4 局	第 5 局
甲	5 次	×	4 次	5 次	1 次
乙	×	2 次	4 次	2 次	×

请通过计算，判断哪个投篮的水平高？

17. 甲、乙两班举行电脑汉字输入速度比赛，各选 10 名学生参加，各班参赛学生每分钟输入汉字个数统计如下表：

输入汉字(个)	132	133	134	135	136	137
甲班学生(人)	1	0	1	5	2	1
乙班学生(人)	0	1	4	1	2	2

请填写上表中乙班学生的相关数据，再根据所学的统计学知识，从不同方面评价甲、乙两班学生的比赛成绩(至少从两个方面进行评价).

18. 某盒中有一个红色球，两个白色球，这 3 个球除了颜色外都相同，有放回的连续抽取 2 个，每次从中任意取出一个，用列表的方法列出所有可能结果，计算下列事件的概率.

(1)取出的两个球都是白球；

(2)取出的两球中至少有一是白球.

19. 现在有五张分别写有数字 1,2,3,4,5 的卡片,求下列各事件的概率:

(1)不放回的抽取 2 张卡片,抽到的卡片上的数字都是奇数的概率;

(2)先抽 1 张卡片,然后放回去从中再抽 1 张卡片,求抽到的 2 张卡片上的数字之和是偶数的概率.

20. 某篮球运动员在最近的几场比赛中罚球投篮的结果如下:

投篮次数	8	10	12	9	10	16
进球次数	6	8	9	7	7	12
进球频率						

(1)计算表格中的频率;(填入表格,结果保留两个有效数字)

(2)估计这位运动员投球一次,进球的概率是多少;

(3)在第(2)题的条件下,计算该运动员投球 4 次恰好投进 3 次的概率.

考试真题体验

1.(安徽 2011 年对口高考)一个袋中装有大小相同的两个红球和两个白球.

(1)从袋中任意抽取一个球,求取出的球是红球的概率;

(2)从袋中一次任意抽取两个球,求取出的球都是白球的概率.

2.(安徽 2012 年对口高考) 甲、乙二人独立地解答一道数学题,他们会做的概率分别是 0.4 和 0.3,求:

(1)两人都会做该题的概率;

(2)该题能被解出的概率.

3.(安徽 2013 年对口高考)某人连掷两次质地均匀的骰子.

(1)求第一次掷出 5 点的概率;

(2)求两次出现点数之和为 6 的概率.

第 12 章　算法与程序框图

名师导读

算法与程序框图是中职数学新教材中新增加的内容，在对口高考中具有很重要的地位. 按考纲要求本章占整个卷面分值的百分之十左右，是对口高考的必考内容之一. 要求了解算法的相关概念，理解算法和程序框图并会根据算法和程序框图进行简单的推理和计算，掌握算法及程序框图的基本逻辑结构并会加以简单的应用. 客观题和解答题都有可能考察，客观题主要考察算法和程序框图的相关概念及读图题，解答题主要考察应用算法及程序框图的基本逻辑结构解决具体问题的能力.

知识要点归纳

1. 算法的概念

数学中进行计算的程序或步骤叫作算法.

2. 算法的特征

(1)有穷性：一个算法包含的操作步骤是有限的；

(2)确定性：算法中的每一个步骤必须是明确的，不能模棱两可；

(3)可行性：每一个步骤都是可执行的操作步骤，即每个算法步骤都可以在有限时间内完成；

(4)输入：可以是 0 个或多个输入；

(5)输出：至少有一个输出.

3. 算法的基本逻辑结构

(1)顺序结构：由若干个依次执行的处理步骤组成的结构叫作顺序结构.

(2)条件结构：如果在一个算法中需要进行条件判断，条件是否成立相应会有不同的算法步骤，那么这种算法结构叫作条件结构.

(3)循环结构：算法中按照一定条件反复循环执行某些步骤的算法结构叫作循环结构，反复执行的步骤叫作循环体.

说明：①顺序结构是算法中最基本的结构，是任何算法中都含有的结构；②循环结构中必然含有条件结构.

4. 程序框图

(1)程序框图的含义：用规定的程序框、流程线及适当的文字说明来准确、直观地表示算法的图形叫作程序框图.

(2)程序框图中的符号及功能

程序框	名称	功能
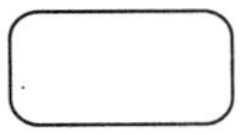	起止框	表示一个算法的起始和结束,是任何流程图不可少的
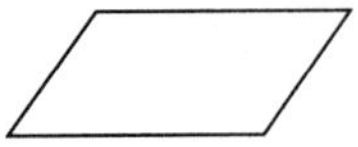	输入、输出框	表示一个算法输入和输出的信息,可用在算法中任何需要输入、输出的位置
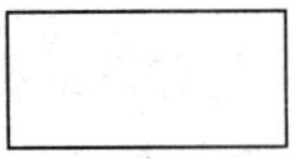	处理框	赋值、计算,算法中处理数据需要的算式、公式等分别写在不同的用以处理数据的处理框内
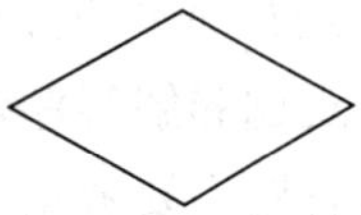	判断框	判断某一条件是否成立,成立时沿“是”或“Y”的出口执行步骤;不成立时沿“否”或“N”的出口执行步骤
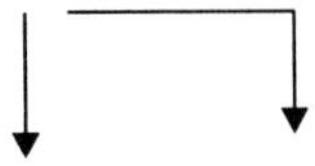	流程线	流程进行的方向

(3)绘制程序框图的规则:

①要使用规定的标准图形符号;

②一般按照从上到下、从左到右的方向画图;

③起、止框只有一个输入点和一个输出点,判断框有“是”与“否”两个分支,有一个输入点,有且仅有两个输出点. 处理框和输入、输出框都只有一个输入点和一个输出点;

④框图内的语言要表达清楚、简明扼要.

(4)三种基本逻辑结构的程序框图

①顺序结构如右图

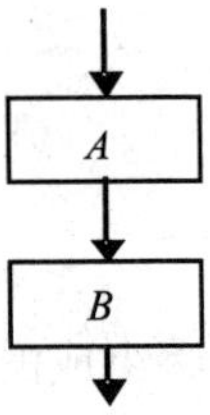

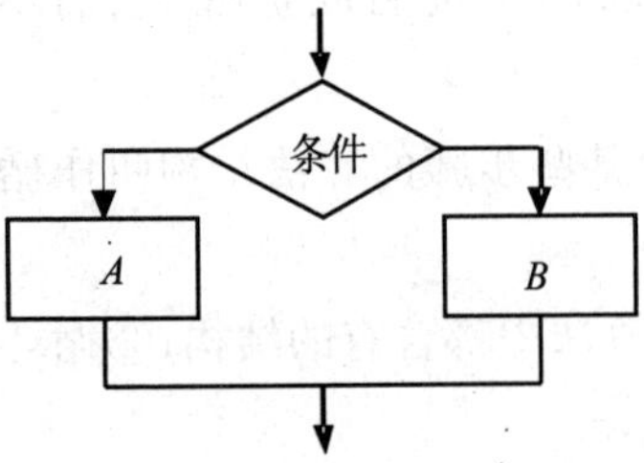

②条件结构

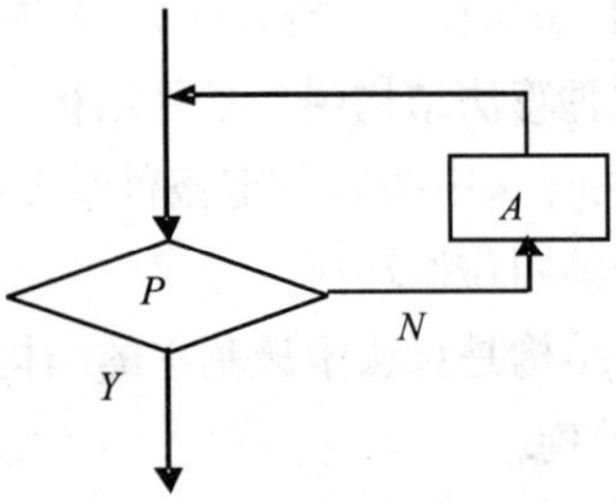

③循环结构

5. 命题的相关概念

(1)可以判断真假的陈述句叫作命题.

(2)其中判断为真的命题叫作真命题,判断为假的命题叫作假命题.

(3)只用一句简单的陈述句表达的命题叫作简单命题;用"如果……那么……"将两个简单命题联结起来形成的新命题叫作复合命题,其中"如果"引导的是命题的条件,"那么"引导的是命题的结论.

典型题型解析

【例 1】下列关于算法的说法:①求解某一类问题的算法是唯一的;②算法必须在有限的操作步骤后停止;③算法的每一步必须是明确地,不能有歧义;④算法结束后一定会产生确定的结果. 其中正确的是(　　).

A. ①②　　B. ②③　　C. ②④　　D. ②③④

【解析】由算法的特性(有穷性、确定性、可行性、有信息的输入、有结果的输出)可知②③④正确,解决某一类问题的算法不一定是唯一的,故①错. 答案:D.

【方法点拨】解答本题的关键是准确把握算法的基本特征,然后对每个表述逐一判断得出结论.

【例 2】下列各语句中:①从宣城到北京,可以先乘汽车到南京,再从南京乘飞机到北京;②先输入圆的半径 $r=2$,再根据圆的面积公式 $s=\pi r^2$ 求圆的面积;③在野外做饭叫野炊;④要求经过点 $A(2,-1)$,$B(-2,4)$ 的直线方程,先求出直线 AB 的斜率,再利用点斜式求出直线方程. 其中是算法的个数是(　　).

A. 1　　B. 2　　C. 3　　D. 4

【解析】因为算法是为解决某些的问题而设计的一系列可以操作或计算的步骤,通过这些步骤可以有效地解决问题,显然这四个语句中①②④都是算法,③不是算法. 答案:C.

【例 3】一个同学在对口升学模拟考试中的基础文化各科成绩分别为:语文 120,数学 145,英语 142,求三科的总分和平均分,设计一个算法如下,请补充完整:

第一步:令 $A=120$,$B=145$,$C=142$;

第二步:计算总分 $S=$____________;

第三步:计算平均分 $M=$____________;

第四步:输出 S,M.

【解析】总分 $S=A+B+C$,平均分 $M=\dfrac{S}{3}$. 答案:$A+B+C+D$,$\dfrac{S}{3}$.

【方法点拨】编写简单的算法或将一直的算法补充完整,是高考中常见的题型,关键是要理解和掌握解决题中所提问题的方法和原理,再设计简单合理的算法步骤.

【例 4】给出如下算法:

第一步:输入 x 的值;

第二步：若 $x\geqslant0$ 成立，则 $y=x+1$；

第三步：否则，$y=x-1$；

第四步：输出 y 的值.

若输出的结果 $y=5$，则输入的 x 的值为______.

【解析】算法的功能是给定 x，求分段函数 $y=\begin{cases}x+1,x\geqslant0,\\x-1,x<0\end{cases}$ 的对应的函数值，当 $y=5$ 时，若 $x\geqslant0$，则 $x+1=5$，解得 $x=4$；若 $x<0$，则 $x-1=5$，解得 $x=6$，不合题意应舍去.

答案：4.

【方法点拨】解决此类问题的关键是理解所给算法的功能，从而建立相应的数学模型来解决问题.

【例 5】阅读右边的程序框图，运行相应的程序，则输出 i 的值为(　　).

A. 3　　　　B. 4

C. 5　　　　D. 6

【解析】这道题的关键是弄清楚循环体执行的次数，要一次一次分析，

第一次：$i=0+1=1$，$a=1\times1+1=2$；

第二次：$i=1+1=2$，$a=2\times2+1=5$；

第三次：$i=2+1=3$，$a=3\times5+1=16$；

第四次：$i=3+1=4$，$a=4\times16+1=65$，

此时 $a>50$，应输出 $i=4$.

答案：B.

【方法点拨】读图题是程序框图在高考中常见的题型，首先要搞清楚程序框图的逻辑结构，然后按照图中的流程进行分析和计算，一般题目难度不大，计算步骤不会太多.

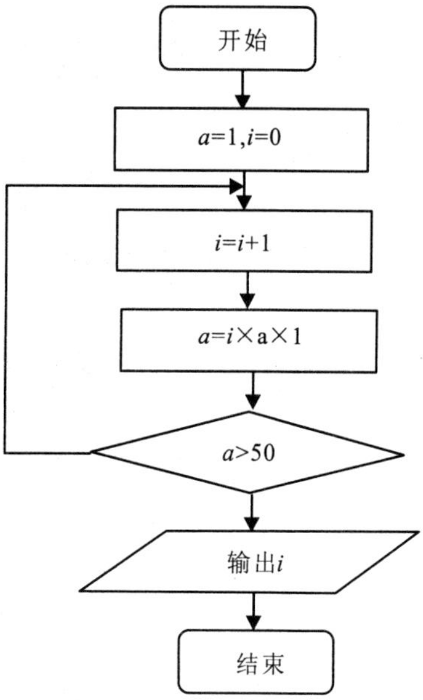

例 5 图

【例 6】已知一个三角形的三边长分别是 a,b,c，它的面积可用海伦—秦九韶公式计算. $S=\sqrt{p(p-a)(p-b)(p-c)}$，其中 $p=\dfrac{a+b+c}{2}$. 为计算机设计一个算法，输入三角形的三条边长 a,b,c，输出三角形的面积 S，并画出程序框图.

【解析】

算法：

第一步：开始；

第二步：输入三角形三边边长 a,b,c；

第三步：计算 $p=\dfrac{a+b+c}{2}$；

第四步：计算 $S=\sqrt{p(p-a)(p-b)(p-c)}$；

第五步：输出三角形的面积 S；

第六步：结束.

程序框图：

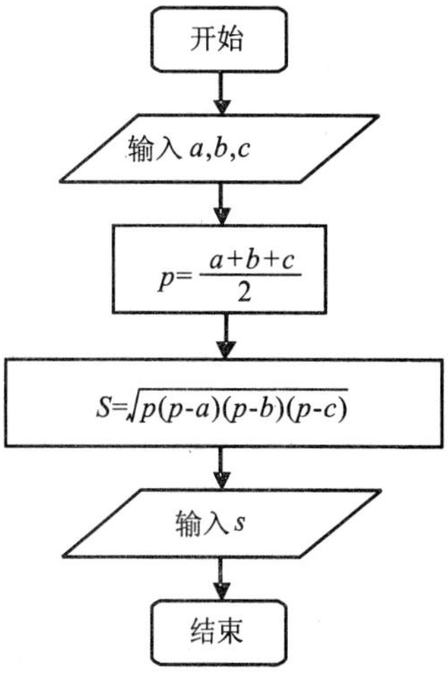

例 6 图

【方法点拨】此题是运用顺序结构编写简单的问题的算法及绘制程序框图，关键是理解并掌握解决问题的方法和原理，再设计简便易行的算法和程序框图.

【例 7】给计算机编写一个算法，输入一个自变量 x 的值，求分段函数 $f(x)=\begin{cases}x+2, x\geqslant 0,\\ x^2, x<0\end{cases}$ 的函数值，并绘制程序框图.

【解析】

算法：

第一步：开始；

第二步：输入输入自变量 x 的值；

第三步：判断 $x\geqslant 0$ 是否成立，若是则 $y=x+2$，若否 $y=x^2$；

第四步：输出 y；

第五步：结束.

程序框图：

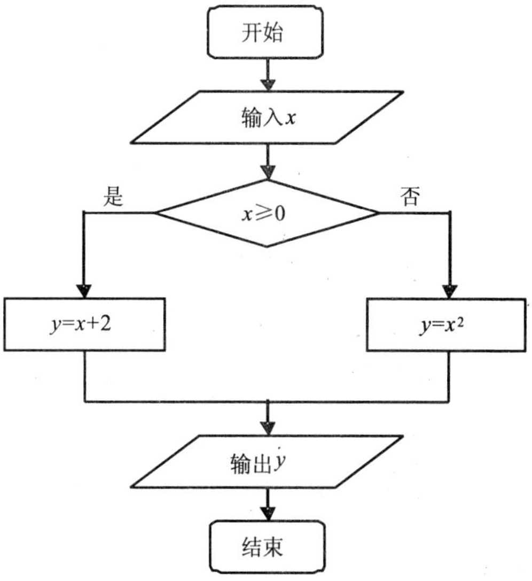

例 7 图

【方法点拨】这是一个条件结构在分段函数中的应用问题，编写算法的关键是抓住各段自变量 x 应满足的条件，再根据条件是否成立设置两条路径.

【例 8】设计一个算法计算 $1+2+2^2+2^3+\cdots+2^{2015}$ 的值，并画出程序框图.

【解析】

算法：

第一步：开始；

第二步：令 $S=0, i=0$；

第三步：判断 $i>2015$ 是否成立，若是则进行第五步，若否则进行第四步；

第四步：$S=S+2^i, i=i+1$，返回到第三步；

第五步：输出 S；

第五步：结束.

程序框图：

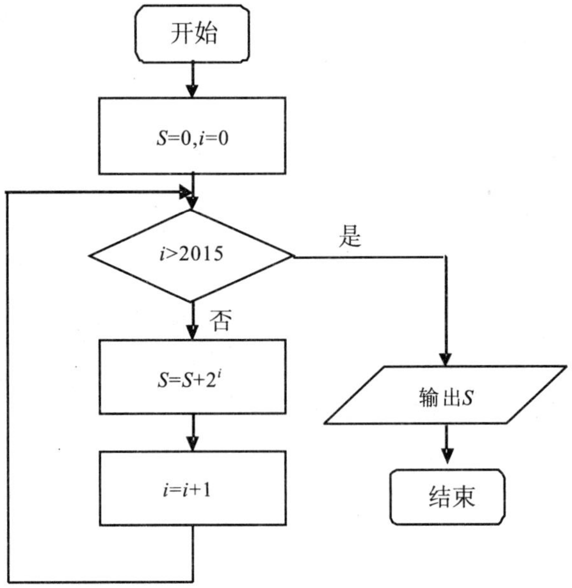

例 8 图

【方法点拨】此题是循环结构的应用问题，解决此类问题的关键是设计好循环体，并设置好条件，控制好循环次数.

规律方法探究

1. 类比. 这一章是同学们新接触的内容，在学习应用顺序结构、条件结构、循环结构编写解决相关问题的算法和程序框图时，要注意类比老师给的经典例题，勤加练习、逐步掌握独立解决问题的方法及能力.

2. 递推法. 在运用循环结构进行计算时，要一步一步进行递推，且不可急躁，如例 5.

配套练习

基础知识巩固

一、选择题

1. 下列语句是命题的是(　　).

①矩形的对角线相等;②3>2 吗? ③8 不能被 24 整除;④今天的天气真好啊!

A. ①　　B. ①②　　C. ①③　　D. ①②③

2. 算法是指可以用计算机来解决的某一类问题的程序或步骤,它不具有(　　).

A. 有限性　　B. 明确性　　C. 至少有一个输出　　D. 无限性

3. 程序框图是算法思想的重要表现形式,程序框图中不含(　　).

A. 流程线　　B. 判断框　　C. 循环框　　D. 处理框

4. 程序框图中有三种基本逻辑结构,它不是(　　).

A. 条件结构　　B. 判断结构　　C. 循环结构　　D. 顺序结构

5. 下面对算法描述正确的一项是(　　).

A. 算法只能用自然语言来描述　　B. 算法只能用图形方式来表示

C. 同一问题可以有不同的算法　　D. 同一问题的算法不同,结果必然不同

6. 下列框图结构是循环结构的是(　　).

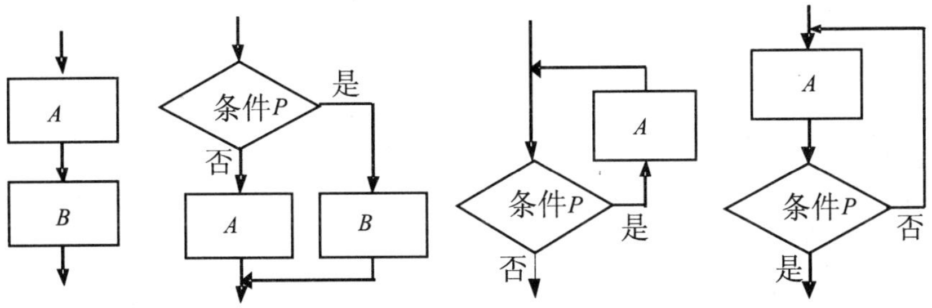

①　　②　　③　　④

A. ①②　　B. ②③　　C. ③④　　D. ②④

7. 下列关于算法的说法中正确的个数有(　　).

①求解某一类问题的算法是唯一的;

②算法必须在有限步操作之后停止;

③算法的每一步操作必须是明确的,不能有歧义或模糊;

④算法执行后一定产生确定的结果.

A. 1　　B. 2　　C. 3　　D. 4

8. 已知圆的半径为 r,求面积 S 的一个算法分下列三步:(1)计算 $S=\pi r^2$;(2)输入圆的半径 r;(3)输出面积 S 的值. 其中正确的顺序是(　　).

A. (1)(2)(3)　　B. (2)(3)(1)　　C. (1)(3)(2)　　D. (2)(1)(3)

9. 已知直角三角形两直角边长为 a,b,求斜边长 c 的一个算法分下列三步:计算 $c=\sqrt{a^2+b^2}$;②输入直角三角形两直角边长 a,b 的值;③输出斜边长 c 的值. 其中正确

的顺序是(　　).

A. ①②③　　B. ②③①　　C. ①③②　　D. ②①③

10. 在程序框图中,算法中间要处理数据或计算,可分别写在不同的(　　).

A. 处理框内　　B. 判断框内　　C. 终端框内　　D. 输入输出框内

11. 若某程序框图如图所示,若输入 $x=6$ 则该程序运行后输出的 $y=$(　　).

A. 6　　B. 9　　C. 31　　D. 33

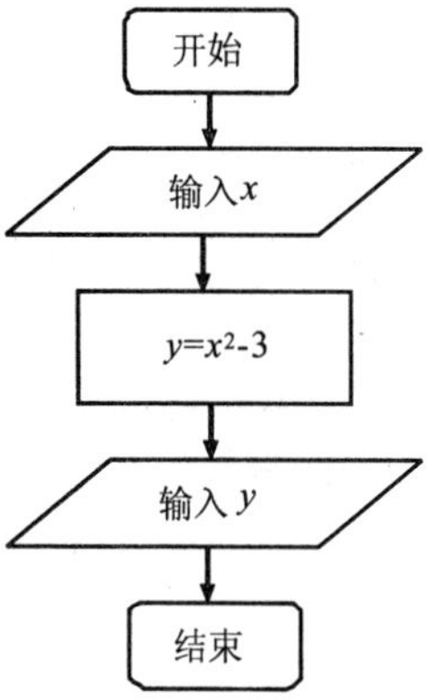

第 11 题图

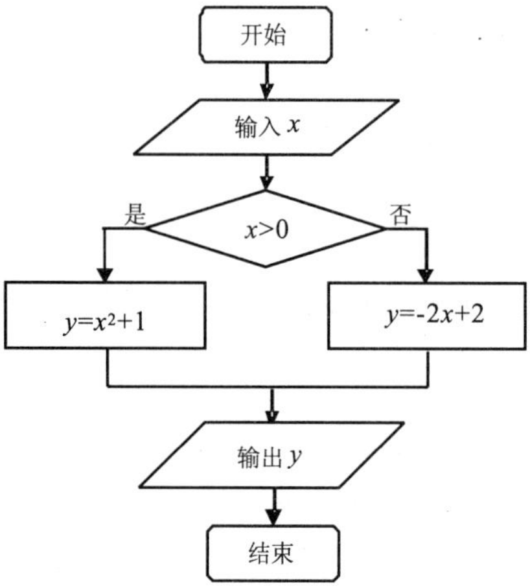

第 12 题图

12. 如图,当输入 x 的值分别为 2 和 -3 时输出 y 的值分别为(　　).

A. 5 和 9　　B. 5 和 -3　　C. -5 和 -9　　D. -5 和 9

13. 根据如图所示的程序框图,输出的结果为(　　).

A. 1008　　B. 1007　　C. 2015　　D. 2016

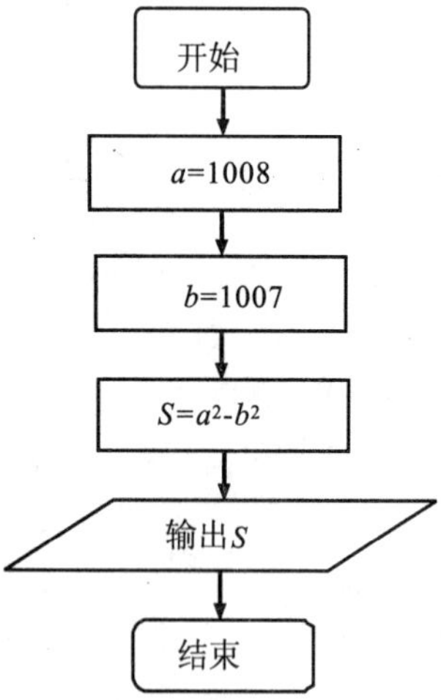

第 13 题图

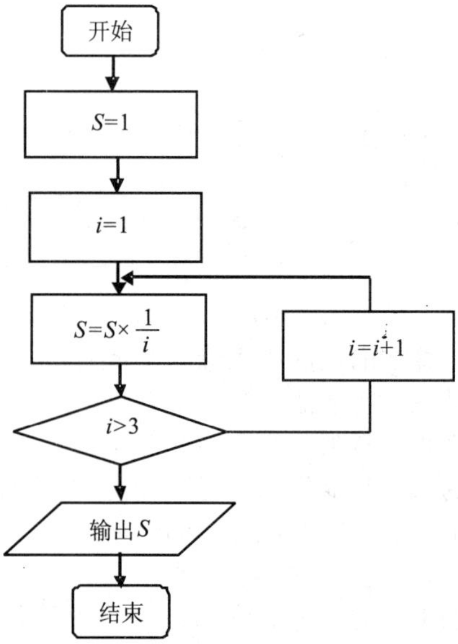

第 14 题图

14. 根据如图所示的程序框图,输出的结果为(　　).

A. $\frac{1}{4}$　　B. $\frac{1}{6}$　　C. $\frac{1}{12}$　　D. $\frac{1}{24}$

二、填空题

15. 程序框图中的流程线的功能是______________________________.

16. 在任何程序框图中都含有的结构是______________________________.

17. 根据算法的程序框图指出此框图对应的算法具有的功能是__________.

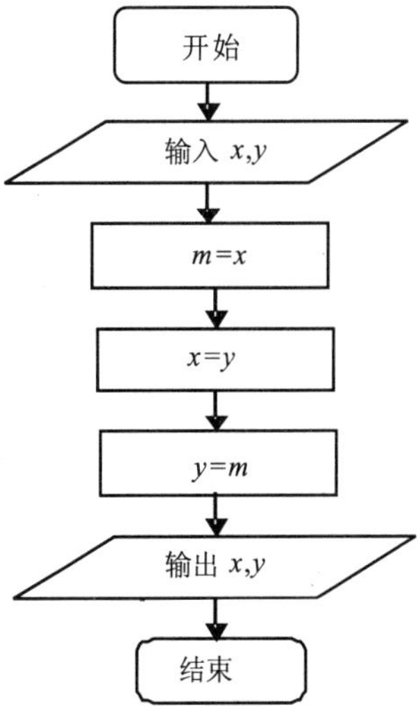

第 18 题图

18. 计算函数 $y=\begin{cases}x+1, x<0,\\ x-1, x\geqslant 0\end{cases}$ 的算法步骤为：

第一步，输入 x；第二步，如果 $x<0$，则使 $y=x+1$，否则执行第三步；

第三步，____________；第四步，输出 y

(将第三步完整填写).

三、解答题

19. 已知$\triangle ABC$，写出根据三边 a,b,c 的长度求边 a 所对的角 A 的余弦值的算法，并画出程序框图.

20. 某市公用电话(市话)的收费标准为：3 分钟之内(包括 3 分钟)收取 0.80 元；超过 3 分钟部分按 0.20 元/分钟加收费，设计一个根据通话时间计算话费的算法，并画出程序框图.

21. 设计一个算法求 $1+3+5+\cdots+2015$ 的值,并画出程序框图.

22. 设计一个算法求 $1\times3\times5\times\cdots\times2015$ 的值,并画出程序框图.

能力强化提高

一、选择题

1. 下列命题是真命题的是(　　).

①如果 $x=1$,那么 $x^2-1=0$;②如果 $x^2=y^2$,那么 $x=y$;③如果 $ac=bc$,那么 $a=b$;④如果$a>b$,那么 $ac>bc$.

A. ①　　B. ①②　　C. ①③　　D. ①③④

2. 给出以下四个问题:①输入 x, 输出它的相反数;②求面积为 6 的正方形的周长;③求输入的三个数 a,b,c 中的一个的最大数;④求函数 $f(x)=\begin{cases}x-1,x\geqslant0,\\x+2,x<0\end{cases}$ 的函数值. 其中不需要用条件语句来描述其算法的有(　　).

A. 1 个　　B. 2 个　　C. 3 个　　D. 4 个

3. 下列关于条件结构的说法正确的是(　　).

A. 条件结构的流程图有一个入口和两个出口

B. 无论条件结构中的判断条件是否满足都只能执行两条路径之一

C. 条件结构中的两条路径可以同时执行

D. 对于算法程序来说,判断框中的条件是唯一的

4. 如图所示的程序框图所表示的算法功能是(　　).

A. $1^2+2^2+3^2+\cdots+10^2$

B. $10^2+11^2+12^2+\cdots 1000^2$

C. $10^2+20^2+30^2+\cdots+1000^2$

D. $1^2+2^2+3^2+\cdots+1000^2$

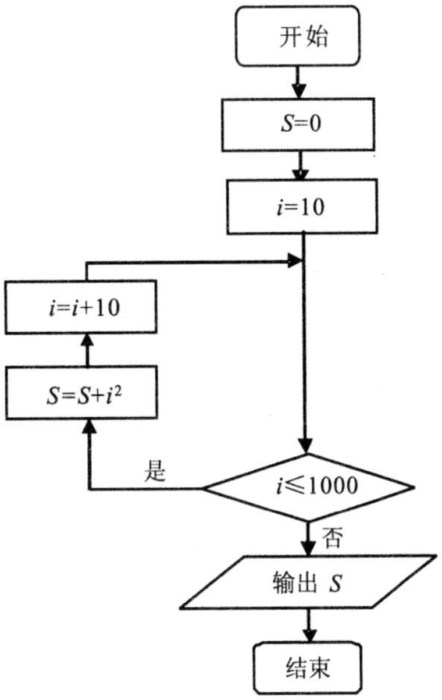

第 4 题图

5. 现有一种算法如图所示，若 $A=10,B=3$，则打印出的答案 B 为(　　).

A. 2

B. 6

C. 16

D. 1

6. 如图所示的程序框图输出的结果是 $S=720$，则判断框内应填的条件是(　　).

A. $i\leqslant 7$

B. $i>7$

C. $i\leqslant 9$

D. $i>9$

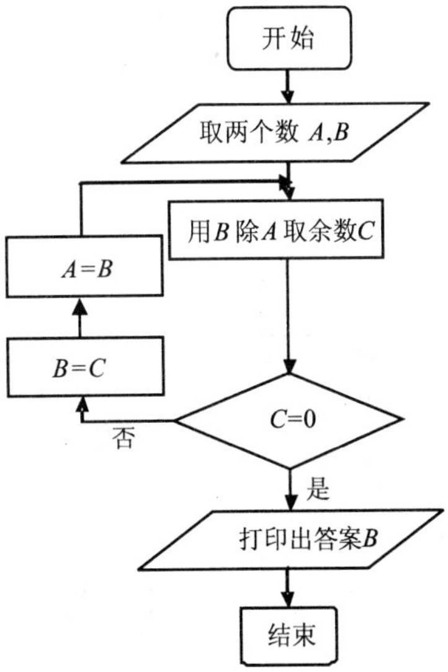

第 5 题图

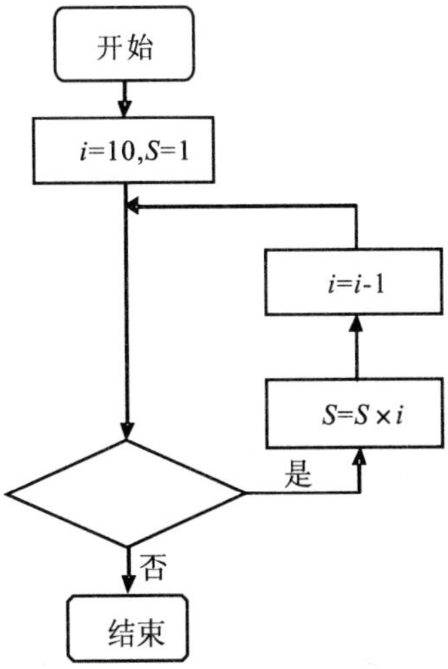

第 6 题图

7. 如图所示的程序框图能判断任意输入的正整数 x 的奇偶性，其中判断框内的条件是(　　).

A. $m=0$　　B. $x=0$　　C. $x=1$　　D. $m=1$

8. 某市的士收费办法如下：不超过 2 公里收 7 元(即起步价 7 元)，超过 2 公里的里程每公里收 2.6 元，另每车次超过 2 公里收燃油附加费 1 元(不考虑其他因素). 相应收费系统的程序框图如图所示，则①处应填(　　).

A. $y=7+2.6x$　　B. $y=8+2.6x$

C. $y=7+2.6(x-2)$　　D. $y=8+2.6(x-2)$

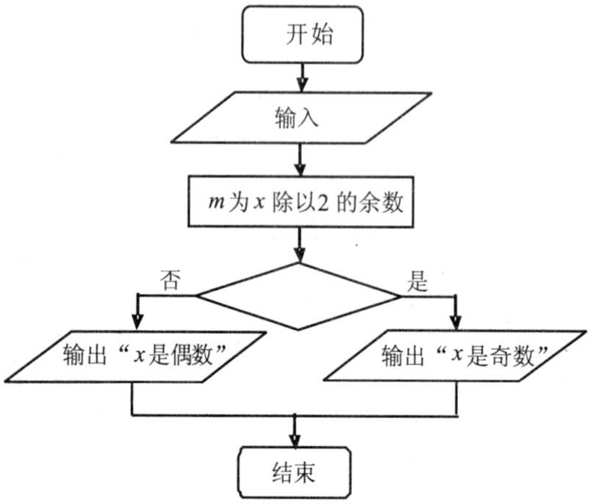

第 7 题图

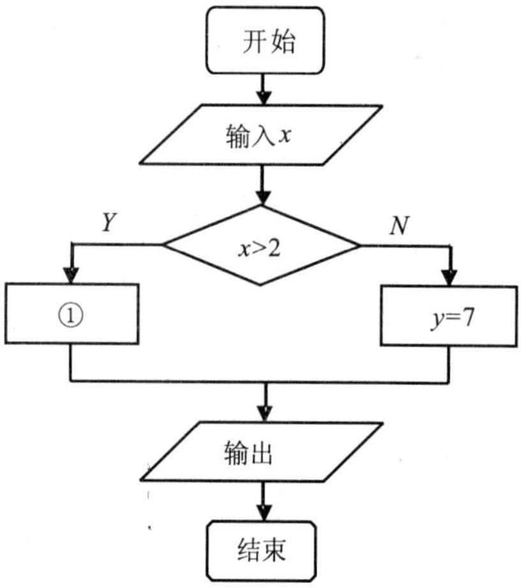

第 8 题图

9. 如图给出的是计算$\frac{1}{2}+\frac{1}{4}+\frac{1}{6}+\cdots+\frac{1}{100}$的值的一个程序框图，其中判断框内应填入的条件是(　　).

A. $i>100$　　B. $i\leqslant 100$　　C. $i>50$　　D. $i\leqslant 50$

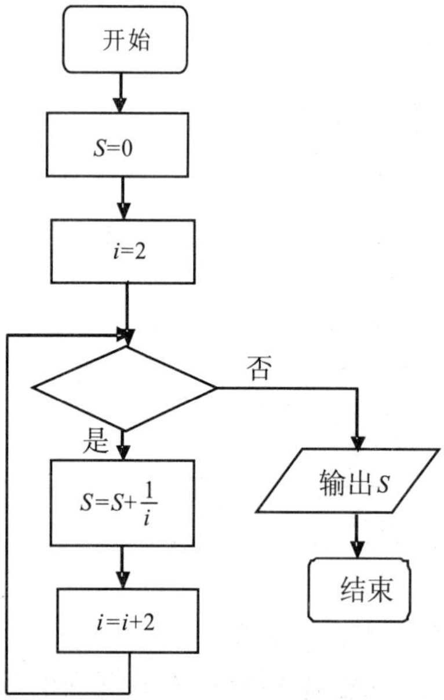

第 9 题图

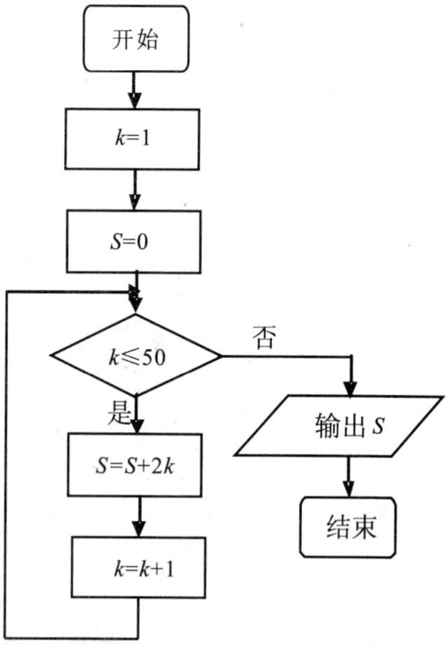

第 10 题图

10. 执行如图所示的程序框图，那么输出的 $S=$（　　）.

A. 2450　　B. 2500　　C. 2550　　D. 2652

11. 下边的程序框图表示的算法的功能是(　　).

A. 计算小于 100 的奇数的连乘积

B. 计算从 1 开始的连续奇数的连乘积

C. 从 1 开始的连续奇数的连乘积，当乘积大于 100 时，计算奇数的个数

D. 计算 $1\times3\times5\times\cdots\times n\geqslant100$ 时的最小的 n 值

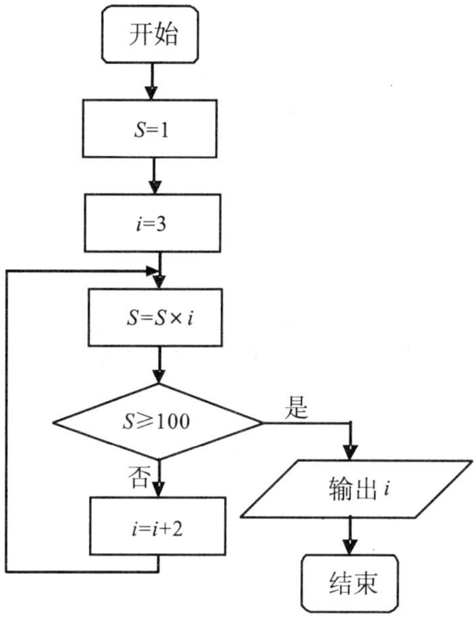

第 11 题图

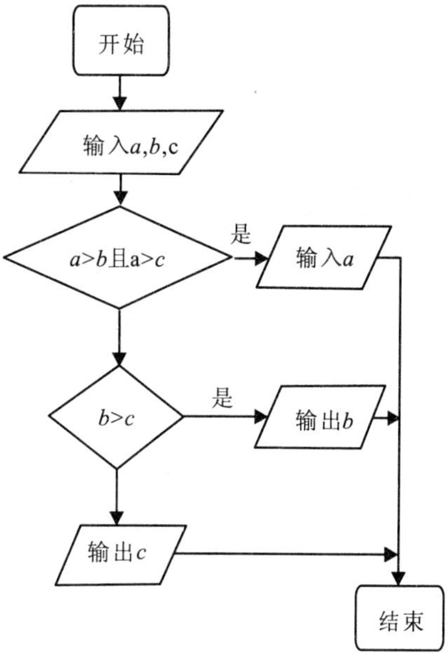

第 12 题图

12. 如图所示的程序框图解决的是(　　).

A. 找出 a、b、c 最大值　　B. 找出 a、b、c 最小值

C. 把 a、b、c 按从小到大排列　　D. 把 a、b、c 按从大到小排列

二、填空题

13. 图中所示的是一个算法的流程图，已知 $a_1=3$，输出的 $b=7$，则 a_2 的值是______.

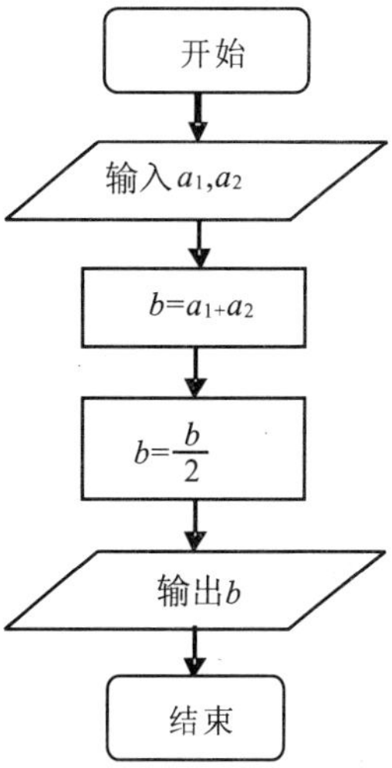

第 13 题图

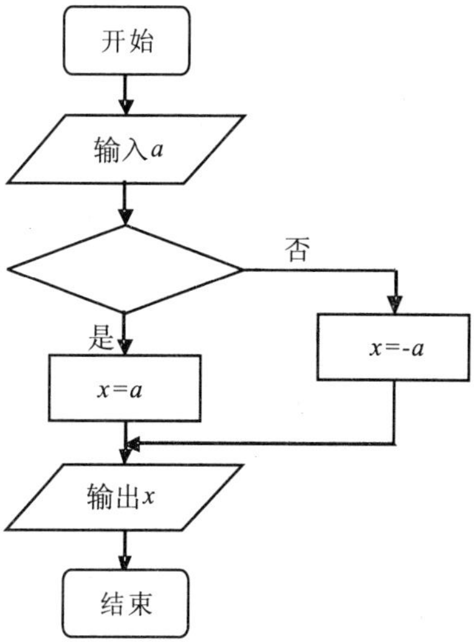

第 14 题图

14. 如图是求一个数 a 的绝对值的算法并画出相应的程序框图，则判断框内的条件为______.

15. 如图所示的程序框图输出的结果是______.

16. 执行如图所示的程序框图，输出的 $T=$______.

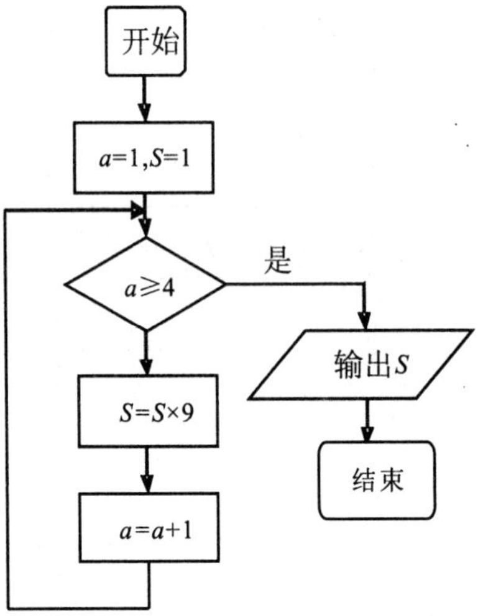

第 15 题图

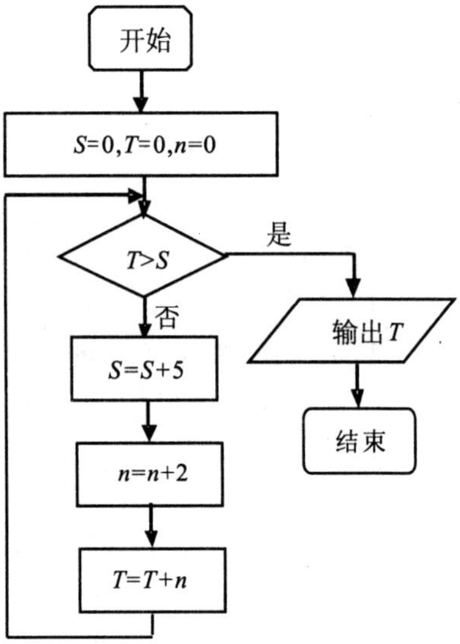

第 16 题图

三、解答题

17. 某快递公司规定甲、乙两地之间物品的托运费用根据下列方法计算：

$$y=\begin{cases}0.53x, x\leqslant 50,\\ 50\times 0.53+(x-50)\times 0.85, x>50,\end{cases}$$

其中 y(单位：元)为托运费，x 为托运物品的重量(单位：千克)，试写出一个计算费用 y 算法，并画出相应的程序框图.

18. 设计算法计算 $1+2^2+2^3+\cdots+2^{2015}$，并画出程序框图.

19. 写出计算 $1\times2\times3\times\cdots\times n\geqslant2015$ 时的最小的 n 值的算法，并画出程序框图.

20. 已知有一列数 $\frac{1}{2},\frac{2}{3},\frac{3}{4},\cdots,\frac{n}{n+1}$，求该列数前 20 项的和，设计一个算法并画出程序框图.

考试真题体验

1.(安徽 2013 年对口高考)

在右侧的流程图中,当输入 $x=-3$ 时,输出的 y 的值为________.

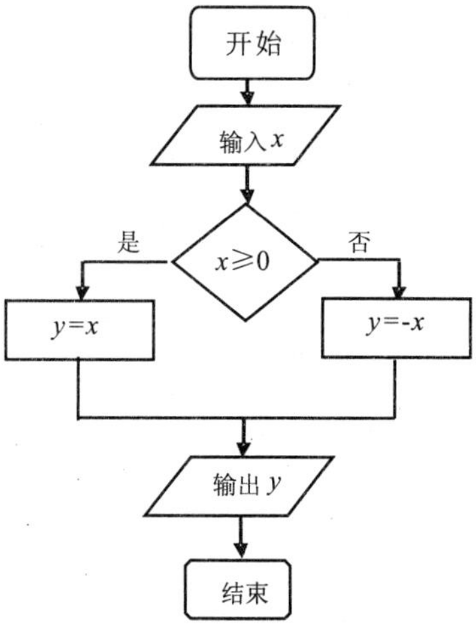

第 1 题图

2.(安徽 2012 年对口高考)

(1)写出寻找满足条件 $S=1+3+3^2+3^3+\cdots+3^{n-1}>2012$ 的最小正整数 n 的算法;

(2)画出相应的算法程序框图.